普通高等教育"十一五"国家级规划教材

高等学校教材

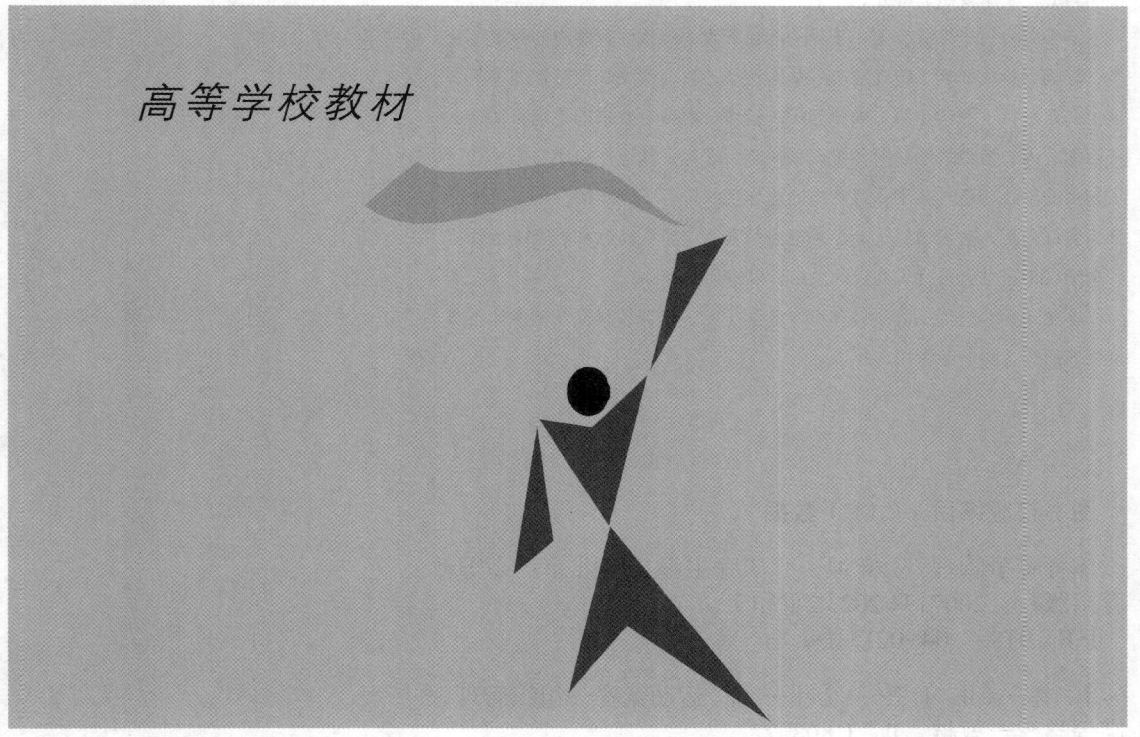

体育赛事管理

■王守恒 叶庆晖 主编

高等教育出版社·北京

内容简介

  体育赛事是体育产业的核心产品，也是体育产业领域中最活跃、最有影响力的一个重要组成部分。

  本书共分三个部分，第一部分为理论探索，围绕体育赛事的界定、分类、影响、构成要素、管理层次、基本特征、管理理念和项目管理等基本理论问题进行了探讨；第二部分为实践运作，对体育赛事的市场营销、竞赛管理、人力资源管理、财务管理和风险管理等具体运作程序与方法进行了初步的阐述，还对我国体育赛事的运作现状进行了初步的分析；第三部分为实证分析，对汉城奥运会、悉尼奥运会、中华人民共和国全国运动会和全国城市运动会进行了初步的总结，以供借鉴。

  本书可作为普通高等学校体育专业学生的选修课教材以及从事体育赛事管理研究人员的参考用书。

图书在版编目（CIP）数据

体育赛事管理 / 王守恒，叶庆晖主编．—北京：高等教育出版社，2007.7（2023.2重印）
ISBN 978-7-04-021531-1

Ⅰ．体… Ⅱ．①王… ②叶… Ⅲ．运动竞赛—组织管理—高等学校—教材 Ⅳ．G808.22

中国版本图书馆 CIP 数据核字（2007）第 086723 号

策划编辑	曹京华	责任编辑	李聪聪	封面设计	王凌波	版式设计	韩璐儿
责任校对	陈 莲	责任印制	朱 琦				

出版发行	高等教育出版社	咨询电话	400-810-0598	
社　　址	北京市西城区德外大街4号	网　　址	http://www.hep.edu.cn	
邮政编码	100120		http://www.hep.com.cn	
印　　刷	北京市联华印刷厂	网上订购	http://www.landraco.com	
开　　本	787×1092　1/16		http://www.landraco.com.cn	
印　　张	15	版　　次	2007年7月第1版	
字　　数	310 000	印　　次	2023年2月第9次印刷	
购书热线	010-58581118	定　　价	21.00元	

本书如有缺页、倒页、脱页等质量问题，请到所购图书销售部门联系调换
版权所有　侵权必究
物　料　号　21531-A0

前　言

　　随着社会的进步与经济的发展，关爱体育、参与体育、享受体育、消费体育作为一种时尚和新的理念，使体育产业逐渐成为具有广阔前景的朝阳产业，成为国民经济的一个重要增长点。体育赛事是体育产业的核心产品，也是体育产业领域中最活跃、最有影响力的一个重要组成部分。成功地组织与运作体育赛事，可以在满足人民群众对高水平竞赛产品的精神文化需求的同时，促进大众体育消费的增长，带动相关产业的赢利，对国民经济的快速发展起积极的拉动作用。体育赛事特有的社会效益与经济效益已经得到了国内外学者和企业家的共识。

　　目前，国内对体育赛事的认识大多停留在体育竞赛层面上，认为体育竞赛是体育范畴的事情。而发达国家则把体育赛事看成是类似于宗教典礼、传统仪式、文艺表演、宴会、展会等的特殊事件，称为"Sport Event"，并且认为体育赛事运作除了有竞赛层面的因素，还涉及商业营销、策划、推广、信息传播和沟通、人力资源管理、后勤、安全保卫、媒体与电视转播、风险管理、法律程序等多方面的因素。

　　北京虽然已经成功地举办过第11届亚运会、第21届世界大学生运动会等大型体育赛事，积累了许多宝贵经验，但对体育赛事运作还缺乏基本的理论与实证研究。今后几年，大型体育赛事接踵而至，最引人注目的是2008年奥运会。如何向全世界展现一个成功和精彩的奥运会，将是摆在国人面前的一个重大课题。2002年，中共中央国务院发布的《关于进一步加强和改进新时期体育工作的意见》指出，努力把2008年奥运会和残疾人奥运会办成历史上最出色的一届奥运会，把筹备和举办奥运会作为推动我国经济、社会发展的难得机遇，作为提高我国竞技运动水平和国际大型赛事组织能力的大舞台，作为学习国际体育事务、掌握现代体育运作方式的大学校。如何贯彻、落实这一宏伟目标，已成为全国体育科学工作者探讨的热门课题。显然，开展大型体育赛事研究，培养专门的、与国际接轨的体育赛事管理人才，有着重要的理论意义和实践意义。

　　《体育赛事管理》是王守恒教授在叶庆晖同志撰写的《体育赛事运作研究》博士论文

的基础上，经过三轮体育赛事管理研究生课程的教学实践，总结、撰写的研究成果。本书的编写思路是：第一部分为理论探索，围绕体育赛事的界定、影响、构成要素、运行环境、管理理念和项目管理等基本理论问题进行了探讨；第二部分为实践运作，对体育赛事的竞赛管理、市场营销、人力资源管理、财务管理、风险管理等具体运作程序与方法进行了初步的阐述，对我国体育赛事的运作现状进行了初步的分析；第三部分为实证分析，对汉城奥运会、悉尼奥运会、中华人民共和国全国运动会、全国城市运动会进行了初步的总结，以供借鉴。

另外，为方便教师授课，帮助学生深入理解教材内容，作者正在开发多媒体教学课件和学生辅学课件。

本书由王守恒、叶庆晖担任主编，并撰写第1、3、5、6、7、8、12章，张学领撰写第2章，孙勇撰写第4章，左伟撰写第9章，田英撰写第10章，阎云峰撰写第11章，赵添添撰写第13章，杨志勇撰写第14、16章，王博撰写第15章。全书由王守恒统稿。

本书可作为普通高等学校体育专业学生的选修课教材。本书还可以作为从事体育赛事管理研究人员的参考用书。由于国内体育赛事研究起步较晚，书中不足之处敬请读者批评指正。

作　者

2007年5月于北京

目 录

第一篇 理论探索

第一章 体育赛事的界定及分类 /3
　　一、国内对体育赛事的认识 /3
　　二、国外对体育赛事的认识 /6
　　三、体育赛事概念的界定 /8
　　四、体育赛事的分类 /9

第二章 体育赛事对举办地的影响 /13
　　一、体育赛事对社会的影响 /13
　　二、体育赛事对就业和旅游业的影响 /16
　　三、体育赛事对自然环境和信息技术的影响 /18

第三章 体育赛事的构成要素和管理层次 /23
　　一、体育赛事的构成要素及其特征 /23
　　二、体育赛事的管理层次 /29

第四章 体育赛事的基本特征 /34
　　一、体育赛事的文化性特征 /34
　　二、体育赛事的项目性特征 /37
　　三、体育赛事产品的多元性特征 /38
　　四、体育赛事目的的多元性特征 /40
　　五、体育赛事的风险性特征 /42
　　六、体育赛事资源的集约性和互动性特征 /43

第五章　体育赛事管理的理念　/45
　　一、体育赛事项目管理理念　/45
　　二、体育赛事营销理念　/48
　　三、体育赛事权变管理理念　/50
　　四、体育赛事法律与风险理念　/51
　　五、体育赛事环保理念　/52
　　六、体育赛事人文理念　/53

第六章　体育赛事的项目管理　/55
　　一、体育赛事的申办　/55
　　二、体育赛事的计划　/57
　　三、体育赛事的组织　/62
　　四、体育赛事的实施　/67
　　五、体育赛事的评价和结束后的管理　/69

第二篇　实践运作

第七章　体育赛事的市场营销　/75
　　一、体育赛事营销的战略设计　/75
　　二、体育赛事营销的组合要素　/78
　　三、体育赛事营销的运行模式　/82
　　四、体育赛事的经济来源　/85

第八章　体育赛事的竞赛管理　/89
　　一、体育赛事竞赛管理的界定　/89
　　二、体育赛事竞赛管理的特点　/89
　　三、体育赛事竞赛管理的分析　/90
　　四、体育赛事竞赛管理的组织行为模型　/93
　　五、体育赛事竞赛管理模型　/95
　　六、体育竞赛服务　/104

第九章　体育赛事的人力资源管理　/108
　　一、体育赛事人力资源的人才类型　/108
　　二、体育赛事人力资源的组织结构　/109
　　三、体育赛事人力资源管理的运行机制　/111
　　四、体育赛事人力资源管理的实施　/113

五、体育赛事人力资源管理的评估 /120

第十章 体育赛事的财务管理 /123
  一、体育赛事的财务预算 /124
  二、体育赛事的资金筹集 /126
  三、体育赛事的财务控制 /128
  四、体育赛事的财务评价 /132

第十一章 体育赛事的风险管理 /133
  一、体育赛事风险的界定与分类 /133
  二、体育赛事风险的识别过程 /135
  三、体育赛事风险的评价 /136
  四、体育赛事风险的处理 /138
  五、体育赛事风险管理的主要内容 /139
  六、体育赛事风险管理的法律意识 /142
  七、体育赛事的法律合同 /144

第十二章 我国体育赛事运作现状研究 /148
  一、我国体育赛事运作主体及赛事工作规范 /148
  二、我国体育赛事运作现状 /150
  三、我国体育赛事的运作模型 /157

第三篇 实证分析

第十三章 汉城奥运会 /163
  一、汉城奥运会概述 /163
  二、汉城奥运会的文化特征 /164
  三、汉城奥运会的经济特征 /166
  四、汉城奥运会的人力资源特征 /173
  五、汉城奥运会的风险和安全特征 /174
  六、汉城奥运会经验借鉴 /174

第十四章 悉尼奥运会 /176
  一、悉尼奥运会概述 /176
  二、悉尼奥运会的文化特征 /181
  三、悉尼奥运会的经济特征 /182
  四、悉尼奥运会的人力资源特征 /186

　　　　　五、悉尼奥运会的场地管理　/188
　　　　　六、悉尼奥运会的新闻媒体　/189
　　　　　七、悉尼奥运会的安全保卫工作　/190
　　　　　八、悉尼奥运会经验借鉴　/191
　　第十五章　中华人民共和国全国运动会　/195
　　　　　一、全运会的发展概况　/195
　　　　　二、全运会的赛事运作　/197
　　　　　三、全运会若干问题的战略思考　/205
　　第十六章　全国城市运动会　/210
　　　　　一、全国城市运动会的起因与发展　/210
　　　　　二、全国城市运动会的综合影响　/211
　　　　　三、全国城市运动会赛事运作　/215
　　　　　四、全国城市运动会发展战略的思考　/219
　参考文献　/224

第一篇
理论探索

第一章 体育赛事的界定及分类

体育竞赛作为人类社会的一种独特现象，伴随着人类社会的发展而发展。从单纯、原始、古朴的体育比赛，演进到现代规模宏大的奥林匹克运动会，体育竞赛的本质和表现形式都产生了极大的变化。传统观念认为体育竞赛是"在裁判员主持下，按统一的规则要求，组织与实施的运动员个体或运动队之间的竞技较量"[①]。自1984年美国洛杉矶奥运会开创体育赛事市场营销赢利纪录以来，如何对体育竞赛进行有效的商业营销就成为体育赛事运作管理的重要内容。如今，体育竞赛已经发展成为受社会政治、经济、文化等多因素影响的、复杂的、综合的特殊活动，体育竞赛被赋予达到的目的和目标也越来越多样化，同时，体育竞赛活动对政治、经济、文化、科技等方面的影响力和冲击力也越来越大。受到经济的影响和商业利益的驱动，市场营销在体育竞赛中的地位和价值也越来越突出。体育竞赛活动的内涵和外延发生了很大变化，原有"运动竞赛"的概念被打破。体育赛事作为一个新概念，在某种程度上反映了运动竞赛事物的变化。因此，有必要对体育赛事概念进行界定，使其有清晰的内涵和外延、明确的对象和范围，从而准确地把握体育赛事的指向，有助于体育赛事运作研究的深化。

如何认识"体育赛事"及其本质属性？马克思在《资本论》中提示了一种研究方法，即"对人类生活形式的思索，从而对它的科学分析，总是采取同实际发展相反的道路。这种思索是从事后开始的，就是说，是从发展过程的完成的结果开始的"。鉴于此，通过对体育赛事已知结果的考察、分析和总结，成为认识体育赛事的思维起点。

一、国内对体育赛事的认识

国内在关于运动竞赛方面的理论研究上，已经有几本专著和教材问世，其中包括：四川教育出版社于1989年出版的、由刘建和等人编著的《运动竞赛学》，该书从运动竞赛的价值、运动竞赛的组织与管理、运动竞赛的规则与规程、运动竞赛的方法、运动竞赛的编排原则和方法等方面进行了论述；北京体育大学出版社于1993年出版的、由国家体委训练竞赛综合司审定的《运动竞赛学》，该书对运动竞赛体制、运动竞赛管理、运动竞赛方法、运动竞赛的投入与效益、运动竞赛中计算机的应用等进行了理论上的论述；人民体育出版社于

---

① 田麦久. 运动训练学词解[M]. 北京：北京体育大学出版社，1999.

2001年出版的、由王蒲编著的《运动竞赛方法研究》则从运动竞赛方法体系的建构、项目分类研究、竞赛分类研究、竞赛方法分类研究及对抗性竞赛方法等方面进行了论述。以上专著和教材为后人系统地研究体育赛事提供了重要的理论参考，但由于有关体育赛事的商务营销和运作方法等没有被重视，前述研究缺乏全面性和系统性，与现代体育赛事的快速发展趋势和运作要求尚有较大的差距。

近年来，"体育赛事"这一名称越来越多地出现在我国情报信息和新闻媒体的报道中，但大多只是体育运动竞赛的代名词，人们对体育赛事的认识仍然停留在竞赛层面上。因此，我们有必要对常规的思维定式作进一步的分析，有必要对一些常用的基本概念作进一步的反思。

（一）原有运动竞赛概念的局限

有关运动竞赛的概念，国内学者有以下几种观点。田麦久认为，运动竞赛是"在裁判员主持下，按统一的规则要求，组织与实施的运动员个体或运动队之间的竞技较量"[①]。原国家体委训练竞赛综合司审定的《运动竞赛学》中指出，运动竞赛是"在裁判员主持下，依据统一的规则而组织与实施的运动员个体或运动队之间的竞技较量"[②]。还有学者提出，运动竞赛是"人类的一种实践活动，它是一个特殊的过程，有明确的目的性，有鲜明的竞技特征，有完善的规则和一整套竞赛办法及决定竞赛胜负的'法律依据'"[③]。从以上三个定义来看，前两个是对运动竞赛的狭义解释，并没有把体育运动竞赛所涉及的赛场之外的因素包括进去；后一个认为运动竞赛是一个过程，有特殊性，运动竞赛是人类的一种实践活动，但还是未能超出赛场的范围，未能对体育运动竞赛所涉及的众多因素进行概括。由此看出，国内对体育运动竞赛的定义只是停留在对赛场意义上比赛的定义，没能反映出现代体育运动竞赛的特点。

（二）运动竞赛的特征和作用

1. 运动竞赛的特征

对于运动竞赛的特征，《运动竞赛学》指出："运动竞赛具有目的的综合性、对抗的激烈性、影响因素的庞杂性和随机性及边界的开放性、竞赛结果的不确定性。"上述论断部分地指出体育运动竞赛的自身特征，但是却难以反映体育赛事所涵盖的全部内容。

杨铁黎在《关于开发我国职业篮球市场的研究》中对体育竞赛的特征进行了概括，他认为，体育竞赛在体育市场里被理解为产品，其特性为体育竞赛产品的无形性、一次性、不可

[①②] 国家体委训练竞赛综合司. 运动竞赛学 [M]. 北京：北京体育大学出版社，1994.

[③] 刘建和. 运动竞赛学 [M]. 成都：四川教育出版社，1990.

预测性、生产和消费的同时性、延伸性和增值性以及同一体育竞赛产品质量评判的差异性。以上观点把体育竞赛看成是产品,这非常符合现代体育营销管理的理论观点,如果注意体育竞赛产品有形的一面将更有助于人们对体育赛事的理解。

2. 运动竞赛的作用

《运动竞赛学》中指出运动竞赛在体育中的地位与作用:一是作为体育的轴心和杠杆。竞赛是体育的重要组成部分,在特定的时空环境中,竞赛是体育活动中最主要的活动,以竞赛为轴心推动着体育事业的迅速发展。在发展中国家,常常以竞赛为手段,带动体育事业的全面开展,即发挥竞赛对体育的所谓"杠杆"作用,将有限的人力、物力、财力运用于局部以带动整体。二是实现体育价值的主要途径。体育的政治、经济、教育、艺术等方面的价值是通过竞赛这条途径来体现的。从某种意义上讲,竞赛价值几乎可以等同于体育的价值,人们往往是通过参加或观看竞赛来领略、认识体育的价值。三是构成体育方法的重要组成部分。四是衔接运动训练的唯一通道。运动训练的最终目标只有通过竞赛这一环节才能实现,竞赛本身有时也可以被看成是训练的一部分,是一个特殊的训练过程,以赛代练就是这一思想的具体体现。[①]

以上观点指出了运动竞赛活动的地位和作用,然而体育运动竞赛活动的全面作用和地位却没有完全体现出来,究其原因,还是由于在运动竞赛的认识上,没有跳出其自身的范围,仍然是就竞赛谈竞赛,没能从运动竞赛的社会效益、经济效益和综合效益上去全面的论述,这是一个值得探究的问题。

(三)运动竞赛的构成要素和分类

1. 运动竞赛的构成要素

原国家体委训练竞赛综合司审定的《运动竞赛学》指出:"任何一项运动竞赛活动,无论是规模宏大的世界大赛,还是两三人之间的趣味性角逐,都是由参赛活动人群、竞赛活动的物质条件及竞赛活动的组织管理这三个子系统所组成的。缺少任何一方,都无法构成竞赛活动。"从系统管理的角度来看,这种观点也有道理。运动竞赛本身就是一个庞大的系统,尤其是在经济全球化的社会背景下,构成体育赛事的要素产生了深刻的变化。例如,参赛活动人群的多样性、复杂性和随之出现的参赛活动人群目标的多样性,运作管理中市场营销的运作和内外环境变化的不确定性以及现代通讯技术的进步等,都是体育赛事不可缺少的重要因素。显然,对体育赛事构成要素的探究显得十分必要和重要。

2. 运动竞赛的分类

体育运动竞赛项目繁多,资源丰富,从不同的角度出发,按照不同的分类标准,可以

---

① 刘建和. 运动竞赛学 [M]. 成都:四川教育出版社,1990.

将体育运动竞赛分成各种不同类型。例如，依据竞赛的内容，可分为单项性比赛和综合性比赛；依据竞赛的地域，可分为世界性比赛和地区性比赛；依据竞赛项目开展的季节，可分为夏季项目的比赛和冬季项目的比赛；依据竞赛参与者的文化程度，可分为大学生比赛和中学生比赛；依据竞赛参与者的年龄，可分为成年人的比赛和青少年的比赛；依据竞赛的组织方式，可分为集中组织的比赛和分散组织的比赛等。不同种类、不同形式的比赛，其性质、目的、方法、参加对象都不同。将上述运动项目和赛事种类进行交叉、组合，会产生出几百种甚至上千种赛事。2000年，仅国家体育总局计划的全国性比赛就有599项。除此之外，各地方体育组织举办的体育赛事更是数不胜数。但是，应该看到按照上述方式进行分类的运动竞赛，缺乏系统的理论与方法，还不能完全诠释其内涵。

如前所述，国内对体育运动竞赛概念的认识，还停留在赛场意义上，没能反映出现代体育运动竞赛的特点。对运动竞赛特征的认识，部分地指出体育运动竞赛的自身特征，但是却难以反映体育赛事所涵盖的全部内容。对运动竞赛作用的认识上，没有跳出其自身的范围，仍然是就竞赛谈竞赛，没能从运动竞赛的社会效益、经济效益和综合效益上去全面论述。对运动竞赛的构成要素的分析，忽略了在经济全球化的社会背景下，体育赛事的构成要素已经产生了深刻的变化。在对运动竞赛的分类上，还不能对不同规模、性质、水平的体育赛事进行准确描述。因此，有必要从新的视角，运用新的理论与方法，对体育赛事进行新的认识与思考。

二、国外对体育赛事的认识

国外认识体育赛事从三个角度入手，一是从事件管理（Event Management）的角度，二是从特殊事件管理（Special Event Management）的角度，三是从体育赛事管理（Sports Event Management）的角度。因此，对事件管理、特殊事件管理和体育赛事管理及三者之间的相互关系等方面进行梳理，有利于对体育赛事进行全方位的认识与思考。

（一）事件管理

事件管理是一门实用性很强的管理科学，产生于20世纪80年代的美国，是适应政府和非政府机构开展的各级各类政治经济活动、体育赛事、会议会展、娱乐狂欢等需要而产生的一项具有鲜明的管理特征，既不同于普通政府行政管理，也不同于商业企业管理的跨组织的高度综合性的管理活动。按照美国事件管理学之父戈德布莱特教授的定义，事件管理行业涵盖了成千上万的精心策划的文化、娱乐、体育、政治和商业事件：从奥运会、世界杯、世界博览会、跨国公司全球巡回展到城市艺术节，从小型会议、婚礼到万人观赏的比赛，从公司促销节目到特殊事件旅游，从社区活动到慈善筹款，事件管理以其管理的科学性与事件活动所具有的艺术魅力和文化内涵相结合，在迅速地改变着受众的习惯、品位、记忆、理解的同时，完成事件品牌、形象、概念的成功营销。国外对事件的研究基本趋于成熟，有专门的学科理论，国际上还有专门的事件管理科学协会和网站，如国际节日和事件协会（International Festival and Events Association），并通过互联网进行交流互动。国内也有学者提出节事活动管理或节庆活动管理之说。

事件管理是一项集创意策划、系统运筹、技术运用及社会经济与政治资源全面调动与协调的高智力管理活动。随着中国国力的日益强盛，人民生活水平的迅速提高，体育赛事、会展、旅游、文化娱乐等产业越来越成为中国的主导产业。2008年奥运会、2010年世界博览会在中国的举办，标志着事件管理将在国内越来越受到政府和有识之士的重视。

（二）特殊事件管理

事实上，特殊事件管理与事件管理具有相同的内容，产生于20世纪90年代的英国和澳大利亚。特殊事件包括宗教典礼、传统仪式、文艺表演、宴会、展览会和体育运动竞赛活动等，其产生的社会背景和涵盖内容与事件管理也有相同之处。澳大利亚学者Johnny Allen等在《节日和特殊事件管理》一书中对特殊事件的定义表述为："术语'特殊事件'用来描述特别的仪式、表达、表演或庆典，其被有意识地计划产生，以标志特殊的场合，或取得独特的社会、文化或团体的目的和目标。"[①] 对于特殊事件的范围，Johnny Allen等指出："特殊事件包括国庆日和一些庆典，重要的城市集会，独特的文化表演，大型体育比赛，团体典礼，贸易促销和产品发布。特殊事件似乎无处不在，并正成为朝阳产业。"[②]

Getz（1997）在类型学研究中突破性地建议特殊事件最好从其所处的上下关系来进行定义。他提供了两个定义：一是从组织者的角度来看，特殊事件是个一次性的或很少发生的事件，不同于惯常的节目或赞助商和组织主体的活动；二是从消费者或客人的角度来看，对于消费者或客人，特殊事件是个休闲、社会或文化经历的机会，不同于惯常范围的选择，并超出了日常经历。[③] 特殊事件的特征包括节日情绪、独特性、品性、真实性、传统、好客、主旋律和象征意义等。

从以上对特殊事件的各种定义可以看出，特殊事件的领域非常广，并且是不同于普通政府行政管理，也不同于企业管理的跨组织的高度综合性的管理活动。特殊事件作为新兴产业，是具有独特时间限制的一次性活动，有主题存在的外在表现形式，有目的和目标的要求，并可能产生较大的社会效益和经济效益。

---

①② Johnny Allen, William o'Toole, Ian McDonnell. Festival and Special Event Management，［M］. Milton. Qld: Wiley, 2002.

③ Getz, Donald. Event Management and Event Tourism, Cognizant Communication Corporation, New York. 1997.

（三）体育赛事管理

体育赛事管理是事件管理和特殊事件管理中很重要的组成部分，也可以说体育赛事是事件和特殊事件的子集，它们之间存在着密切关系并有许多共同之处。随着近代西方竞技活动的兴起和现代奥林匹克运动会等现代竞技活动的发展，以及社会政治、经济、文化、科技等方面的发展，体育竞技活动受到越来越大的影响，体育竞技活动过程也发生了深刻的变化，体育竞技活动所被赋予要达到的目的和目标也越来越多样化。体育运动竞赛活动受到经济的影响和商业利益的驱动，市场营销在体育竞技活动中的地位与价值越显突出。体育赛事成为体育产业重要的组成部分，并且获得了明显的经济效益。某些现代商业行为在体育赛事运作中得到展现，一些专门经营体育赛事运作的跨国企业、公司应运而生，如美国著名的国际管理集团（IMG）和瑞士的国际体育娱乐和休闲集团（ISL）等。国外体育赛事运作涉及许多因素，除了包含内容复杂的商业营销因素之外，还涉及策划、推广、信息传播和沟通、安全保卫、媒体与电视转播、法律程序以及人力资源、后勤、风险管理等因素，而这些因素同样存在于事件管理和特殊事件管理之中。因此，在考虑体育赛事与事件和特殊事件的关系时，必须考虑体育赛事目标和目的多样化的特点。除了具有事件和特殊事件的基本特点外，体育赛事具体还表现在：具有潜在的市场前景；共同的组织文化背景引导和联结参与者与观众；规则、习俗和传统影响着活动本身；存在着计划、组织、训练和降低风险等实施行为，并都提供服务产品；要求有不同水平的管理者和不同参与者，如运作管理者、门票销售管理者、市场营销者、人事管理者、协调管理者、工程师、办公人员、媒体与公关协调员、供应商和零售商等工作团队。

国外赛事运作意识很强，非常重视体育赛事运作经验交流。例如，希腊雅典奥组委曾经派出志愿者参加澳大利亚2000年悉尼奥运会赛事管理工作；澳大利亚悉尼奥组委在奥运会后对管理经验进行总结并无偿捐给国际奥委会作为文化遗产。现代管理理论，如SWOT分析、项目管理、人力资源管理、组织行为学和市场营销学等在体育赛事运作和研究中得到充分运用和发挥，相应出现了体育赛事管理（Sports Event Management）学科。但是，国外对体育赛事的核心内容，即竞赛管理的研究也不是很充分，这可能与国际单项体育组织或综合性体育组织的制度化管理惯例有密切关系。

三、体育赛事概念的界定

所谓界定问题，就是对问题的实质和范围准则准确地加以说明，从而揭示概念的内涵与外延。任何事物的界定，即概念的定义，都必须有定义项、被定义项和定义联项三个部分构成。属加种差定义是一种基本的定义方法。用这种方法给概念下定义时，首先是找出被定义项的"邻近的属概念",然后找出被定义项与其他同级概念之间的差别——"种差",最后把"邻近的属概念"与"种差"加在一起,组成定义。[①] 参照此方法,首先找出体育赛事的基本属性,然后再作出其定义的界定。

(一)体育赛事的基本属性

如前所述,体育赛事是事件和特殊事件的子集,除了应具备事件和特殊事件所具备的属性外,还有其自身的特殊属性。体育赛事基本属性如下:

◎ 以运动竞赛为核心要素,提供竞赛产品和相关服务产品。
◎ 受竞赛规则、传统习俗和多种因素的影响。
◎ 不同的参与者存在目的和目标的多样性。
◎ 能够对外界环境产生冲击和影响。
◎ 具有一次性的项目管理特征。
◎ 具有共同的组织文化背景。
◎ 具有潜在的市场运作前景。

(二)体育赛事的定义

经过分析总结体育赛事基本属性,运用逻辑学的方法对其进行界定,将体育赛事的定义描述如下:体育赛事是一种提供竞赛产品和相关服务产品的特殊事件,其规模和形式受竞赛规则、传统习俗和多种因素的制约,具有项目管理特征、组织文化背景和市场潜力,能够迎合不同参与体分享经历的需求,达到多种目的与目标,对社会和文化、自然和环境、政治和经济、旅游等多个领域产生冲击和影响,能够产生显著的社会效益、经济效益和综合效益。

体育赛事这一特殊事件的内涵是提供竞赛产品和相关服务产品,受竞赛规则、传统习俗和多种因素的制约。其外延具有项目管理特征、组织文化背景和市场潜力,能够迎合不同参与体分享经历的需求,达到多种目的与目标,对社会和文化、自然和环境、政治和经济、旅游等多个领域发生冲击影响,能够产生显著的社会效益、经济效益和综合效益。

四、体育赛事的分类

分类是划分的一种特殊形式,是根据对象的本质属性或显著特征进行的划分,具有较大的稳定性。分类更加要求以对象的一般本质属性或显著特征作为分类的标准。另外,列举也

[①] 中国人民大学哲学系逻辑教研室. 逻辑学 [M]. 北京:中国人民大学出版社,1996.

是划分的一种特殊形式，是揭示概念一部分外延的方法。① 对体育赛事进行分类与划分，是进行体育赛事研究的重要前提。

（一）体育赛事的分类标准

体育赛事项目繁多，资源丰富，不同的分类标准有不同的分类方法。对体育赛事进行分类，关键是明确其分类标准。

一般而言，对同一对象的分类标准只能有一个，否则会造成含义交叉。但是，体育赛事是由众多要素构成的复杂系统，涵盖的内容广泛，形式多样，自身相互联系、相互交叉的因素很多，要想确定一个标准存在较大的困难。因此，对体育赛事诸多要素进行梳理，抓住其共性进行剖析也就显得十分必要。任何一项体育赛事都存在规模、水平和类别的共同要素，三者相互联系，有机结合就构成了具体赛事的全貌，三者的相互关系可以用三维坐标进行定位反映（图1–1）。

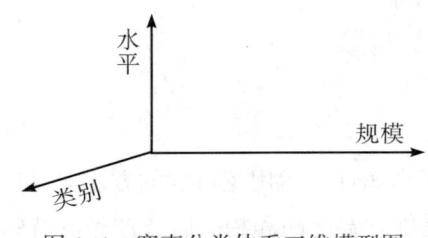

图1-1　赛事分类体系三维模型图

体育赛事的规模反映了赛事在人力、财力、物力等方面的投入程度，反映了赛事运作管理的活动周期和复杂程度。一般而言，综合性赛事参与的人数多，运作的周期长，成本的投入大，但水平是否最高则要相对而论。体育赛事的水平反映了赛事质量，反映了赛事参与者的竞技能力、竞技对抗、竞赛组织的表现程度，反映了赛事对外界因素的直接吸引力和影响力，反映了观众和市场的可接受程度与可开发程度。一般而言，单项顶级赛事运动员的竞技水平最高，对市场的吸引力最大，但规模可能远远小于综合性赛事。体育赛事的类别反映了赛事的性质和赛事的组织运作形式。一般而言，综合性赛事规模大、周期长，管理运作较复杂；单项顶级赛事水平高，周期短，管理运作较容易。鉴于体育赛事的共性分析，赛事类别既涵盖了赛事规模的要素，又涵盖了赛事水平的要素，选择赛事类别作为分类标准，同时兼顾赛事规模和赛事水平，具有较强的操作性。

---

① 中国人民大学哲学系逻辑教研室. 逻辑学 [M]. 北京：中国人民大学出版社，1996.

（二）体育赛事的不同类型

选择体育赛事的类别作为分类标准，并根据赛事规模、水平与类别三者间的相互关系，将体育赛事分为以下不同类型：超大型综合赛事、大型综合赛事、单项顶级赛事、单项品牌赛事、单项商业赛事和一般赛事（表1-1）。

表1-1 体育赛事不同类别的典型案例与主要特征

赛事类型	典型案例	主要特征
超大型综合赛事	奥运会、亚运会、全运会等	规模最大、水平高、影响最大、周期性明显
大型综合赛事	城市运动会、农民运动会、少数民族运动会、大学生运动会等	规模大、水平一般、影响大、周期性明显
单项顶极赛事	世界单项锦标赛，如世界杯足球赛、世界杯篮球赛、世界游泳锦标赛等	水平最高、规模大、影响大、周期性明显
单项品牌赛事	职业联赛，如NBA、F1、意甲联赛、英超联赛、澳网公开赛、国际马拉松赛等	水平最高、规模一般、影响最大、赛事周期长、模式较固定
单项商业赛事	如NBA中国季前赛、"龙马之战"、邀请赛、对抗赛、擂台赛等	明星效应突出，商业运作明显，规模、时间、地点等随意性强
一般赛事	大众体育节、大众登山节、万人长走大会、龙舟赛等	规模大、水平一般、社会影响大、大众参与程度高

1. 超大型综合赛事

超大型综合赛事是指那些周期性明显，并影响举办城市和举办地区的整体经济，在全球范围和广大媒体范围产生巨大回响的体育赛事，如全运会、亚运会、奥运会等。超大型综合赛事表现为：赛事的规模大、水平高，参与和出席的人数众多，媒体覆盖面大，公共财经参与度高，市场目标广大，对举办城市和地区产生显著的社会效益、经济效益和综合效益，对社会政治、经济、文化、旅游和城市设施建设等诸多方面产生深远影响。

2. 大型综合赛事

大型综合赛事是指那些周期性明显，并在举办城市和举办地区产生较大影响，能够引起众多媒体关注和产生较好经济效益的体育赛事，如城市运动会、农民运动会、少数民族运动会、大学生运动会等。大型综合赛事表现为：赛事的规模比较大、水平比较高，重视程度高，组织工作复杂，媒体关注度高，市场吸引力大，对举办城市的社会经济、文化等多方面产生较大的影响。

3. 单项顶级赛事

单项顶级赛事是指那些周期性明显的世界单项锦标赛，如世界杯足球赛、世界杯篮球赛、世界游泳锦标赛等。单项顶级赛事表现为：赛事的名目多、水平最高、规模比较大，媒体关注度高，市场吸引力大，重视程度高，对举办城市的社会经济、文化等多方面产生较大的影响。

4. 单项品牌赛事

单项品牌赛事是指那些周期性明显的职业联赛，如 NBA、F1、意甲联赛、英超联赛、澳网公开赛、国际马拉松赛等。单项品牌赛事表现为：赛事的运作周期长，运作模式相对固定，水平最高、规模一般，媒体关注度高，市场吸引力大，在传统、吸引度、形象和公开性上，能给主办地、举办地区和目的地带来竞争优势。

5. 单项商业赛事

单项商业赛事是指由企业和中介公司组织举办、政府部门协调、媒体产业参与、提供竞赛产品和相关服务产品的体育赛事，如 NBA 中国季前赛、"龙马之战"、邀请赛、对抗赛、擂台赛等。单项商业赛事表现为：明星效应突出，商业运作明显，规模、时间、地点等随意性强，它以提高举办组织或企业的社会形象为出发点，以追求经济效益为目的，满足和迎合不同参与体分享经历的需求，产生一定的社会效益和综合效益。

6. 一般赛事

一般赛事是指类似大型赛事，规模和水平递减，能够吸引较多观众、媒体和产生一定经济效益的体育赛事，如大众体育节、大众登山节、万人长走大会、龙舟赛等。一般赛事表现为：体育赛事的形式多样、规模大、组织机动灵活、参与人员广泛、市场亲和力强、易于推广，给举办方带来较大的综合效益。目前，许多顶级国际体育锦标赛属于大型赛事，许多国家体育组织和政府，特别是体育经纪机构热衷于这种赛事，原因在于其具有潜在的市场吸引力，这种赛事与某种文化或者公众兴趣点结合会带来很大的市场效益。

复习思考题

1. 什么是体育赛事？体育赛事的属性有哪些？
2. 体育赛事的分类有哪些？
3. 国内外对体育赛事的认识有何不同？

第二章　体育赛事对举办地的影响

伴随着奥林匹克运动在世界范围内的蓬勃发展以及各地对奥运会的争相申办，体育赛事这种特殊事件越发显得重要。与此同时，随着公众对体育赛事关注程度的提高，体育赛事对举办地产生的影响也越来越大。由于国内外体育体制的差异，造成国内外对体育赛事的理解有所不同。国外重视并擅长从商业的角度去开发体育赛事，其目的是获得更多的经济效益。而国内则认为体育赛事在注重经济效益的同时必须考虑社会效益。虽然国内外认识赛事的切入角度不同，但所有的体育赛事都会对举办地产生诸多方面的影响。

一、体育赛事对社会的影响

体育赛事与社会有着密切的联系，它们的影响是相互的，成功的体育赛事对当地的政治、经济和文化有着良好的促进作用，但也受到当地政治、经济和文化的制约。

（一）体育赛事对政治的影响

体育赛事从诞生之日起就或多或少地具有政治色彩。在宏观政治层面，体育赛事被有意无意地用来推广特定的意识形态和价值观；在微观政治层面，体育赛事被用来实现个人的政治野心或实现组织的政治目标。拿奥运会这样最盛大的体育赛事来说，政治性更是不言而喻的。在实践中，几乎每届现代奥运会都被政治事件"点缀"过（表2-1）。

表 2-1　夏季奥运会中的政治事件

举办时间/年	举办地点	政治事件
1968	墨西哥城	南非被拒之门外
1972	慕尼黑	以色列代表团11名运动员被杀
1976	蒙特利尔	部分非洲国家抵制
1980	莫斯科	因苏联入侵阿富汗，部分西方国家抵制
1984	洛杉矶	部分社会主义国家抵制
1988	汉城	部分社会主义国家抵制

许多奥运会主办地还利用奥运会作为改变政治形象的手段。如1964年东京奥运会和1972年慕尼黑奥运会，主办国日本和联邦德国均试图通过举办奥运会来改变第二次世界大战

对自身形象的遗留影响。韩国也利用1988年汉城奥运会来获得在世界政治和经济体系中的新地位。Jeong（1998）的研究表明，韩国把1988年奥运会看做是改变国际形象和消除朝鲜战争遗留影响的历史机遇。Duffy（1992）认为在经济前景不好时，澳大利亚政府热心支持申办奥运会的重要原因是：申办活动可以将媒体和公众的注意力从诸如经济衰退这样的压力事件上转移开来。

许多国家政府很早就意识到体育赛事对政治的影响，体育赛事能够提升政治家和政府管理下的城市和国家形象。体育赛事能够产生社会凝聚力、自豪感和自信心，在社会稳定中扮演着重要角色。政府和政治家是当今体育赛事这一综合体的重要组成部分。自从罗马帝国的皇帝发现了竞技场能够转移批评，并且能够提高威望开始，精明的政治家们一直对于能够使人民快乐并有利于维持其统治地位的赛事保持着敏锐的观察力。

（二）体育赛事对经济的影响

体育赛事与社会经济发展之间是一种双向驱动的关系：体育赛事一方面为了满足自身生存和发展的需要，吸收大量的社会经济投入；另一方面，又通过自身特殊的"生产"方式，产生经济效益，推动社会经济发展。越来越多的政府官员开始认识到体育赛事在提高举办城市媒体曝光率、促进商贸交易活动、促进基础设施建设、增加经济收入和提高地区生活质量方面的功能。以下以举办奥运会为例，分析各举办地当时的经济受益情况。

奥运会对举办国的经济发展显示出直接的促进作用主要是通过以下几方面实现的：参加奥运会的各种人员的参观与商业活动，通讯、电子媒介等方面的投入，赞助者的广告，文化项目、展览等活动，奥运会前的体育活动，奥运会场馆和奥运村的运营，外来观光者的开支，当地居民与奥运会有关的开支，奥运会纪念品的生产与发售，政府收入，对当地长期的益处等。

奥运会对经济的促进实例

1984年9月，美国经济研究协会调查了洛杉矶奥运会对南加利福尼亚地区经济的影响后发现，奥运会对这一地区的经济促进作用高达32.9亿美元，远远超过1962年在西雅图举办的世界博览会和1982年在诺克斯维尔（Knoxville）举办的世界博览会。这两次博览会各历时6个月，总经济效益分别为10亿美元和15亿美元。巴塞罗那筹办1992年奥运会时，西班牙正处于从20世纪80年代全国范围的经济危机中开始复苏的时期，筹办奥运会明显地加速了经济复苏。1996年亚特兰大奥运会给美国带来的经济效益在6年间（1991—1997年）约为51亿美元。

有关专家对 2008 年北京奥运会的收支预测如表 2-2 所示。

表 2-2 北京奥运财政预算表　　　　　　　　单位：百万美元

收入	金额	支出	金额
电视转播权	709	基础设施（总计）	190
TOP 计划	130	——体育设施	102
组委会赞助收入	130	——奥运村	40
特许权使用收入	50	——主新闻中心	45
正式供应商	20	——国际广播电视	3
纪念币	8	运营费（总计）	1 419
邮票	12	——体育设施	275
门票	140	——奥运村	65
捐赠	20	——主新闻中心	360
财产出售	80	——国际广播电视中心	10
彩票	180	——记者村	100
各级政府补助	100	——开闭幕式节目	30
——中央政府	50	——医院服务	51
——地方政府	50	——餐饮接待	70
残疾人费用	82	——交通	50
推广	60	——安保	82
行政管理	125	——残疾人费用	60
试运行及协调	40	——推广	125
其他	101	——行政管理	40
		——城运和协调	101
收入总额	1 625	支出总额	1 609
亏损			
节余	16		

资料来源：北京奥运经济影响研究.

表 2-2 预测，北京奥组委将会赢利 1 600 万美元，折合人民币 1.3 亿元。但是，表 2-2 中对电视转播权收入的估计偏低，悉尼奥运会仅这一项收入就多达 13 亿美元，而表中只估计了 7.09 亿美元。如果届时北京奥运会的电视转播权收入接近或超过悉尼奥运会，北京奥运会将获得更多的利润。除此之外还会有难以准确计算的间接收入。

当然，大型的体育赛事在促进经济发展的同时也存在着一些负面效应，从投资方面看主要体现在以下两个方面：一个是"虹吸效应"，即体育赛事的主办城市将其他地区的资金、人才吸引过来，从而导致对其他地区经济资源的"抽夺"；另一个是"事后低谷效应"，如果举办一次大型体育赛事的相关投资对经济的拉动作用不大，那么在投资期结束后，或者是赛事结束后，投资增长就可能突然失速，从而对经济带来冲击。

（三）体育赛事对文化的影响

文化是人的社会活动的产物。拉丁文"文化"的原意为耕作、培养、教育、发展、尊重等。18世纪以后，文化含义逐步演变为个人素质，整个社会的知识、思想方面的素养，艺术、学术作品的汇集，以及引申为一定时代、一定地区的全部生活内容等。马克思主义文化理论认为，文化是人类物质和精神财富的总和，是人和自然与社会统一的特殊表现，是人对人类创造力和才能发挥程度的鉴定。

雅典奥运会充分展现了希腊的文化魅力。充满想象力与历史感的开幕式让世界对这个文明古国的传统文化与现代精神留下了深刻而美好的印象。如雅典市长巴科扬尼斯所说："成功不仅是因为一切都运作得很好，而是因为希腊重新找回了最大和平盛会的精神真谛。雅典奥运会最重要的一点是人的因素。"想办成一届真正以人为本的奥运会是雅典的奥运理想，正是从这种理想出发，雅典在展现自己历史文化魅力的同时，传达着奥林匹克精神的实质。

体育赛事和与此相关的文化活动会给举办地留下丰厚的文化遗产。它不仅拓宽了大众的文化视野，同时，也给他们带来了新鲜的思想和观念。1997年，在澳大利亚悉尼和墨尔本举办的超级相扑锦标赛，就将日本的相扑运动以其强烈的宗教和文化特点介绍给了澳大利亚观众。这已经远远超出了单纯的体育赛事的范畴，它成为一次有着特殊意义的日本和澳大利亚的文化交流。

研究表明，赛事举办地经常只注重体育赛事能带来"感觉良好"的方面，并且因为它会产生令人兴奋的效益，而使举办地居民做好了忍受其带来的不便之处，同时期望其能够长期加快城市建设和改变城市面貌。

但是，此类事件也会带来负面的社会影响。例如，1985年在澳大利亚一级方程式汽车大奖赛举办的5个星期里，交通事故人员伤亡数与近5年同期相比增加了34%。他们暗示说这可能是人们在公路上效仿大奖赛上那种惊险刺激的驾车方式的结果。

二、体育赛事对就业和旅游业的影响

体育赛事能够提供工作机会和旅游机会，能够在吸引旅游者和延长其停留时间方面扮演催化剂的作用。体育赛事的形象塑造能定位一个营销市场，提供市场竞争优势。超大型体育赛事在城市面貌更新和旅游基础设施建设上会起到催化作用，给举办地带来经济利益。

（一）体育赛事对就业的影响

从经济发展的角度来看，筹办一次超大型体育赛事需要几年的时间。兴建各种体育、交通、通讯、服务等设施会创造大量的新的就业岗位，因此，体育赛事的举办可以带来巨大的商机和大量的就业机会（表2-3）。

表2-3 举办奥运会创造的就业岗位			
年份/年	举办城市	盈利	增加就业机会/万人
1988	汉城	4.9亿美元	30
1992	巴塞罗那	0.4亿美元	2
1996	亚特兰大	0.1亿美元	8
2000	悉尼	7.65亿欧元	10

（二）体育赛事对旅游业的影响

体育赛事在旅游方面最基本和最重要的效应就是吸引旅游者，除了自然环境外，其他诸如亲和性、服务态度和娱乐氛围等也是旅游者非常关注的因素。根据Gunn（1988）的观点，在目的地将旅游者关注的因素聚集起来更便于旅游促销。体育赛事在时间和空间上对旅游产生的效应主要有以下几个方面：

1. 增加旅游者数量、支出及停留时间

大部分一般赛事通常只能吸引国内的一日游游客或周末游客，而奥运会等超大型的体育赛事能够吸引大量的国外旅游者，对举办地的入境旅游产生较大影响。

赛事的持续时间是影响旅游者支出和停留时间的一个因素。为期一周的赛事显然比仅举办一天的赛事吸引游客过夜停留的能力要强。研究发现，赛事持续10天左右并且跨越两个周末最为理想，这样的时间长度足够创造纪念性效果，同时又可以为媒体和旅游者营造一种充满紧迫感的氛围。

超大型体育赛事（如奥运会）的时间跨度比较大，通常会历经数周或数月，具有利用前期组织和长期宣传以刺激更长停留和更多支出的优势。小型比赛则不具备这种潜力，必须要依靠公共关系和集中的赛前推广来吸引注意力。

2. 延展旅游季节，拓展旅游市场

旅游的季节性特点是许多地方的旅游业都面临的一个问题，借助体育赛事能够在旅游淡季营造出新的旅游热点。利用赛事来延展旅游季节的效果更加适用于主办地固定的周期性赛事，而像奥运会这种主办地具有流动性的赛事，主办方通常将赛事举办时间安排在当地的旅游高峰时期，反倒加剧了旅游的季节性差异。

3. 激活静态吸引物和设施

旅游吸引物是指对旅游者具有吸引力，给旅游者以积极效益的旅游地所有因素的总和。举办大型体育赛事和吸引游客的旅游政策与开展会议、会展活动相辅相成。主办体育赛事将有以下激活作用：

◎ 在那些缺乏天然吸引物的地区，体育赛事将吸引体育旅游者，而体育旅游者的支出和停留时间要高于其他类型的旅游者。

◎ 在那些天然吸引物和接待设施良好但使用率不足的地区，吸引体育旅游者是扩大资源使用率的良好途径。

◎ 在那些天然吸引物良好但是接待设施短缺的地区，体育赛事旅游能刺激必要的基础设施建设和升级。

相关链接

北京奥运会对旅游业发展的促进作用

2008年北京奥运会的举办将从旅游基础设施建设、旅游接待设施建设和旅游人次等方面加速我国旅游业的增长。北京市政府决定在奥运会承办期间投入1 800亿元人民币进行城市基础设施建设和环境治理，包括修建地铁、轻轨、高速公路、机场等，这将在很大程度上改善北京的交通和旅游环境。有预测表示，在奥运会的7年准备期和奥运会举办当年，由奥运会直接增加的旅游收入总计将超过1 500亿元人民币。

由此可见，体育赛事能够增加主办地的旅游收入，刺激主办地的经济增长。

三、体育赛事对自然环境和信息技术的影响

体育赛事对自然环境影响的重要性已经反映在奥林匹克运动会的操作中，国际奥委会（IOC）以及其单项体育组织和国家奥委会在1992年召开的联合国环境和发展大会之后共同签署了《地球宣言》，使环境主题包含在了奥运会申办手册当中。1994年，在奥林匹克运动的百年纪念大会上，环境保护被列入《奥林匹克宪章》，成为体育与文化之后的第三大纲领。

（一）体育赛事对自然环境的影响

1. 体育赛事对城市建设的影响

第一是规避了城市投资风险。承办奥运会和世界杯这种赛事的好处，就是通过提供一个

非常确定的外部需求，减少城市基础设施投资的风险。一个城市的发展水平和竞争力在很大程度上取决于城市的基础设施水平，而城市基础设施的提供又取决于有没有有效的需求。一般来讲，城市对基础设施的需求是随着城市经济水平的提高逐渐出现的。如果一个城市的基础设施投资慢于需求的增长，就会拖城市经济发展的后腿，使城市丧失发展机会。如果城市基础设施提供超过真实需求，就会导致各种各样的经济问题，甚至是城市财务的破产。而体育赛事的好处就是能够提供一个巨大的外部需求，使得超前提供的基础设施成本的很大一部分被迅速收回，基础设施得以在本地需求水平较低的时候，有一个超前的发展，从而带动城市竞争力的全面提升。在一个充满风险的世界里，确定性是最宝贵的资源。对于规模巨大的基础设施投资来说尤其如此。

我国九运会对基础设施建设的影响

广州市为迎接中华人民共和国第九届运动会，投资420亿元人民币用于城市基础设施建设，主要包括三大块：一是市政交通基础设施建设；二是体育场馆建设，包括新建的广东奥林匹克体育场和广州体育馆新馆等；三是城市环境、生态环保方面的建设，其中包括城市园林绿化体系，城市街道改造工程和城市环保工程等。投入交通基础设施建设方面的资金达339亿元人民币（包括在基础设施的投资里面）。这些建设有鹤洞、华南两座跨珠江大桥，地铁一号线，与环城高速公路相衔接的7条放射状公路，新国际机场及新国际机场高速公路和广深城市客运快速交通系统。① 所有这些交通工程项目，有力地推动了广州市交通运输业的发展，同时这些交通工程也为广州市其他产业的发展提供支持。这些巨额的基础设施建设投资，无疑会拉动广州市和广州市周边地区建筑业的发展，并且加快了广州市的基础设施建设速度。

第二是改善了人们的生活质量。在举办大型体育赛事时，基础设施通常可以改善主办社区的环境和设施，激发该社区作为东道主的强烈动机。可以通过提高一个街区的地理位置和舒适度，来改善人们的生活质量，提高人们的消费水平。人们的消费内容是多方面的，有物质消费，也有服务和文化消费。随着社会生产力的发展，服务和文化消费的比重越来越大，参加比赛和观看比赛就是人们文化消费的组成部分，举办各种类型的体育赛事可以丰富人们的消费内容和数量，提高人们的消费质量和水平。大型体育赛事是城市复兴和扩大旅游基础

---

① 唐东方，张建武. 九运会对广州经济发展的影响［J］. 广东科技，2001（8）.

设施的催化剂，举办大规模的赛事发展了基础设施，改善了人们的生活环境，激励了人们的消费，提高了人们的生活质量。

2. 体育赛事对环境保护的影响

良好的城市环境无疑是成功举办赛事的有力保障。主办地的环境因素从申办赛事开始就会受到公众的注视，赛事管理者必须谨慎地考虑举办赛事可能对环境产生的冲击和影响。如人群流动和控制、噪音水平、交通和停车等都是考虑的重点。其他主要问题还有损耗、对自然的破坏、当地各种遗产的保护等。

我国十运会对环境保护的影响

在实际操作过程中，十运会作出了较好的表率。十运会前，南京占地154公顷的滨江公园、1 900米长的中央绿轴和8公顷的中央公园竣工；一批高质量的文化、体育、医疗设施落成。南京市投资28亿元人民币，对南京奥体中心周围5条主干道进行新建和拓宽改造，新增绿地面积300万平方米。南京地铁南北一号线开工1年后，西延近5千米，连接十运会主会场河西奥体中心，线路总长增加到21.72千米，工期却缩短为4年零9个月。2005年5月15日，地铁开始观光运营，9月30日正式通车。2005年10月7日，世界上第一座"人"字弧线形钢塔斜拉桥——南京长江三桥正式通车，从三桥过江，3分钟就可跨越主桥，由江北到江南，车过南京节约了半小时。此外，南京新火车站、穿山越湖的城市快速内环线以及高速化改造后的绕城公路在十运会前陆续竣工，使得城市交通更通畅便捷。外秦淮河防洪、环保、安居、景观、道路管网五大工程齐头并进。十运会举办期间，不少中外宾客都领略了秦淮河桨声灯影的迷人景致，跨过这条流动的河可直抵河西主会场。与我国第一座由悬索桥和斜拉桥组合而成的特大桥梁——润扬大桥通车同步，占地206.6公顷的润扬森林公园在扬州建成；南通投资20亿元人民币，20个道路、景点重点工程将全城装扮一新；连云港排出15个项目提升东部海滨地区形象。在生态环境建设方面，太湖、淮河水污染综合整治取得阶段性成效，"绿色江苏"建设扎实推进。十运会的举办使得"人人都是东道主，我为十运作贡献"的观念深入人心，城市管理水平跃上新台阶，市民们的精神面貌也随之大为改观。十运会的确给江苏的方方面面都带来了巨变。

国际奥委会对主办地在环境方面提出了明确的要求：研究奥运会对环境和社会的影响；对奥运会会场和附近居民的负面影响要降到最低限度；保护自然环境和受到影响的生态系统；供应商和承包商必须遵守环保指导原则；将比赛地点设在紧密的地区；所有的比赛场地和训练场地必须设置在奥运村30分钟以内的车程；使用节能设计和材料；最大限度地使用可再生能源；保护和重复利用水资源；尽量减少和避免浪费；尽量使用无毒物质；使用可重复利用的包装材料，在就餐场所尽可能使用非一次性餐具和餐盘；在所有的比赛场地使用可回收垃圾箱；尽量采用电子方式传输信息，辅之以纸张重复利用措施，以便节约纸张；观众只能乘公交车到奥林匹克运动会场地。国际奥委会的上述要求影响着各级体育赛事、各级地方政府，确保了环境和体育赛事的协调发展。

"绿色奥运"是2008年北京奥运会的三大主题之一，是贯穿申办、筹备和举办奥运会全过程的话题。"绿色奥运"的构想是指把北京2008年奥运会相关设施的规划、建设与北京的环境建设有机结合，在筹备奥运会期间所进行的各种基础设施建设，都应当充分考虑对周围环境的影响，实现生态环境和区域功能的和谐统一，并通过一系列保护生态、防治污染等措施使2008年北京的环境质量达到发达国家的城市水平。为了使奥运会能在优美、洁净的环境中召开，让来自五大洲的优秀运动员在北京创造优异的成绩，真正将"绿色奥运"的构想变为现实，北京市重新修订了《2010年城市发展与环境保护计划》，把实现环境保护目标的时间由2010年提前到2007年。通过广泛使用清洁能源、建设三大绿色屏障和实施"绿色奥运行动计划"、"环境意识计划"等措施来保证这个目标的实现。在"绿色奥运"的宏伟蓝图中，北京奥运会的活动中心和主体育场所在地的奥林匹克公园将建成北京市内规模最大的绿色生态园区。奥运村将通过地热等清洁能源取暖，大规模使用太阳能照明系统，垃圾实现无害化处理等，使其成为一座绿树成荫、鸟语花香的绿色家园。北京正努力构筑高标准的绿色生态体系和林木绿地资源体系，并以扎扎实实的工作实现在申奥过程中作出的庄严承诺。环境治理将从降低颗粒物污染、控制工业扬尘和机动车污染入手，大力种草植树，将绿色延伸至京城的各个角落。到2008年奥运会举办之时，北京的绿地覆盖率将达到48%，达到纽约、东京等国际大都市的水平。另外，北京还将投入700亿元人民币建设第二条陕京天然气长输管线，同时，在未来5年，计划用900亿元实现城市交通管道改造。

（二）体育赛事对信息技术的影响

体育赛事管理是一个系统工程，它涉及场馆建设、城市道路、交通、环境、卫生、安全、餐饮、旅游、商贸、资讯等方方面面。而信息技术的魅力就在于它可以应用于各行各业，提高社会平均效率，增加社会财富，刺激消费与投资，进而推动国民经济的整体发展。因而，无论是从直接还是间接的角度来看，体育赛事对信息产业的发展所起的作用都是极其重大的。

体育赛事的规模越大，对信息技术所提出的要求越高。例如，在现代奥运会比赛中，需要利用先进的数字网络技术、远程音像传输技术以及图像显示技术为赛事提供综合信息服务；需要建立世界领先的信息系统，如计时计分系统、成绩处理系统等；需要利用人工智能技术，消除奥运会的"语言障碍"，帮助参与者互相沟通；需要利用智能卡技术，为与会人员注册、安全识别、支付等提供安全、方便的服务；需要提高场馆设施智能化水平，为赛事提供各种个性化信息服务。像奥运会这样的超大型赛事，对赛事管理系统、评论员信息系统、计时计分系统、现场结果运用系统、远程通信网、长途呼叫服务、宽带系统、互联网等都会有很高的要求。

体育赛事给信息产业带来了一定的发展空间，也对信息产业提出了更高的要求，要求信息产业不断创新。信息产业必须不断地进行自我优化，提高自身科技创新和开发能力，才能适应需要。承办体育赛事，需要生产大量与赛事直接相关的信息技术产品，有助于成熟技术的广泛应用，并带动一批新兴技术，推动关键信息通信技术的产业化。

复习思考题

1. 论述体育赛事对政治、经济、文化的影响。
2. 论述体育赛事对就业与旅游业的影响。
3. 论述体育赛事对环境与信息技术的影响。

第三章 体育赛事的构成要素和管理层次

体育赛事有其复杂性和多样性，按照系统理论，可以把体育赛事看做一个系统来研究。系统是由相互作用和互相依赖的若干组成部分结合成具有特定功能的有机整体。系统各部分之间相互紧密地联系在一起，是通过它们之间在功能和结构上的相互作用、相互依存、相互结合而实现的[1]。系统是分层次的，它不仅包括某些局部，而且还从属于更高的系统中，任何复杂的系统都是由最基本的纵向层次结构和横向并列结构构成的。由于体育赛事是以行为发生为主的事物，根据系统理论观点，体育赛事在某种程度上是一种行为系统。在这种前提论断下，体育赛事系统可以理解为由围绕竞赛核心，使赛事发生所要完成的各种行为和存在因素构成，即由静态的存在事物和动态的行动所构成，也可以理解成由具体有形的事物和抽象无形的行动构成。

一、体育赛事的构成要素及其特征

（一）体育赛事的构成要素

1. 体育赛事构成的人力要素

人既是体育赛事的管理者和组织者，又是赛事的实施者和参与者，因此，人力要素既是体育赛事构成要素的基本要素，又是首要要素。所有的体育赛事都需要人的参与。不仅是组织者，还有体育赛事相关服务人员以及观众都是构成体育赛事人力要素的条件。人力要素主要由以下元素构成：主办组织、主办地区、赞助商和经费提供者、供应商、媒体、工作团队、竞赛直接参与者与观众（图3-1）。

（1）主办组织：由于体育赛事的类型不同，赛事的主办组织也不相同。主办组织可以是单项体育组织或者是综合性体育组织，如国际奥委会可以是奥运会的主办组织；也可以是政府体育部门，还可以是社团，如公司或协会；赛事管理者可以由主办组织直接雇佣或签订合同而成为代理。不论体育赛事主办组织是什么来源和构成，主办组织都是赛事的关键参与体。同时，主办组织、承办组织和协办组织都是组织赛事的群体，这三者组成的赛事群体是关键的参与体。

---

[1] 钱学森，等. 论系统工程[M]. 长沙：湖南科学技术出版社，1982.

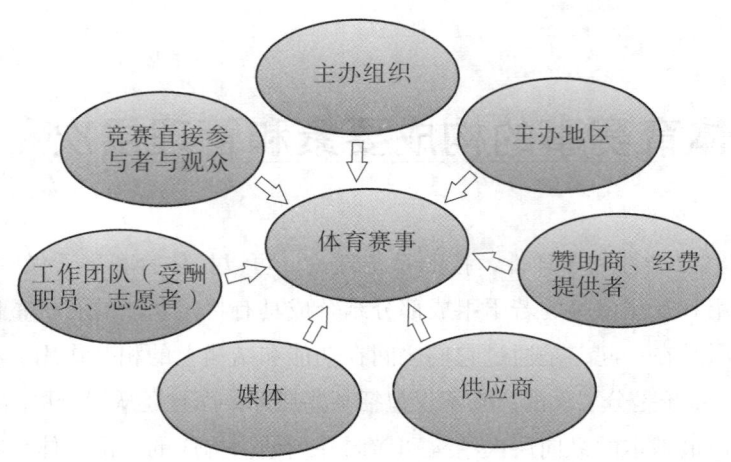

图 3-1 赛事参与的人力要素

（2）主办地区：体育赛事对主办地区有重要的影响，主办地区对体育赛事的支持也至关重要。主办地区包括居民、商人、游说者和公共机构，例如，政府、交通、警察、消防和急救部门等。通常情况下，赛事管理者都会尽力使地区各级公共机构的部门领导参加赛事工作，并预先在赛事计划中进行沟通。如举办大型赛事会对交通有一定的要求，警察部门的帮助非常重要，警察会联合设置停车点，进行交通管制和安排特别通道等措施来保障赛事的顺利进行。

（3）赞助商和经费提供者：传统意义上赞助被认为只是简单解决资金问题，但在现代的体育赛事中被认为是市场营销的重要组成部分。如今，许多赞助商对赞助的看法发生了改变，商业赞助变成组织之间的一种更高级的合作营销形式，赞助领域涉及赛事的各个方面，赞助商也因此获得可观的商业投资回报。

（4）媒体（广播、电视、报纸和互联网）：现今世界广播、卫星电视和互联网技术的飞速发展创造出了前所未有的丰富的媒体产品。全球媒体组织网络、媒体图像和数据的快速传输促成了媒体发展的全球化。媒体的革命性发展给体育赛事带来了新的契机，表现为体育赛事在媒体中的虚拟存在已经等同或大于现场的存在，体育赛事现场的观众要远远少于电视观众和网络观众。实际上，有些体育赛事的举办有时主要是为了电视观众，现场观众多少并不太重要。例如，拳王争霸战等赛事，通过电视直播可吸引大量的观众，电视广告可大大提高企业赞助的回报率。媒体已成为当今赛事不可缺少的重要组成部分。

（5）工作团队（受酬职员和志愿者）：是指相互依赖以完成责任目标，由受酬职员和志愿者个人组成的正式群体。工作团队是赛事实施的另一关键参与体。赛事的团队由赛事组织结构决定，不论赛事规模的大小，每个人都与赛事的成败有关，因此团队成员的选择和管理至关重要。

（6）竞赛直接参与者和观众：竞赛的直接参与者包括运动员和教练员、裁判员等，加上目标观众，他们最终会决定赛事的成功与失败。其中，运动员是赛事的主体，随着商业化的不断提升，教练员和观众也是一个组成部分。没有运动员的精湛表现就不可能吸引更多的观众，同样，没有观众的支持，运动员的表现也没有意义。运动员等竞赛直接参与者和观众从根本上决定了赛事最后的精彩程度。

2. 体育赛事构成的物力要素

体育赛事本身所具有的独特性导致了它在物力需求方面的特殊性。物力要素是体育赛事必须具备的条件，不同规模的体育赛事需要的物力要素是不同的，物力要素的完善与否直接影响体育赛事举办的效果。体育赛事的物力要素构成包括：运动竞赛场馆及设施、设备，交通运输设施，安全保卫设施，医疗卫生设施和设备，餐饮住宿设施以及媒体转播设施和设备。

3. 体育赛事构成的财力要素

经济是基础，任何事物的发展都是以经济的发展为基础的，因此，体育赛事的顺利举办也同样不能与经济基础相脱离。体育赛事的商业化运作越来越受到主办方的推崇，有了充足的资金支持，体育赛事展现出前所未有的活力与无穷魅力。体育赛事的规模在不断扩大，起点在进一步提高，运动员得到的劳动报酬也有了显著的增长，比赛的激烈程度也随之明显提高。体育赛事的财力要素主要由赞助性资金和非赞助性资金两大部分构成。

4. 体育赛事构成的技术要素

现代科学技术的飞速发展在体育赛事中得到了充分的展现。体育赛事越来越离不开高科技的支持，一次体育赛事的成功与否在一定程度上是由技术要素决定的。现代化的体育赛事无不需要网络、计算机以及无线通讯的有力支持。通过大量的高科技设备，不但使广大观众在第一时间内欣赏到比赛现场的精彩画面，而且给赛事组织者带来极大的便捷，如运动员的电子信息确认、运动员的兴奋剂检测以及比赛计时设备等，现代科技为体育赛事带来极大的便利。技术要素主要包括：网络技术、通信技术和相关软件技术等。

（二）体育赛事构成要素的特征

体育赛事管理所涉及的范围广泛，包括场馆建设、运动员和教练住宿及委派、后勤、媒体转播和宣传、安保、医务、信息技术、门票、交通、通讯、财政、风险管理、政府作用、协议、志愿者服务、运作管理行为如营销计划和赞助协议签订、实际比赛等。根据对人力、物力、财力、信息技术、时间、空间和管理等多种因素的考虑，设计调查问卷对构成要素进行确定和分析研究，结果肯定了赛事类别、人力资源管理、后勤、信息沟通与技术、财政预算、法律风险、营销、竞赛、评价等体育赛事构成的具体要素，层次结果见图3-2。

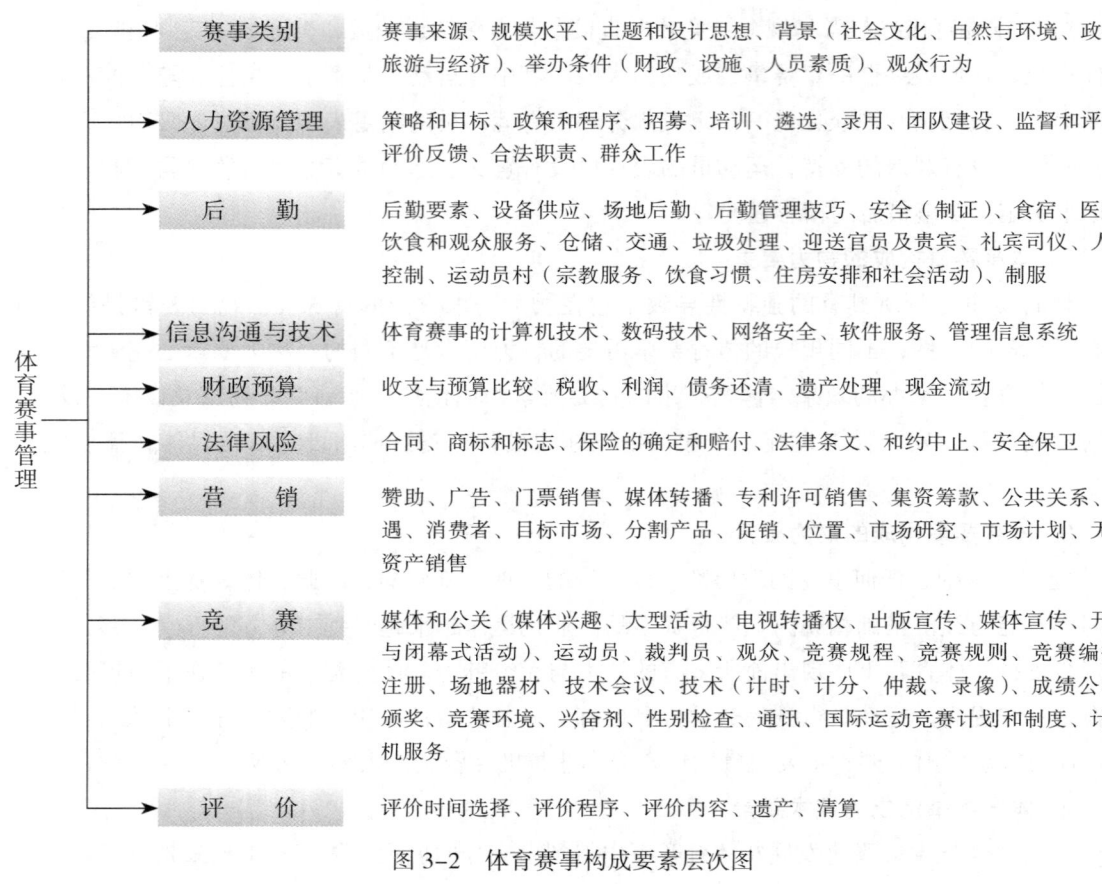

图 3-2　体育赛事构成要素层次图

1. 体育赛事类别

体育赛事类别包括赛事来源、规模水平、主题和设计思想、社会文化背景、自然与环境背景、政治背景、旅游与经济背景、举办地的财政状况、举办地的物资设施、人员素质、观众行为。

2. 体育赛事的人力资源管理

体育赛事的人力资源管理是指对从事体育赛事及其相关服务领域的人力资源,运用现代管理科学进行计划、招聘、培训、遴选、任用、评估以及对员工福利保障的管理,以期达到最佳的资源配置。它包括制定人力资源管理的策略、目标、政策和程序,招募,培训,遴选,录用,团队建设,监督、评价和反馈、群众工作。

3. 体育赛事的后勤保障

体育赛事的后勤保障是指在体育赛事运作过程中对赛事本身各细节的综合把握,是体育赛事组织管理者实现创造力的过程。完备的体育赛事后勤保障是成功举办一次高质量赛事的关键,贯穿于体育赛事的准备期、进行期和结束期。按照赛事发生的时间顺序,赛事后勤运作可分成为几个领域，即供给、运输、联系、后勤流动控制和信息网络。赛事供给是指消费者、产品、设施和设备的供给。对于大规模赛事来说，比赛场馆的建设和提供是后勤管理的重要内容，属于赛事设施的重要部分。良好的交通运输是成功举办奥运会的必要前提，这不仅需要完善、高效的交通管理系统，而且需要技术可靠、性能良好的交通工具和维护服务。联系是指赛事后勤与赛事其他所有领域之间的关联。赛事后勤是其他赛事运作任务所需人、物的供应，是赛事存在和运作的基础。对于大规模赛事来说，后勤管理非常复杂，需要专门的部门负责，而且后勤是整个网络管理结构的一部分。流动控制是指产品、服务和消费者的流动，其中交通等是一个重要的流动控制工具。信息网络是指赛场里的信息、后勤和赛事信息及其与技术运作任务之间的相互紧密联系系统。信息网络的建立必须要由后勤完成有形设备的铺设。后勤保障包括后勤和目标、设备供应、场地后勤、后勤管理技巧、后勤安全、制证、食宿、医疗、饮食和观众服务、仓储、交通、垃圾处理和保持、迎送官员及贵宾、礼宾司仪、人员控制、运动员村的宗教服务、饮食习惯、住房安排和社会活动、制服的制作。

4. 体育赛事的信息沟通

体育赛事的信息沟通是指赛事举办过程中各个部门间信息的有效沟通。它需要体育赛事中的计算机技术、数码高科技技术、网络技术、网络安全技术、体育赛事相关软件开发及服务、管理信息系统、无线技术、相关电视媒体技术等技术和服务的支持。

5. 体育赛事的预算控制

体育赛事的预算控制是指体育赛事组织者在赛事筹备开始时就要对所要举办的赛事进行全方位的统筹规划，进行资金投入和产出的预计核算，并且对赛事本身资金的使用进行全面的控制，使赛事的预算控制在特定的范围内，具体包括收支与预算比较、税收、利润、债务还清、遗产处理、现金流动。

6. 体育赛事的风险管理

在体育赛事的运作过程中，风险是客观存在的，为减少风险对赛事的干扰，就要对可能存在的风险进行管理，对潜在危险进行评估并采取防范行动。赛事风险特别表现在行政管理、营销和公共关系、健康和安全、人群管理、安全、交通等方面。为限定举办体育赛事各方的责任，签订的协议必须对各方存在的风险和最低保险以精确的语言作出规定。包括合同、商标和标志、保险的确定和赔付、法律条文、合约中止、安全保卫等。

7. 体育赛事营销

体育赛事营销是指赛事的组织者对赛事进行现实的市场营销，以及为了影响消费者所实行的新策略，通过消费者的情感定位，销售方尽可能地突出自己的品牌，并建立创新性的沟通渠道。销售方希望通过运作体育赛事，能够在消费者和自己的品牌之间建立积极的关系。体育赛事营销是当今体育赛事的一大商业亮点。有了赛事的营销，体育赛事的核心产品——体育竞赛就有了更加强劲的资金保障。体育赛事营销越来越受到赛事组织者和商家的重视和青睐。体育赛事营销包括赞助、广告、门票销售、媒体转播、经营许可销售、集资筹款、公共关系、礼遇、消费者、目标市场营销、分割产品、价格营销、促销、市场研究、市场计划、无形资产销售、媒体和公关营销。

8. 体育赛事的竞赛活动

体育赛事的竞赛活动是体育赛事的核心工作,一切的赛事活动都是为体育竞赛服务的。运动竞赛活动由竞赛管理者和运动员、裁判员、观众、志愿者、新闻媒体等赛事参与体共同参加。竞赛管理活动的实质是对运动竞赛活动进行管理,有效地提高赛事产品的质量,达到赛事的目的和目标。

运动竞赛管理活动的另外一个特征就是竞赛管理活动主角的复杂性和特定时段里的管理分离性。竞赛管理活动专业性非常强,现代体育发展至今,绝大多数体育项目都有国家和国际的单项体育协会和综合运动协会存在,如奥林匹克委员会、国际大学生体育联合会(FISU)等。这些体育组织代表是竞赛组织的专业管理者,对竞赛活动有着绝对的领导权,使竞赛按照一定的程序进行。这样,竞赛管理活动的主角除了有赛事的运作管理者外,还有专业性体育组织代表,使竞赛管理活动显现主角的复杂性。管理的分离性是指竞赛中裁判员对竞赛活动管理的时间而言,在比赛进行的这一时段,裁判员是竞赛活动的管理者,裁判员的工作直接影响赛事产品的顺利产生。

与体育赛事竞赛相关的因素包括参与竞赛的运动员、裁判员、现场观众及媒体观众、竞赛项目规程、竞赛规则、竞赛编排、运动员和官员及裁判员的注册、竞赛场地器材、竞赛技术会议、竞赛的相关技术(计时、计分、仲裁、录像)、竞赛成绩公布、赛后颁奖、竞赛环境、赛前及赛后兴奋剂检测、性别检查、竞赛的通讯、国际运动竞赛计划和制度、计算机服务等。

9. 体育赛事评价

体育赛事评价是指对赛事实施仔细观察、测量和监督,以便正确评估结果的过程。赛事评价可以提供赛事的基本轮廓和重要的统计结果,为赛事参与体提供反馈,为赛事作具体的分析并提高服务水平。因此,它在赛事管理过程中扮演着一个重要的角色。赛事的评价结果可以为新闻媒体服务,通过新闻媒体,宣传赛事所取得的成效来推广赛事,为未来赛事在计划和寻求赞助上打下良好的基础。赛事评价是赛事管理循环过程中的重要一环。

根据赛事管理活动过程,体育赛事评价可以分为赛前评价(可行性研究)、赛事期间评价(监督)、赛后评价。赛前评价预计赛事可能的成本和赛事的效果,以供赛事管理者决策。赛事期间评价是为了确保赛事能按既定的轨道前进,使赛事管理者能够针对出现的问题及时作出反应,并对赛事计划进行调整。赛后评价是测量与赛事目标相关联的结果。

赛事评价可以运用数据收集、观察、反馈会议、调查问卷和测量等手段进行。赛事评价具有广泛性,表现在赛事各个参与体对赛事的评价,其中,体育组织对赛事的评价具有非常高的赛事历史参考和借鉴作用,会直接影响未来赛事的运作方式。许多国际体育组织都有专门的赛事评价和报告形式的规定,其评价内容非常全面,包括赛事评价时间的选择、赛事评价程序、赛事评价内容、赛事遗产评估、赛事清算等。

二、体育赛事的管理层次

(一)体育赛事管理要素

体育赛事管理层次主要是针对赛事管理者的角色和技能,以及赛事构成要素所表现出来的事物层次性和顺序性而言。

体育赛事管理要素指赛事运作主体所要涉及的复杂、多样和变化的广大对象,体现在人、财、物、信息、技术和赛事目标以及参与体的需要等静态事物和运作管理的动态活动上,即体育赛事管理要素是使赛事发生所要进行的行动和涉及的各种存在因素的总和。

按照Mintzberg的管理理论,管理者角色是指管理行为的特定分类。管理者的角色分成主要三个方面:人际关系、信息传递、决策。① 人际关系角色是指管理者负责激励和动员下属,负责人员配备、培训和对外交往;② 信息角色指管理者接受、收集和传递信息;③ 决策角色指管理者承担着决策判定的职责。无论组织的类型和层次水平如何,管理者都扮演着相似的角色。管理者角色的侧重会随着组织水平的变化而变化。例如,管理者可能是信息的传播者、挂名首脑、谈判者、联络者和发言者,这些角色在较高水平的组织中显得很重要,相反,领导者角色对于较低水平管理者的重要性相对比中、高层管理者要高。根据上面理论,赛事管理者在管理过程中也应该会担负着不同的角色,并且不同的角色会处于不同重要程度的位置。

管理者需要一定的技能去完成管理职责和活动。Robert L.Katz提出管理者需要三种技能或能力,即技术技能、人际技能、概括技能。① 技术技能包括了在一定专业领域里的知识和精通度,如工程学、计算机、会计或制造业,这些技能在较低水平管理中更重要,因为这些管理者要直接与从事组织工作的雇员打交道;② 人际技能包括了与他人单独或在集体中工作相处的能力。因为管理是直接与人打交道的,这个技能是至关重要的,拥有良好人际技能的管理者能够获得他人的最好付出;③ 概括技能是指管理者必须对抽象和复杂情况进行思考和概括。管理者必须将组织看做是一个整体,领会不同下属部门之间的关系,想象组织如何去适应宽广的环境。这些技能在顶级管理水平中是最重要的。图3-3说明了技能与管理水平之间的关系。

体育赛事运作中赛事管理者同样需要相关的技术、人际和概括管理技能。体育赛事管理者需要何种技能及技能的重要程度取决于赛事管理的水平。不同类型的体育赛事存在不同水

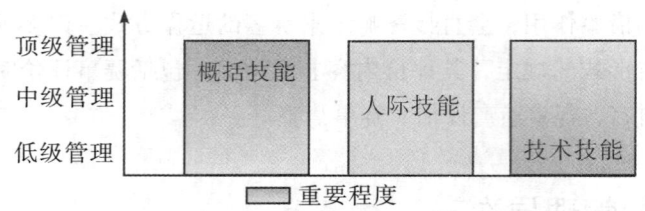

图 3-3 不同管理水平需要的技能

平的管理，赛事管理水平显然与赛事组织目标和赛事构成因素有极大关系。

赛事构成要素所表现出来的层次性和顺序性决定了赛事管理活动的顺序和层次性。例如，赛事场馆首先需要建设好才能涉及其余的管理行为，同时，不同属性赛事决定了赛事的战略管理强度。小型规模赛事时间短，一般计划就可以解决。而大型规模赛事，时间跨度长，面临大的不确定环境，战略管理就会显得非常突出。从这个角度看，体育赛事管理层次也表现在赛事战略管理的层次上。

体育赛事的职业化不断吸引政府和合作伙伴的支持，这种增长明显表现在体育赛事不仅仅要满足观众的需要，还要满足多种需求。体育赛事必须考虑多种要求，包括政府的目标和规章、媒体要求、赞助商的需要和举办地区的期望。对于赛事管理者来说，过去简单地完成基本任务、创造点市场收入和顺利举办赛事的做法在现今仅仅只是赛事的基本标准而已。由于现在的投资者对赛事的评价和兴趣更加注重于旅游业、经济活动、税收、推广、持续的经济增长、电视覆盖、观众收视率、消费者兴趣、品牌形象、礼遇、新的商业机会和可能的投资机会等领域，因此，体育赛事运作必然要超出赛事基本运作要素的范围，而要涉及满足其他多种目标和目的需要的赛事构成要素，即赛事管理要素的范围要扩大。

赛事运作体现在管理活动的进行，管理者通过行使管理职能对这些因素进行运作，使其被有效率和有效益地运作。根据体育赛事构成要素的类别，体育赛事运作的活动应该表现在人力资源、后勤、信息沟通与技术、财政预算、法律风险、营销、竞赛、评价等方面。

赛事类型、目标、规模、水平和赛事环境的不同，会导致体育赛事管理要素在不同赛事运作中受到不同程度的重视。如对于赢利的职业赛事，商务运作显得突出而重要，而一些赛事，是否赢利是次要的。第21届世界大学生运动会，顺利组织竞赛、赛事，造成良好影响是主要的，赛事本身是否赢利是次要的。第二届全国体育大会（2002年，四川绵阳），商务运作是次要的，竞赛编排是次要的，对项目的宣传是次要的，宣传绵阳则是主要的，从而表现出赛事的开幕式、闭幕式的重要性。

综上所述，体育赛事管理要素分为两个大的方面：一是对赛事有基本支撑和保障作用的管理要素，通过人力资源、后勤、信息技术、财政、法律风险管理来达到，它创造一个基本的赛事舞台，满足基本的赛事目的和目标，其中法律和风险管理近年来在体育赛事运作中逐渐受到重视；另一个是对赛事有提升和推广作用的管理要素，满足其他的目的和目标，通过赞助、媒体、公关、广告等营销和赛事的战略管理来达到。赛事所有的管理要素都统一在赛事战略管理之下。体育赛事运作管理要素区分关系用下图可进行直观表达（图3-4）。

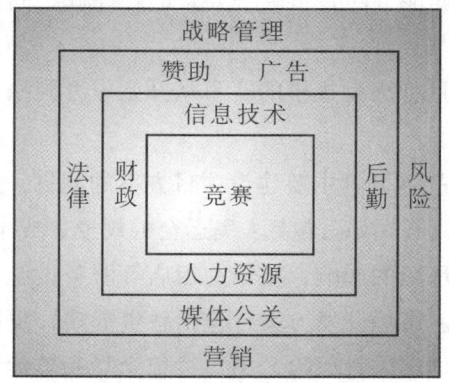

图3-4　体育赛事运作管理要素区分关系

需要说明的是，赛事管理要素在不同规模赛事中地位和作用不同：所有赛事都需要财政、人力、信息技术、后勤，对于一般小规模赛事，这些要素就是赛事运作的全部基本内容；对于较大规模赛事，特别是商业性赛事（主要由经纪人策划），法律和风险、赞助、媒体和公关显得极为重要；对于大规模赛事，如全运会和奥运会等，准备时间长，涉及要素最多，赛事的战略管理和综合营销（包括赞助、广告、门票、专利销售、礼遇等）地位显得突出。

（二）体育赛事运作管理过程

管理过程是当管理者作计划、组织、领导和控制时一系列正在从事的决定和工作活动。意味着当管理者管理时，他们的活动通常是以一个连续的方式完成，即一个过程。[①] 根据这个理论，可以认为体育赛事运作是一个过程，赛事运作主体在赛事管理过程中行使着计划、组织、领导和控制职能。计划职能包含规定组织的目标，制定整体战略以实现这些目标，以及将计划逐层展开，以便协调和将各种活动一体化。组织职能是设计组织结构，包括决定组织要完成什么任务、谁去完成、任务怎样分类组合、谁向谁报告以及各种决策应在哪一级上制定。领导职能是指导和协调组织中的人、激励下属、指导活动、选择最有效的沟通渠道以及解决组织成员之间的冲突。控制职能是监控、比较和纠正的过程。

体育赛事管理过程有时间阶段性，这主要是跟赛事管理要素的时间顺序性有关。体育赛事不能凭空而来，在各个国际和国家体育组织的计划范围内，申办是获取赛事举办权的主要形式。无论何种规模的体育赛事，在获取举办赛事资格后，整个赛事运作都会表现为赛事筹

---

① 斯特德曼·格雷厄姆，等. 体育营销指南［M］. 钟秉枢，等，译. 北京：中信出版社，2003.

备期、赛事期和赛事结束三个阶段。在各个阶段，赛事运作者需要完成各种不同的任务，这些任务与赛事目的和目标有关，从而使赛事管理要素表现出一种重要程度上的区别。因此，赛事管理过程就是运用管理职能针对赛事管理要素的顺序和不同重要程度的管理要素所表现出来的复杂内容的管理。

举例说明，悉尼奥运会这样大型规模的赛事从开始申办到结束，跨度有 6~7 年时间。组委会工作活动表现在：

第一年，完成有关协议的签署、主要建设项目方案的制订，采用专题委托和咨询的方式开展研究和论证工作，制定战略规划。包括：奥运会的规模、成本、主要挑战、参加者人数，场馆与奥运村建设方案及对环境的影响，旅馆、饭店等服务设施，信息服务与管理系统；国家及举办城市经济发展影响、市场开发方案，包括融资战略、赞助渠道与方式、标志产品开发、知识产权保护、风险管理、体育保险、奥运会纪念品和奥运商店的开发；财政预算，交通运行，安全保卫，艺术文化活动，环境与历史文化遗产保护，转播方案及媒体服务系统，组委会机构设置及人力资源配置。悉尼组委会仅在 1997 年就向 47 个机构进行了咨询，组委会为此花费了 948.8 万澳元。

第二年，在主要问题已经明确的情况下，工作主要集中在：主要工作方案及有关政策的制定，明确工作目标及实现目标的基本途径；与有关组织机构签署重要工作协议；完成部分建筑项目招标工作；开展与有关赞助商与转播商的谈判及其他谈判。

第三年，组委会工作关键的一年，组委会的工作向实际操作阶段转移，组委会组织机构基本建立齐备，工作人员数量大幅度增加。主要工作包括：组委会与政府协商设立交通、安全等奥运会保障部门，完成主要负责人及其他工作人员的招聘并开始志愿者培训工作，完成主要建筑项目招标，基本完成与有关组织的协议签署工作，基本完成与有关企业与组织的谈判并签署有关合同，落实组委会 70% 的赞助收入，通过组委会财政预算。

第四年、第五年，组委会全面推进主要领域工作，包括：完成比赛场地、交通、旅馆、饭店等设施及奥运村、新闻中心等建设，推进志愿者培训工作，完成运动会服务及有关保障系统工作，围绕竞赛组织的运行进行预演，交通、安全、住宿等准备工作就绪，完成门票销售、赞助收入、电视转播、标志产品开发、融资、体育保险等重要商业活动任务。

第六年，奥运会赛事期。[①]

总之，体育赛事管理是一个体现着时间性，有管理层次和管理要素重要程度差别的连续

[①] 斯特德曼·格雷厄姆，等. 体育营销指南. 钟秉枢，等，译. 北京：中信出版社，2003.

复习思考题

1. 体育赛事人力、财力、物力与技术要素构成内容有哪些？
2. 体育赛事自身特性的构成要素是什么？
3. 体育赛事有哪些参与体？
4. 体育赛事主办组织、承办组织与协办组织有何不同？
5. 简述体育赛事的管理要素。

第四章　体育赛事的基本特征

随着社会的进步和科学技术的发展，尤其是现代媒体的传播范围日益扩展，人们对体育赛事的关注程度越来越高，参与面越来越广。由于体育赛事的特殊功能与特殊影响，体育赛事已经成为人们日常生活中的重要内容。

一、体育赛事的文化性特征

古代奥运会在古希腊的奥林匹亚举行，在举办竞技比赛同时，各种文化活动也进行得丰富多彩，其中包括城邦的代表参加祭祀活动和游行、艺术家展出作品、学者和教师研讨学术等。可见，体育与文化有着历史的渊源。基于文化对体育赛事的重要性，文化已经成为体育赛事运作所必须考虑的重要因素之一。

（一）体育赛事的欧美文化特征

第一届现代奥运会于1896年在希腊举行，到2004年为止已是第28届（有三届因为战争原因取消），其中只有四届奥运会是在欧美以外的国家举行。另外，由于欧美国家实现工业化较早，所以现代体育赛事的项目大多起源于欧美国家，如现代足球（英国）、篮球（美国）、网球（英国）等。纵观整个体育赛事的发展进程，欧美占有主导地位。从下列事实中可以看出，体育赛事的文化也带有明显的欧美文化特征。

在奥运会的竞赛项目中，源于西方的运动形式居于压倒地位。在夏季奥运会28个大项的300多个小项中，除了柔道、跆拳道等个别项目外，均为西方运动项目。在悉尼奥运会注册的10 960名运动员中，实际参赛人数为10 651名，其中将近一半（49.6%）的运动员来自欧洲。

> **相关链接**
>
> 在悉尼奥运会期间进行的国际奥委会运动员委员会的选举中，有5 216名运动员（占全体参赛运动员的47.26%）参加投票，候选人共44名（非洲5名、美洲6名、亚洲9名、欧洲22名、大洋洲两名），结果当选的8人（北美2名、欧洲5名、大洋洲1名）中有7人来自欧美国家。

（二）体育赛事的本土文化特征

2004年6月，国际奥委会在西班牙巴塞罗那召开"全球文化论坛"，旨在使奥林匹克运动与教育、文化、艺术有机结合，更加丰富奥林匹克运动的文化内涵，促进奥林匹克运动与各国文化多元化发展。

每个国家或者地区都有属于自己的具有民族传统特色的优秀文化，这些文化可能只在有限的范围内传播，不为世人所知。而体育赛事可以吸引全世界人们的目光，是宣传本土文化的最好载体。因此，现代体育赛事的主办者越来越重视通过举办体育赛事，在世人面前展示本国或者本地区的优秀民族传统文化。他们在比赛的开、闭幕式上进行文艺演出，在赛场内外举办各种文化活动，赛事会徽、吉祥物和纪念品的设计等都充满了浓郁的民族文化特征。这样既宣扬了民族文化，又促进了与其他文化的交流。

2004年的雅典奥运会不仅是一次成功的体育盛会，更是一次将体育与希腊悠久的历史、灿烂的文化有机地结合起来，并使奥林匹克精神回归其本质意义的"文化奥运"。雅典组委会通过会徽和吉祥物的设计、全球圣火传递、运动场的选择、开幕式演出、橄榄枝花冠、文化活动等一系列具有崇高象征意义的文化艺术形式，强调了奥林匹克精神文化的重要价值，将奥运会打造成了一个举世无双的"文化奥运"，给全世界人民的心灵带来了巨大的震撼。

对于会徽和吉祥物的设计，雅典奥组委选择了返璞归真的一款会徽——由一支橄榄枝弯曲而成的花环，表达了他们对奥林匹克运动的理解和尊重，也体现了现代雅典对全世界的包容。而根据古希腊陶土雕塑玩偶"达伊达拉"为原型设计的两个被命名为雅典娜和费沃斯的第28届雅典奥运会吉祥物则代表了合作、公平竞争、友谊、和平的奥运精神。充满希腊文化色彩的会徽和吉祥物为雅典奥运会奠定了浓郁的文化氛围。

全球圣火传递——雅典奥运会的圣火首次穿越了5大洲，途经27个国家的33座城市，历经3 600名火炬传递者之手，向全世界传递了第28届奥运会的信息：全人类，无论来自哪个国家，无论是何种民族，也无论有何种信仰，都将在奥林匹克精神的指引下团结起来。尽管当今世界动荡不安，但奥运圣火给人类带来了希望，传递着和平。这是奥林匹克历史上最为成功的一次圣火传递，它将雅典奥运会"文化奥运"的理念传达给了全世界。

开幕式演出：雅典奥运会的开幕式是一场完美的希腊文化的大展示，它带着奥林匹亚的远古气息和爱琴海式的浪漫进入我们的视野。精细的化妆、精妙的设计、精彩的表演，活泼生动地展示了希腊由古至今的发展历史，并采用走马灯的手法将希腊在哲学、数学、天文学、建筑学、体育、艺术等方面对人类文明的贡献串在一起，展示在全球40亿观众面前，使人们感受到希腊悠久的历史和它蕴涵的奥运精神所带来的巨大震撼，而这一切正是顾拜旦先生复兴奥运会人文思想的源泉所在。

运动场地的选择：雅典奥运会利用奥林匹克源自希腊这一独特的文化优势，让希腊悠久的文化得到传承。为了体现"奥林匹克回到故乡"的主题,继承古代奥运会的传统精神,2004年8月18日,组委会将男女铅球比赛安排在古代奥运会的体育场举行,当50名男女铅球运动员穿过拱形通道,进入2 700余年前的古体育场参加本届奥运会最激动人心的竞赛时,人们感受到奥林匹克运动的庄严和神圣。历史和今天在奥运五环旗下奇妙地结合,标志着雅典奥运会从内容到形式都实现了让奥运回家的理想。

橄榄枝花冠是本届奥运会值得称道之处。雅典奥组委充分利用自身奥运资源的优势,设计出了橄榄枝花冠。古代奥运会上,橄榄枝花冠是颁发给冠军的奖品;第28届奥运会的颁奖台上,获得前三名的运动员都被授予了橄榄枝花冠,古朴但具有崇高象征意义的花冠将古代奥林匹克精神与现代奥运会紧紧相连,每一位头戴橄榄枝花冠的运动员都会永远珍惜这份至高无上的荣耀。①

(三)体育赛事项目本身具有的文化特征

赛事本身就蕴涵着丰富的文化内涵,它是人类文化的重要组成部分。一项历史悠久的体育赛事可以形成自己特有的赛事文化,为人们所接受,使人们一想起这项运动就自然地联想到这项赛事。不同的竞技项目具有不同的文化特征。

温布尔登网球公开赛

温布尔登公开赛是现代网球史上最早创办的比赛。1877年,这项赛事在伦敦西南角的温布尔登举行,当时赛事定名为"全英草地网球锦标赛",仅限业余选手参加。赛事真正向世界开放是在1905年,美国姑娘萨顿成为温网历史上第一个夺取冠军的非英国选手。1968年,国际网联与有关方面终于达成了协议,温网正式向职业网球选手开放,温布尔登公开赛诞生了。每次温网公开赛的举行,主办者都会安排丰富多彩的文化活动,邀请早期的温网冠军或者为温网作出贡献的人,与网球球迷们共同追溯温网的历史,从而形成了特有的温网文化。

---

① 孙葆丽. 雅典"文化奥运"及其对北京2008年奥运会的启示[J]. 体育文化导刊, 2004(12).

二、体育赛事的项目性特征

项目是一个特殊的将被完成的有限任务，它是在一定时间内，满足一系列特定目标的多项相关工作的总称。它有特定的环境和要求，在一定的组织机构内，利用有限的资源（人力、物力、财力等）在规定的时间内完成任务，并且任务还要满足一定性能、质量、数量、技术指标等要求。近几年，体育赛事作为一项产业高速发展，项目管理也越来越多地被引入到体育赛事的管理当中去，因为体育赛事的运作符合项目的一些基本属性。

（一）体育赛事的一次性

运作一个赛事，无论是全球瞩目的奥运会，还是一场CBA比赛，它都有明确的起点和终点，它可以借鉴以往的赛事运作过程，但是绝对没有可以完全照搬的先例，也不会有完全相同的复制。因此，一次性是运作体育赛事与其他重复性运行或操作工作的最大区别。

（二）体育赛事的独特性

运作每一个赛事都具有自己的独特性，不同项目的比赛本身就存在差异。即使是相同项目的比赛，也会因为时间、地点、人物等客观条件和赛事主办者主观愿望的不同而存在差异，因此可以说，每一场比赛都是独一无二的。

（三）体育赛事目标的确定性

运作体育赛事必须有确定的目标并表现在：赛事时间性目标，如在规定的时段内或规定的时点之前完成。赛事成果性目标，例如，为观众提供赛事产品以及良好的服务，为赞助商提供展示推销自己产品的平台等。赛事约束性目标，例如，不超过事先预算。其他需满足的要求，包括必需满足的要求和尽量满足的要求。

（四）体育赛事活动的整体性

运作体育赛事过程中，所进行的一切活动都是相关联的，构成一个整体。多余的活动是不必要的，但是缺少某些活动必将影响到赛事目标的实现。

（五）体育赛事组织的临时性和开放性

运作体育赛事的班子在运作的全过程中，其人数、成员、职责都是在不断变化的。某些班子成员是借调来的，当整个赛事终结时，这个临时班子就会解散，人员要转移。参与赛事运作的组织往往有多个，如奥运会这样的大型赛事，就会涉及很多部门，他们通过协议或合同以及其他的社会关系组织在一起，在赛事运作的不同时段，不同程度地介入到运作过程中。可以说，赛事运作的组织没有严格的边界，这一点与一般企事业单位和政府机构组织很不一样。

（六）体育赛事成果的不可挽回性

赛事运作的一次性决定它不同于其他事情，做得不好可以重来，也不同于生产批量产品，合格率达99.99%是很好的。赛事运作在一定条件下启动，一旦失败就永远失去了重新运作这次赛事的机会，因此赛事运作有较大的不确定性和风险性。

三、体育赛事产品的多元性特征

1984年洛杉矶奥运会，美国商人尤伯罗斯彻底改变了奥运会历史。他将商业与体育相结合，把奥运会当作一个商品来出售，改变了以往举办奥运会面临着巨大的财政亏损这一局面，实现了奥运会历史上的首次盈利。现在，体育已经不再是单一的竞技含义，它同时蕴藏着巨大的潜能和商机，是可持续发展的新兴产业。同时，由于体育赛事的项目、规模和目的不同，体育赛事产品出现了多元化的特征。

（一）竞赛产品

体育赛事的核心产品是体育比赛。运动员创造出精彩的比赛，可以满足观众精神上的需求，它归属于精神产品领域。体育赛事产品可以分为以下几种：

（1）综合性赛事：指囊括多个体育竞赛项目的体育赛事。它们的特点是：比赛项目全，参与人数众多，影响力大，举办具有周期性等。例如，奥运会、亚运会、全运会就属于综合性赛事。

（2）单项赛事：是由单项体育协会根据各自项目特点举办的体育赛事。它的竞技水平很高，受重视的程度也比较高，规模较大。一些深受世界人民欢迎的体育项目，其举办的规模和受重视程度堪与奥运会媲美。例如，足球世界杯、国际田联黄金联赛。

（3）职业联赛：是世界上开展较为普遍的一种赛事，多为群众喜闻乐见的体育项目。它是职业体育的开展形式，在每年的一定时期内，各个职业体育俱乐部之间根据赛程进行比赛，然后根据比赛成绩排列名次。在欧美职业体育发达的国家，职业联赛的竞技水平很高，拥有相当数量的忠实观众。例如，美国的NBA篮球联赛，欧洲的五大足球联赛等。央视国际所做的一项球迷调查显示，有98%的球迷非常欢迎NBA前来中国比赛，在这98%的球迷当中，有32%的人认为，中国球员的参赛是他们关注中国赛的主要原因；而45%的球迷表示，最吸引他们的是NBA精彩的比赛，即使没有姚明，他们也会掏钱买票去现场观看。任何一个竞技项目，它的核心产品都是比赛本身，这已经成为很多有识之士的共识。每个赛季，NBA都会向全球提供2 400多场精彩的比赛，这就是这个联盟的比赛以及与比赛有关的产品如此受欢迎的最重要的原因。

（4）商业比赛：是纯粹以赢利为目的而组织的竞赛。它一般由专业的体育经营公司进行运作，依靠运动员（队）的知名度来吸引观众与赞助商，比赛过程中的表演成分多于竞技成分。最典型的事例就是2003年的"龙马大战"，北京高德公司成功地运作了这次赛事，满足了中国观众近距离接触世界足球明星的愿望。在为观众奉献精彩比赛的同时，皇家马德里俱乐部与高德公司也获得了丰厚的回报。

（二）体育赛事的服务产品

服务产品是以劳动的形式为他人提供服务的产品总称。围绕体育赛事可以开发出以下几项服务产品：

（1）食宿服务：一场大型体育赛事在短时间内聚集数以万计的观众和其他各类参与群体，而饮食和住宿是人们的基本活动需求。饭店、宾馆都属于服务行业，它们可以围绕赛事开发出相应的食宿产品。

（2）交通服务：在比赛期内将各类参与群体和各种器材安全快捷地运至或者运出体育场馆，是影响体育赛事的重要因素，交通服务就显得尤为重要。出租汽车公司、公交公司、汽车租赁公司以及物流公司都可以根据各自的特征开发出相应的赛事交通服务产品。

（3）旅游服务：现代体育赛事与旅游的结合日益受到赛事主办者和各个旅行社的重视。赛事主办者希望通过赛事旅游达到吸引更多的观众，提升赛事的品牌知名度，宣传赛事主办城市的目的；而旅行社将体育赛事当作一项旅游资源进行开发，希望通过赛事旅游获得更多的收益。两者相辅相成，互相促进。以F1赛车上海站为例，上海中青旅、大众等6家负责代售票的旅行社在旅游节目的细节、目的地上都作了重大更新和提升，把F1与旅游融合起来，并针对外国和外省市车迷与游客推出了一系列"F1+周边游"的旅游套餐计划。

（4）广告服务：体育赛事的参与人数多，影响力大。它为企业、商品的宣传搭建平台，是良好的广告载体。体育赛事的主办者或者推广单位能够围绕赛事，为企业、公司量身制作赛事服务产品。

（5）信息服务：越来越多的人开始关注体育赛事，但在现场观看比赛的观众是少数，更多的人是通过电视、报纸、互联网等媒体了解赛事。这些媒体与赛事主办者合作，为消费者提供信息服务产品。

（三）体育赛事的有形产品

体育赛事的有形产品是依托体育赛事开发出来的实物产品。它们多是围绕体育赛事的标志、口号、吉祥物、明星球员等进行系列开发，具有一定的纪念价值，或称为纪念品。由于体育赛事的一次性，即不可重复性，所以许多观众为了保存住对这一赛事亲身经历的体会，纷纷购买与这一赛事相关的纪念品。

纪念品包括吉祥物玩具、金属徽章纪念品、纪念服装、纪念币、首日封、纪念邮票等一系列商品，它们只是因为被赋予纪念体育赛事的含义，所以价格会比同类商品高出许多。以F1上海站为例，据《经济信息联播》报道，首批通过国际认证、投放市场的51款F1商标产品共包括7个大类，尽管价格不菲，但还是有很多闻风赶来上海的F1车迷们购买了全套"行头"，包括文化衫、帽子、太阳镜等，每套千元左右。

（四）体育赛事的无形产品

体育赛事的无形产品是围绕赛事的无形资源开发出来的非实物产品。赛事无形资源一般不具有实物形态，但它能为赛事提供某种特殊权利或特殊收益，如体育赛事的转播权、冠名权、商标权等。

四、体育赛事目的的多元性特征

体育赛事运作管理的实施和服务消费都必须有人参与才能发生，人的因素在体育赛事中显得更为重要。由于参与者的身份不同，造成了不同的参与目的，也就形成了体育赛事的目的多元性特征。

（一）体育赛事的主办组织

体育赛事的主办组织是赛事的发起者，但由于主办组织性质的不同，也存在不同的出发点。例如，第五届农运会在江西宜春举行，它的主办者可能更多的是希望通过举办这样一个赛事，达到宣传宜春、提高城市知名度的目的。而2003年的皇马中国行所进行的"龙马大战"这一赛事的主办者，主要是以赢利为出发点，目的就是实现利润最大化。

（二）赞助商

近几十年来，体育赛事的赞助商数量已经大大增加。相应的，赞助商对体育赛事的认识也发生了变化。许多大型公司，已经把赞助视为销售组合的一个重要组成部分。成功的体育赛事现在被认为是求之若渴的财富，能够提高品牌意识促进销售，也为赞助商和客户之间建立关系提供了重要的机遇。公司在赞助方面投入大量的资金，并且额外奉献出资源来支持体育赛事，以便达到企业的目的和销售目标。有的赞助商则希望自己的企业与体育赛事的某种特征有一个较好的结合点。

例如，丰田公司是 1997 年 6 月在悉尼和墨尔本举办的澳大利亚相扑锦标赛的主要赞助商。丰田公司在电视和印刷媒体上发动了一场全国性的相扑热销广告运动，使得相扑锦标赛成为一种为庆祝澳日建交 100 周年而举行的文化事件。赞助商的身份反过来又促进了丰田公司的销售，也提升了事件的形象。

2004 年"大众汽车国际乒联职业巡回赛－总决赛"在中国举行，作为本次赛事的主要赞助商，他们认为乒乓球运动对于优秀、准确和奉献的要求，是大众公司在生产线上所努力实现的标准。另外一层意思是，乒乓球是中国的国球，在中国很普及，大众公司通过赞助乒乓球比赛，使自己的品牌本土化，得到更多中国消费者的认同感，希望他们的汽车产品在中国能够像乒乓球运动那样普及。

（三）媒体（电视、电台、报纸和互联网）

现今世界媒体的扩展速度惊人。卫星电视和互联网的日益普及，使得媒体报道更是无孔不入，全世界媒体组织网络、媒体图像和数据的快速传输使全球成了一个媒体整体。媒体的革命给体育赛事带来了革命，表现在体育赛事在媒体中的虚拟存在已经等同或大于现场的存在，体育赛事现场的观众要远远少于电视以及网络观众。由于能够亲临现场观看比赛的观众相对是少数，大多数观众不得不借助各种媒体了解比赛，因此，媒体参与赛事的目的是宣传报道体育赛事，提高赛事的收视和点击率，借此可以提升自己的品牌价值、增加广告收入。

（四）主办地区（政府官员）

体育赛事对主办地区有重要的影响，主办地区的支持对于赛事的成功举办具有十分重要的作用。主办地区各个公共权力部门，如政府、交通、安全和卫生部门等，必须预先在赛事计划中进行沟通。如举办大型赛事对交通有一定的要求，交通警察就显得尤为重要，他们可以设置临时停车点，进行交通管制等方法来确保赛事对交通的要求。他们参与的目的是为了保证赛事的顺利进行，处理赛事中可能出现的突发事件，同时展示自己良好的社会形象。

（五）体育赛事的参与者

体育赛事的参与者包括运动员、教练员、裁判员等人群，他们是构成赛事的基本要素。他们参加比赛的目的因人而异，呈现多样性。例如，有的运动员被寄予厚望，是冲着金牌而来；有的运动员则是为了增长见识。但从总体上来说，这些参与者参加体育赛事的目的是为了实现自身的价值。

（六）体育赛事的观众

观众是体育赛事产品的消费者，他们花费金钱、时间、精力去观看比赛，是为了欣赏运动员精湛的技艺、高超的技巧,感受赛场热烈的氛围从而达到宣泄激情、愉悦身心的目的。他们是整个体育赛事产品服务的对象,是体育产业的基础。

(七)体育赛事的工作团队

工作团队是指相互依赖以取得责任目标,由受薪职员和志愿者个人组成的正式群体。赛事的团队由赛事组织结构决定,不论赛事规模的大小,每个人都与赛事的成功与否息息相关。他们参与的目的主要是为了获得一种体验,精神上的需求大于物质上的需求。

五、体育赛事的风险性特征

风险是指由于各种难以预测因素的影响,使行为主体的期望目标与实际状况之间发生了差异,从而给行为主体造成损失的可能性。与其他行业不同的是,体育赛事活动有其特殊性,它向社会提供的主要产品是体育竞赛、体育表演及相关服务,这些都属于无形产品,其生产过程与销售过程同步进行,在生产的同时也是提供服务的过程。体育赛事中不确定性风险直接影响到提供的服务质量、水平和顾客的满意度,它主要表现在以下几个方面。

(一)体育赛事的安保工作

每次举办体育赛事,总有许多参与群体聚集在赛事举办地,如运动员、观众、赞助商等。因此,安保工作就显得极为重要。尤其是像奥运会这样的全球盛会,安保工作更是重中之重。1972年第20届奥运会上以色列运动员遇害后,安全问题被列入奥运会重点内容。1996年发生在亚特兰大奥林匹克公园爆炸事件,更是给承办赛事的组织敲响了警钟。

(二)体育赛事的人群控制

大型体育赛事能够吸引成千上万的观众来到现场,如何对这个人群进行有效的控制,是大型体育赛事面临的一项重大课题。例如,比赛结束后,能够迅速疏散现场观众,稳定观众的情绪等,这也同时反映了主办者组织管理水平的高低。在这方面也是有过惨痛教训的。例如,1995年4月,塞拉利昂拥挤的球迷为了买票,将球场的大门挤倒,造成至少40人受伤。

(三)火灾

任何时候都要考虑到火灾发生的可能性,因为体育赛事属于大型集会活动,一旦发生火灾,后果不堪设想。对火灾的预防必须有个提前量,有关部门必须恪尽职守,千万不能忽略细节问题。

2004年雅典奥运会安保措施

雅典奥运会的安保预算由最初的6.35亿欧元一路上涨到12亿欧元，在奥运会历史上创下了新高。雅典用大量资金购买高科技的安全设备，包括红外线、机器人探测仪等用来检查爆炸物和装置，其中最大一笔花销是从美国进口了昂贵的爱国者导弹和集指挥、控制、通信、计算机、情报为一体的C4I系统。

希腊政府部署了数十枚爱国者防空导弹，同时开启数以百计的监视摄像机，近300部闭路摄像机遍布雅典各主要街道和广场，配有监视摄像机的三架警方直升机和一艘飞艇也在空中盘旋。光纤电缆连接起来的摄像头、传感器和其他监测设备使得雅典市处于一张庞大的电子安全网的保护之下。同时希腊邀请澳大利亚、英国、法国、德国、以色列、西班牙和美国等国的反恐专家在反恐方面给予指导，以确保万无一失。据统计，在雅典奥运会期间，有4.65万名安保人员参与工作，其中2.5万人是警察，7 000人来自军方，3 000人是海岸自卫队员，1 500人是消防队员，5 000人是私人保镖，5 000人是受过专门训练的志愿者。

（四）突发事件

突发事件是在没有预感的情况下突然发生的具有破坏性的事件。突发事件具有时间短、破坏力有大有小的特点。最典型的一个例子是2003年国际足联女子足球世界杯，其原计划在中国举行，但由于中国一些城市出现"非典"疫情不得不移师美国。

（五）其他

由于一个赛事的成功举办涉及多方面的因素，包括许多未知的因素，因此，在赛事中很可能会发生一些难以预料的情况，让组织者防不胜防。这就要考验组织者面临突发事件时的应对处理能力。

六、体育赛事资源的集约性和互动性特征

赛事主办者都希望通过举办赛事赢利，而赢利的关键在于如何有效地开发利用赛事资源。所以，应该把体育赛事当作一个资源平台，与赞助商、媒体、观众等相互合作，争取做

到资源开发最优化。体育赛事资源具有明显的集约性和互动性特征。

(一) 集约性

由于体育赛事是在一段时间内进行的，具有一次性特征，因此，就一个赛事而言，投资者会一次性集中投入较多的生产资料和劳动，精心策划出精彩的赛事，这些体现了赛事资源的集约性。

(二) 互动性

赛事资源不可能为一家组织或者单位所独享。一场体育赛事涉及体育组织、企业、媒体、策划公司等多个组织，只有这些相关组织共同参与，互相推动，才能实现赛事资源利用最优化的目标，这些体现了赛事资源的互动性。

复习思考题

1. 简述体育赛事的文化性特征。
2. 简述体育赛事的项目性特征。
3. 简述体育赛事的多元性特征。
4. 简述体育赛事的风险性特征。

第五章　体育赛事管理的理念

理念是指试图触及事物本质和现状而进行的检查、推理和认识。体育赛事运作理念是对赛事运作过程所涉及的存在因素和行动任务的本质认识，运作理念是赛事运作过程中管理者管理行为的依据，体育赛事管理应该持有什么样的理念是一个重要的问题。赛事管理是一个复杂的过程，受主客观条件的多方面限制，如管理者本人素质、目标战略、组织文化、信息、不确定性环境、认识水平等。人是管理中最重要的因素，人的管理技能和所持指导思想决定了管理的效益和效果，为了提高管理效益和效果，建立理念显得十分必要。由于现代管理理论的演进和权变、组织行为和项目管理等管理理论"丛林"的存在，选择何种管理理念至关重要。理念是相对和有限制的，没有一个绝对的理念存在，但建立运作理念有利于管理者从管理学的角度认识赛事事物本质，有利于对赛事展开管理活动。根据相关管理理论和分析研究，体育赛事运作理念应该包含：体育赛事项目管理理念、体育赛事营销理念、体育赛事权变管理理念、体育赛事法律与风险理念、体育赛事环保理念、体育赛事人文理念等。

一、体育赛事项目管理理念

现代管理学的一个流行态势是项目管理学的兴起和在广泛领域中的实际运用，项目管理正以一种新的思维方式和管理模式渗透到国民经济的各个领域。它是一种创新性的管理模式，从根本上改善了管理理念，并运用特有的知识和技术提高每一项工作的效益。企业、集团的生存与竞争离不开项目管理，越来越多的有识之士都深刻地意识到，引进项目管理是提高管理水平的重要途径。

项目管理就是为实现新的管理，把各种资源应用于项目，以实现项目的目标，满足各方面既定的需求。项目管理已经具有成熟的理论、手段和方法，在实际操作中，项目是在一定的政治和经济、文化和意识、规章和标准环境中实现的，对资金、权限、时间等都有要求。项目在多个方面，即范围、时间、费用、质量、风险、人力资源、沟通、采购上是项目变数和项目变量。根据项目的规模和复杂程度，项目管理过程中存在一定层次和数量的项目管理子系统。体育赛事具有项目管理的许多特征，将项目管理理论运用到体育赛事领域，引进先进的管理理念和新的知识与技术，对于提高赛事的质量与水平，扩大赛事的综合效益，有着十分重要的意义。

（一）项目管理基本特征

项目具有整体性、一次性、目标的明确性，以及多目标属性和生命周期性特征。项目的整个生命周期可以划分为论证、规划、实施和收尾四个阶段，每个阶段又可分为启动、计划、实施和控制四个过程。启动过程接受上一阶段交付的成果，提出下一阶段的要求，并确认下一阶段能否开始实施。计划过程则是根据启动过程提出的要求，制订计划文件作为实施过程的依据。实施过程要定期编制实施进展报告，指出实施结果与计划的偏差。控制过程根据实施报告制定控制措施。项目管理具有明确的时间性、目标、资源配备、计划和实施方案。体育赛事历来都表现出明确的时间性，有明确的开始和结束时间，其目标多种多样，从过去的单纯体育竞赛，到现在包括具有强烈商业色彩的赛事产品和提供服务理念的确立，同时，体育赛事必须要有一定的资金才能够完成，必须围绕目标而展开资源配备、计划和实施，所有这些都具备了项目管理所要求的条件。

（二）项目管理理论基础

体育赛事运作过程实质上是一个转换过程，赛事运作是对特定环境下一定系统资源的管理，进行什么样的管理涉及管理理论、手段和方法等在实践中的具体运用，现代管理理论众多，选择恰当的管理理论和手段、方法是赛事运作模式建立的重要前提。

体育赛事在某种程度上是一种行为系统——以完成目的的各种行为作为组成要素而形成的系统，体育赛事具有系统的特性，即整体性、相关性、目的性和环境适应性。为此在运作上很自然会选择系统工程方法。例如，在1990年北京第11届亚运会上，采用系统工程技术就取得了一定成功。[①] 系统工程是一门对系统的构成要素、组织结构、信息流动和控制机构等进行分析与设计的组织管理技术，实质是规划和组织人力、物力、财力，通过最优途径的选择，使工作在一定期限内收到最合理、最经济、最有效的效果。项目管理理论的出现和兴起以及体育赛事具有的项目性特征很容易使人联系到项目管理理论在赛事运作中的运用可能，实际上，项目管理运用于体育赛事运作的优势也非常明显。

（三）项目管理理念的基本内容

体育赛事具有生命周期，由此项目管理理论在赛事中得以运用，体育赛事可以被看成是一个项目。项目管理要求在一段时间里，利用一定的资源（如人员、物资、资金）完成一系列的任务，来达到一定的结果。项目管理的步骤是项目启动、规划、实施和结尾。从项目管理的定义上看，体育赛事运作实质上与项目管理定义相一致，这为项目管理手段和方法的

---

① 谢亚龙. 第11届亚运会系统工程探讨[J]. 福建体育科技，1994（1）：24.

运用创造了前提。根据项目管理的相关理论，比较项目管理理论与赛事运作的实质，体育赛事项目生命周期（图5-1）全过程应该是一个计划、组织、实施、控制、协调和评价的系统管理活动过程。确定主题、可行性研究、计划和组织都是为了搭建赛事舞台，赛事管理活动过程的各阶段相互交迭，特别是赛事的组织和实施。赛事管理是各管理要素在战略计划统一下，运用管理职能，针对不同顺序和重要程度的赛事管理要素进行管理，从而达到赛事的目的和目标。赛事管理受到环境因素的制约，包括内外资源环境和人员素质的环境。

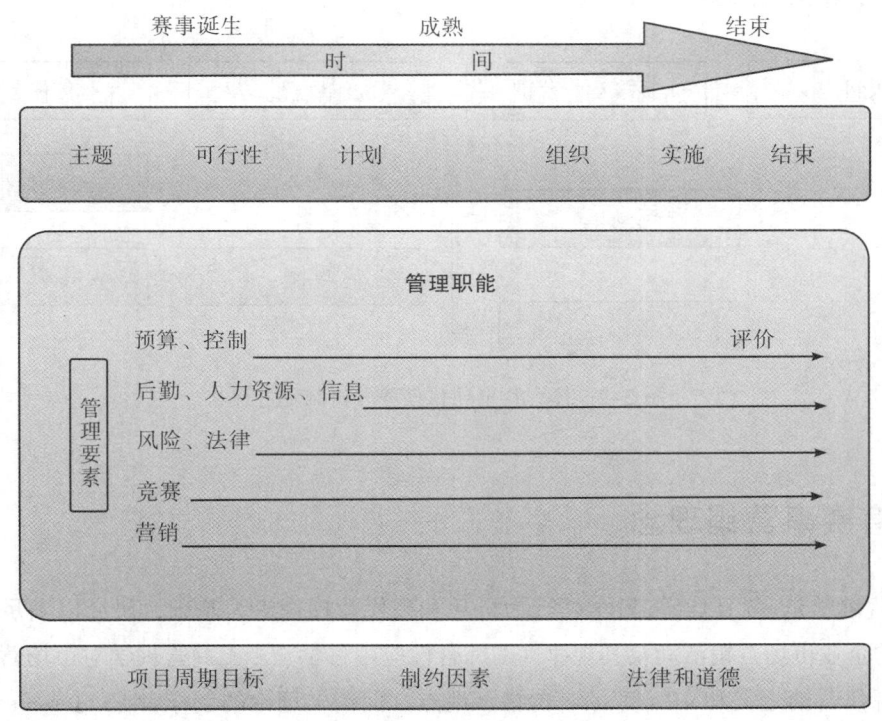

图 5-1　体育赛事项目生命周期

　　计划包含着任务的制定，赛事任务与赛事管理要素是对应的，都是对赛事构成要素认识的变化形式。赛事实施是对赛事计划中的作业计划，即赛事任务的承担和完成。人力资源、信息沟通、后勤、预算、竞赛与营销等赛事运作任务通过管理职能的发挥而实施完成。赛事任务在赛事运作中表现出一种顺序性，如人力资源任务的进行在计划阶段就要开始，财政预算也随着组织结构类型不同而可能会尽早开始。如果组织结构是一种网络组织结构，那么预算在赛事开始之前就已经完成；如果赛事组织结构是一种职能型组织，那么财政预算任务的工作会一直贯穿赛事的始终。

　　按照项目管理理论，任务的制定可以理解为一个分解过程，即复杂的项目被分解成较小和容易管理的工作单元，称作工作分解结构 WBS（Work Breakdown Structure），这些单元称作活动或任务，整个过程称作任务分析。任务或活动的特点是：单一目的并可管理、有开始和结束时间、有清楚的资源分配。

这些单元被指派必需的资源，然后再细分，每一个被再细分的单元被配置资源，例如金钱、时间、工作人员、设备和供给。工作分解结构的结果是让工作人员和志愿者明确职责和完成职责或任务的时间，一旦工作被按这种方式进行分解，就可以产生进度表。进度表主要形式有 Gantt 图表／关键路径。因此，根据上面理论，可以照理推出整个赛事项目任务的分析制定过程，结果见图 5-2。

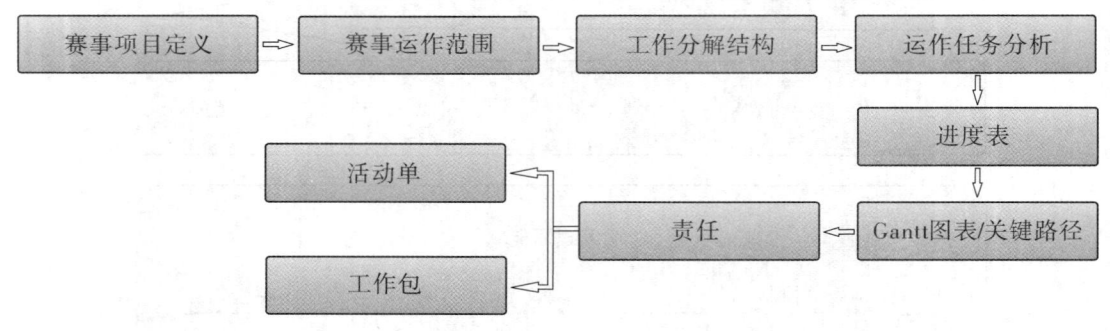

图 5-2　体育赛事项目任务分析制定过程

二、体育赛事营销理念

市场营销学是一门以经济科学、行为科学和现代管理理论为基础，研究以满足消费者需求为中心的企业市场营销活动及其规律性的综合性应用科学[①]。工商管理学对市场营销有许多种定义，现代营销之父和 4P（产品、价格、地点、促销）理论的创作者 E. Jerome McCarthy 对营销概念的描述为：营销是指一个组织以赢利的方式集中所有努力去满足消费者的观念。这与普遍的只关注销售和广告的看法形成对比。哈佛大学的营销权威 Theodore Levitt 对营销的看法是：营销是把整个商业过程看作一个紧密完整的发现、创造、唤醒和满足顾客需要的过程。根据以上理论，赛事营销最终目标应该是满足消费者需要，由于赛事产品的特殊性，提供服务是赛事产品的主要特征，所以赛事营销实质上是一种提供服务来满足消费者的营销。体育赛事中的消费者是使用体育赛事服务的成员，具体表现为观众对竞赛产品的直接消费以及包括运动员在内的全体参与者对赛事支撑服务的消费。由于消费者有选择和面对不同服务作出改变消费模式的决策权利，那么增强消费者消费行动的意识，影响消费者参与服务

---

① 郭国庆．市场营销学通论［M］．北京：中国人民大学出版社，1999．

的消费就必然成为有效营销的核心，所以，赛事营销在强调消费者参赛质量上就必然对建立产品服务理念提出要求。在这种前提下，赛事产品服务重点就会落在建立良好的关系上，不是仅仅停留在物质服务或者促销价格上，而是尽力去服务消费者，使消费者愿意重复参与赛事，并且吸引其他消费者参加，促使建立良好的赛事营销方式。

体育赛事营销理念包括体育赛事产品、体育赛事竞赛产品质量、体育赛事服务产品、体育赛事衍生产品、体育赛事营销必然和体育赛事产品开发理念。

（一）体育赛事产品

赛事产品的整体概念包含核心产品、有形产品和附加产品三个层次。按照现代运作管理理论，任何组织都生产有形产品和无形产品，无形产品通常都表现为服务，简称产品和服务。不同类型的组织，其产品和服务所占的百分比是不同的。在服务行业，例如，航空业中服务的比例占较大的百分比。对于体育赛事来说，体育组织生产的产品可以分为以竞赛为主的竞赛产品和围绕竞赛产品而展开的服务产品，即服务观众，两者是相互关联的。由于竞赛本身的观赏性，竞赛产品质量高低无疑是吸引观众的重要因素，竞赛产品自然就成为赛事核心产品。赛事的无形产品除服务以外，还包含媒体开发和运动员、俱乐部等开发的无形资产；赛事的有形产品除竞赛自身以外，还包含通常所指的体育用品，例如体育器材、运动服、运动鞋、纪念品、特许商品等。

（二）体育赛事竞赛产品质量

竞赛产品是赛事的核心产品，那么竞赛产品的质量无疑至关重要，其质量高低直接关系到观众的消费数量。竞赛产品的质量包括两个方面，一是赛事组织者的组织水平，即包括场馆设施安排形式在内的硬件的准备程度；二是参赛选手的临场水平的发挥和竞赛产品质量把关员——裁判的表现，另外，还有明星运动员的表现。场馆设施的完备和先进，参赛选手所表现出来的高竞赛水准，明星运动员高超技巧的发挥，都能够吸引包括现场观众在内的广大观赏人群，同时，也能够吸引大量的媒体观众。

（三）体育赛事服务产品

如前所述，体育赛事组织产出两种不同类型产品，一种是有形的竞赛产品，另一种是无形的赛事服务产品，而在体育赛事营销中，很大程度上是对体育赛事服务的推销，即推广。服务的对象是观众，任何可以改变消费者经历体验的组织管理行为都是一种营销，营销的概念是扩大的，不一定非有财政的变化才能叫做营销，只要是改变体验，就是运作管理中的营销。根据组织体育赛事的经验，一定是那种提供服务，并且满足赛事消费者的营销行为才能带来成功的赛事，赛事服务无疑成为至关重要的产品。

（四）体育赛事衍生产品

随着赛事的有形产品，即竞赛产品质量的提高，赛事整体形象的提升，赛事的品牌价值就会上升，这样的体育赛事必然导致更多的商业机会，这包括赞助机会和各种企业关注的增多，导致以围绕竞赛产品为核心，出现与赛事品牌密切相关的附属产品，也称衍生产品，其实质是商业组织利用体育品牌效应，利用体育赛事机会推广和销售其产品。体育赛事衍生产品在美国非常发达，以美国 NBA 为例，围绕 NBA 比赛，许多商业合作伙伴直接利用 NBA 比赛大肆推销其产品，并且获得了丰厚的回报。所以，操作和发展成功的体育赛事衍生产品，是体育赛事商业运作中非常重要的一个方面。

（五）体育赛事营销必然理念

传统意义上，人们简单地将营销与经济获利联系在一起，认为体育赛事营销可有可无，本文直接提出赛事营销必然理念，即所有的体育赛事组织都在从事着赛事营销活动，虽然许多赛事组织没有意识到这一点。即使赛事提供服务消费所带来的经济效益有差别，甚至是巨大差别，营销也是体育赛事不可缺少的部分，因为体育赛事创造服务这种无形产品，具有很强的无形性特征，不论赛事目的是赢利还是非赢利，给包括观众在内的消费者提供服务消费的本质就决定了市场营销是体育赛事必然的内容和任务。赛事类型和规模不同会对赛事营销有不同的要求，处于不同环境下的赛事营销会有不同的表现。

（六）体育赛事产品开发理念

赛事运作主体的任何计划和管理过程都会影响赛事观众等消费者的感受。从消费者和与赛事有利益关联的赛事参与体的角度来看，赛事营销是赛事的全部。所以，考虑如何满足消费者的需求，制定满足需求的营销策略是至关重要的。赛事产品开发理念应该体现在赛事推广上，只有推广赛事，才能使其他包括门票价格、转播和赞助回报等方面的营销取得成功。

三、体育赛事权变管理理念

由于赛事内外环境变化和不确定因素的存在，管理过程会遇到偶发的变化情形，为适应这种情况，应该进行识别和响应情境变量变化的权变管理，即灵活的管理。

（一）权变的特征

管理学认为管理行为不是一成不变的，由于环境和组织的不同，在决定管理行为时，必须要有变化的观点，在管理学上称之为权变观点。具体表现为不同的组织面临不同的环境（偶发），需要不同的管理。为此，在与其他人工作和通过其他人以协调工作活动时，管理者必须意识到他们面临的情景偶发因素。实际上，管理者的行动应该根据所处环境的变化而不断调整和适应。

（二）体育赛事组织权变理念的基本内容

组织行为理论描述组织中人类行为和管理者试图理解和管理工作中人的行动，现今组织中人类行为的研究普遍地被看做是科学管理和人际关系管理理论的混合，强调雇员参与、赋予权利、管理者对雇员关心的理念。"命令-控制"的传统管理模式正让位于参与管理和赋予权利管理，同时以自我为中心的领导正被以顾客为中心的领导所取代，雇员被视为内部顾客。管理趋势已经从工作定向到人员定向，从管理者作为一个独裁者和发布施令者到管理者成为推进者和团队成员。按照上面的理论，组织行为存在于一切组织当中，体育赛事运作中应该考虑组织行为方面的管理，如可以考虑建立工作团队去完成赛事任务。总之，赛事运作者对于赛事和赛事环境应该不断审视、思考，并运用新的概念和手段、方法去顺利达到赛事目的、目标。

四、体育赛事法律与风险理念

法律是与赛事风险联系在一起的，法律是赛事运作中不可缺少的因素。体育赛事参与体是多种多样的，各自发挥的作用不同，依靠任何一家公司或者赛事参与体来完成整个赛事的运作任务是不可能的，必须合作才能达到赛事目标。有合作就必然有合同，就必然有谈判和法律问题的存在。法律在赛事运作中表现的形式有：风险管理与保险、中止与仲裁、赛场合同、诉讼、争议解决等。

（一）体育赛事的法律特征

体育赛事法律因素首先表现在赛事参与体与赛事的合法关系上，只有通过合同的签署才能建立赛事承办方与赛事拥有方的合法关系。签订正式书面合同是各方利益受到保护的根本保证，可克服口头协议带来的麻烦。合同能够使各方明确各自承担的角色、权利、义务、职责、财政负担和违约责任。赛事准备期的合同谈判主要表现在由各代表方实施的关于比赛目的、规模以及为促进赛事所做的法律和商业方面的准备和最后合同的草拟。赛事签约双方发生纠纷时如果不能协议解决，往往可以通过仲裁机构解决。其次，赛事法律因素还表现在赛事运作任务的各个方面，如合同谈判、财政和税收、赛场的销售、赞助和广告、国内和国际的电视转播权、观众诉讼、保险和招待服务等。保险在任何体育赛事中都扮演着重要的角色，为比赛组织者、赛场、赞助商、电视转播者、参赛者提供切实保障。体育赛事的保险除了一般责任险外，还有电视转播器材破坏险、人工补偿金、奖金补偿金等。为限定合同各方必须承担的责任和义务，条款中含有风险管理和最低标准的保险要求。赛场合同通常包括租金、安全责任、人员责任、赔偿金等内容。

总之，赛事运作行为一方面要强调工作方法的标准化、有效率和有效果；另一方面还必须强调赛事的法律与风险意识的提高和法律行为的正确。在越来越多的国外经纪公司、国际体育组织和众多媒体等参与体参加国内赛事的情况下，这种理念显得更加重要。

（二）体育赛事的风险特征

体育赛事的风险是客观存在的，只要有体育赛事存在，就必然有风险存在，风险与体育赛事不可分割。随着体育赛事的不断演变和发展，体育赛事类型的增多，体育赛事规模的扩大，体育赛事的参与者与观众的数量增多，资金投入的不断增长以及体育赛事所处的社会环境、政治环境、自然环境、人文地理环境的不断变化，体育赛事的风险也随之不断发生变化。体育赛事风险管理就是针对体育赛事风险，进行确认、评测、控制的谋略与规划。它以避免或减轻损失为目的，组织协调并选择决定对建构风险与回避风险所采用的各类监控过程与方法，消除那些可能消极影响体育赛事的潜在威胁。赛事风险可以划分为自然风险、政治风险、市场风险、基建风险、环保风险、人力风险、资金风险、技术风险、时间风险和其他风险等。

五、体育赛事环保理念

环境议题直到1990年才被奥林匹克运动委员会所认同。1992年联合国环境和发展大会后，国际奥委会（IOC）及其单项体育组织和国家奥委会签署了《地球宣言》。这导致了环境主题被包含在奥运会申办手册当中，环境在运动和文化之后于1994年成为奥林匹克运动的第三大支柱。国际奥委会体育和环境委员会对主办地在环境方面提出的要求，影响着各级体育赛事、各级地方政府，确保了环境和体育赛事的协调发展。

体育赛事对环境会造成冲击，如果在平常未举办过赛事的公众地方，如公园、城市街道或广场举行赛事，会造成一些意想不到的影响，此时人群流动和控制、噪音、通道和停车等都成为突出的因素。许多赛事会牵涉到对环境建设的长期影响及处理设施和设备遗产问题。例如，奥林匹克运动就会对环境管理提出严格的要求，包括环境管理系统，针对场馆的设计和建设、资源使用、运输和比赛期间的废物处理。

相关链接

1993年，悉尼被选为2000年奥运会主办城市的原因之一是竞标材料中包括了一套在当时非常周到、细微、完美的综合环境指导条例，以支撑生态发展的政策形式表现出来，包括对能源节约，废物回收和再利用，空气、水和土壤质量的改善，重要自然和文化环境的保护等承诺。悉尼为奥运会专门制定了综合环境指导条例，与绿色和平组织一起管理环境，在奥运会场馆计划、建设和比赛的运作中，悉尼奥运会的环境理念表现在：研究奥运会对环境和社会的影响，保护自然环境特别是受到威胁的生态系统，能量利用，水节约和再循环，无毒物质的使用，可更新的能源最大量使用，再循环包装和避免任意丢弃餐具，使用电子传输信息以节约纸张，太阳能居住屋和服务，PVC建筑材料的替代，废物再循环和降低掩埋垃圾数量，收集和储存雨水的屋顶虹吸系统。

六、体育赛事人文理念

文化和环境是赛事运作者必须要考虑的重要因素。2008年北京奥运会提出"绿色奥运、科技奥运、人文奥运"的理念和2000年悉尼奥运会向世人展现的澳洲土著文化等就证明了这一点。奥运会不仅仅只是一系列的体育赛事，它为各国提供了向世界展示其文化多样性的机会，并且倡导和平，宣传"更高，更快，更强"的奋斗精神，使所有经历、感受奥运会的人们能够得到教育，精神得到提高，进一步提升人们的道德修养。

体育，不仅是运动和竞赛的集合，更是文化和精神的凝聚。体育是伴随着人类文明的发展而产生的，从一开始就带有人类社会文化的烙印。奥林匹克运动，就是根植于古希腊文化，是当时空前兴盛的文化、哲学和科学孕育了体育这颗文明之花。中国是文明古国，体育文化源远流长。中国功夫以其独特的文化表现形式，让全世界叹为观止。当今世界，体育文化已成为人们社会文化生活中不可或缺的重要内容。奥运会的举办是应该体现本民族的文化特色还是需要体现对世界文化的包容性，从各届奥运会来看，各国都是以体现本民族的文化特色为主，同时也兼顾到对其他民族文化的包容，既要反映出以和平、团结、友谊为宗旨的奥林匹克精神，也要展现出东道国的民族文化、地方风俗和组织工作的水平。

就北京奥运会来说，如何将中国几千年的优秀文化融入奥运会之中，如何在体现出中国文化特色的同时又考虑到世界各国的文化特点，是一个重要的任务。要向民众大力宣传"人文奥运"精神，开展奥林匹克教育、推广活动，使"人文奥运"深入到人们的心中，落实到实际的行动中，才能更好地将中国文化与奥林匹克精神结合起来，办一届成功的奥运会。

总之，随着科学技术的进步、人类文化交流沟通的密切和人类控制自然环境能力的相应提高，体育赛事发生的文化和环境要求必将达到一个更高的水平。

复习思考题

1. 什么是体育赛事运作理念？体育赛事运作管理理念有哪些？
2. 体育赛事营销理念的内容有哪些？
3. 体育赛事产品有哪些？
4. 简述体育赛事法律风险的分类。
5. 试运用项目管理理论对一项体育赛事进行任务分解。

第六章 体育赛事的项目管理

体育赛事项目管理实际上是指管理者的计划、组织、领导和控制等一系列行为活动。当管理作用在所从事的事物对象中时,他们的活动形式通常是以一个连续的方式完成的,也就是一个管理过程。体育赛事运作也是一个行为过程,赛事组织的主体是管理者在赛事管理过程中行使着计划、组织、领导和控制职能。计划职能包含规定组织的目标,制定整体战略以实现这些目标,以及将计划逐层展开,以便协调并将各种活动一体化。组织职能是设计组织结构,包括决定组织要完成什么任务,谁去完成,任务怎样分类组合,谁向谁报告以及各种决策应在哪一级上制定。领导职能是指导和协调组织中的人,激励下属,指导活动,选择最有效的沟通渠道,解决组织成员之间的冲突。控制职能是监控、比较和纠正的过程。体育赛事管理是一个体现时间性、空间性,有管理层次和管理要素重要程度差别的连续行动过程。

赛事管理过程有时间阶段性,这主要是跟赛事管理要素的时间顺序性有关。体育赛事不能凭空而来,在各个国际和国家体育组织的计划范围内,申办是获取赛事举办权的主要形式。无论何种规模的体育赛事,在获取举办赛事的资格后,整个赛事运作都会表现为赛事筹备期、赛事期和赛事结束期3个阶段。在各个阶段,赛事运作者需要完成各种任务,这些任务与赛事目的和目标有关,从而使赛事管理要素表现出一种重要程度上的区别。体育赛事的项目管理内容就表现为:赛事的申办、计划、组织、实施、评价及赛后管理。

一、体育赛事的申办

(一)体育赛事申办的动机

体育赛事的社会效益、经济效益与综合效益已经成为共识,积极申办不同规模的体育赛事已成为最好的佐证。无论是规模很小的赛事(如地区运动会),还是规模很大的赛事(如奥运会),申办城市都有着自己的申办动机。分析其申办动机,可以归纳为以下几种:一是扩大社会影响,通过举办体育赛事提高城市的地位,展示城市的形象;二是改善投资环境,通过举办体育赛事加快城市的建设,创造良好的氛围与环境,吸引企业与商家获得理想的经济效益;三是提高人文素质,通过举办体育赛事宣传城市的传统与文化,培养全民参与意识和主人意识,提高国民身体素质和竞技体育水平;四是促进对外交流,通过举办体育赛事展示城市的综合实力、旅游资源、科技成果、特色产品,搭建市场运作的舞台,创造有特色的地区经济。由此可见,体育赛事申办的起因并不仅仅是体育自身的缘由,而且带有明显的社会、政治、经济、文化等综合因素。

(二)体育赛事的可行性研究

举办体育赛事首先碰到的问题是赛事的可行性问题。可行性研究是赛事运作主体对影响赛事运作环境的因素进行正确的评价和理解,即在赛事举办或者申办之前对赛事的成本和效益等因素进行研究,评价举办赛事动机的价值导向和资源配置(包括人、财、物)是否充足以及社会效益和经济效益的预期价值,从而判断赛事的可行性程度,作出"继续或停止"的决定。赛事可行性研究结果可以为赛事的申办或为制定赛事运作计划提供信息,让赛事管理者明白赛事的本质和目标,也为赛事战略计划的制定提供依据。赛事可行性研究过程见图6-1。

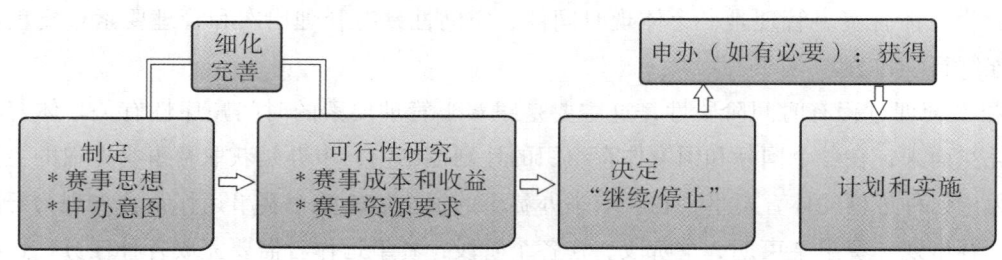

图6-1 赛事可行性研究过程

考虑到赛事的影响力和赛事舞台搭建所需的各种人、财、物、信息、技术资源等条件,赛事可行性研究涉及的内容和范围包含以下因素:

◎ 举办赛事的直接缘由。

◎ 举办赛事对主办城市的影响。

◎ 达到赛事目的和目标的机会。

◎ 政府的支持程度。

◎ 赛事的历史纪录,如利润收入。

◎ 可获得的支援,如赞助商和支撑服务(如设备的租借)。

◎ 选择举办时间的考虑因素(地理、气候)。

◎ 城市基础设施的基本要求(交通、通信)。

◎ 赛事物资资源(场地和设备)。

◎ 成本预算,包括时间、人员和费用。

◎ 收入计算（门票比例、门票发行、资金来源——赞助、基金、拨款）。
◎ 公共和私人财政支持的来源。
◎ 需要运用的管理技术设施与环境。
◎ 克服潜在障碍需要什么样的风险管理举措。
◎ 计划时间的充足性。
◎ 城市居民的支持程度。

可行性研究的具体内容、细节和复杂程度随着赛事的类型、规模和水平而变化，如奥运会就比其他单项锦标赛有着更加宽广和具体的内容。

（三）体育赛事举办权的获得

体育赛事的可行性研究是成功获得体育赛事举办权的重要基础和重要步骤。体育赛事举办权的获得实际上是将赛事可行性方案进行必要的包装和整理，通过相应的渠道和法定的程序，由举办城市采用不同的形式与方法，进行宣传、推广、展示，争取赛事主办组织或协会委员的理解与支持，以正式会议投票表决的决议获得赛事主办的权利。因此，赛事可行性研究的质量、包装的形式与水平、宣传的渠道与途径、展示的形式与方法以及主办组织和协会委员的认可接受程度，与体育赛事举办权的最终获得均有直接的关系。

二、体育赛事的计划

赛事计划在赛事运作中占有非常重要的地位。一旦赛事被确立，计划也随之启动。从现代管理学角度看：计划是一个过程，包括定义组织的目标，研究制定一个全面的战略、多层次的计划体系整合和协调各级组织的工作以实现这些目标。计划既涉及目标（做什么），也涉及完成目标的方法（怎么做）。计划的目的在于指明方向，减少变化的冲击，减少浪费，设立用于控制的标准。高质量的计划过程和适当的实施过程比泛泛的计划更能导致较高的绩效。计划时间框架也会影响计划和绩效的关系。根据计划的广度（战略性相对于作业性）、时间框架（短期相对于长期）和明确性（具体性相对于指导性）可对计划进行分类。

（一）体育赛事的战略计划

赛事计划首先是制订计划目标，目标的制定必须依据影响赛事的环境和组织资源的分析。目标设定之后进行战略管理规划，制定出赛事运作的具体作业计划，通过实施达到预期目标。计划实施过程需要监督和控制系统来保证赛事目标的逐步实施，这是一个逻辑顺序过程。根据管理理论，提出赛事计划流程图（图6-2）。

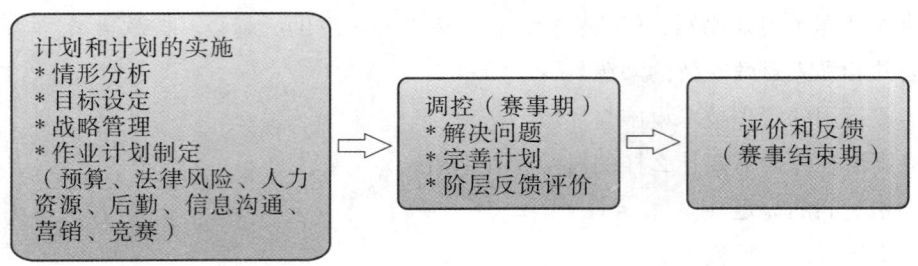

图 6-2　体育赛事计划流程图

Stephen 认为计划的有效性受权变因素影响，即受到组织层次水平、环境不确定性程度和未来许诺期限的影响。按照这个理论，不同规模、类型和水平的赛事对计划会有不同的要求。例如，像奥运会这样组织水平复杂和高级的大规模赛事，其计划的战略性作用就显得非常突出。由于体育赛事类型、规模和水平的不同，计划绝对不是一个机械或直线式模式，赛事计划应当具有灵活性，赛事战略计划与作业计划在不同层次赛事组织中应有不同的要求和体现（图 6-3）。

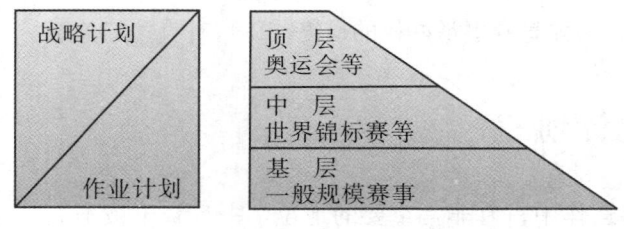

图 6-3　不同组织水平赛事中的计划

战略管理和作业计划的制订对于赛事计划至关重要。战略管理是一系列决定组织长期绩效的管理决定和行动。战略管理过程涉及战略觉醒、战略选择、战略实施。战略管理与组织的使命、目标和战略意图相联系。根据 Stephen P. Robbins 战略管理过程的八个步骤，推导出体育赛事战略管理流程图（图 6-4）。

国外普遍将目的和目标区分开来，目的是试图广泛地提供方向的陈述；目标是用于限定前进方向，朝向目的，设置绩效基准点和允许组织评价计划中哪部分成功或失败。制定目标要有细节性、可测量性、一致性、现实性和时间具体性的要求，简称 SMART。

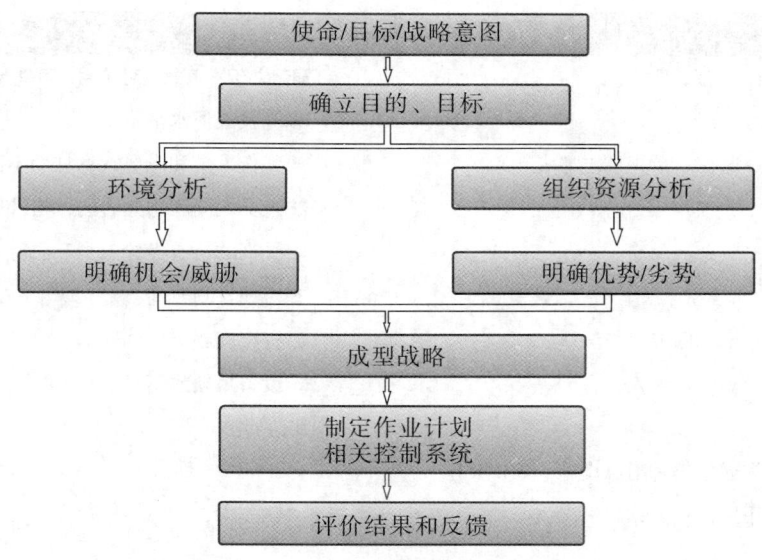

图 6-4 体育赛事战略管理流程图

（二）体育赛事的 SWOT 分析

在制定赛事计划过程中，对影响赛事内外的情形分析，也称 SWOT 分析，就是分析外部环境，确定存在的机会和威胁；同时分析组织内部资源，确定存在的优势和劣势。情形分析帮助审视赛事组织内部和外部有可能影响赛事成功的因素；优势和弱势分析可以在赛事计划中仔细检查内部可利用的资源；机会和威胁分析提供关键的信息去评价外部情况，包括能够直接或间接影响计划形成的政治因素等。在进行情形分析之前，必须对赛事属性定位，即对赛事来源（申办、日程安排、代理策划）、赛事规模与水平、赛事参与体、赛事主题和设计思想以及可行性研究结果进行掌握。优势分析能帮助认清组织资源所具备的优势；弱势分析可以掌握容易变成赛事负担的劣势，指出赛事内部严重不足的区域；机会分析能够增加收入，产生积极的公共关系，并能为组织提供其他益处。

赛事情形分析涉及的范围非常广，特别是超大规模的体育赛事。根据赛事的规模，尽量取得详细信息是必要的。根据赛事构成要素，赛事情形分析涉及内容如表 6-1、表 6-2。

利用情形分析收集关键信息，完成赛事使命和目标的制定，能够提出可供选择的战略。根据 Stephen P. Robbins 的管理理论，战略分为增长战略、巩固战略、节省战略和联合战略。对于选择何种战略应根据情形分析结果而定，选择战略必须利用优势，减少劣势，避免威胁和利用机会。可供选择的战略必须经过评价才可以选择，从而最后成型。根据 Thompson（1997）、Johnson 和 Scholes（1999）的观点，战略评价可从三个指标即适合性、接受性、可行性入手。

表 6-1 优势、弱势分析内容

优势评价：强烈、一般、弱	弱势评价：危急、可控制、可消除
※ 人力资源管理 　　招募、训练、监控、员工、志愿者	※ 竞技表演水平不高
	※ 工作人员和志愿者意见的不同
※ 财政计划 　　预算、会计、资金流动	※ 人员之间和志愿者的性格冲突
	※ 受训的、有经验人员和志愿者的缺乏
※ 信息技术	※ 短期计划时间
※ 风险管理（安全、保卫）与法律 　　注册、场地、观众、谈判、合同	※ 资金问题
	※ 设备短缺或不足
※ 后勤 　　场地、通讯沟通条件、附属设施、VIP 服务、 　　紧急工作程序、食物、饮料	其他弱势
※ 营销 　　赞助、广告、公共关系、礼遇、门票销售、 　　媒体转播、专利许可/销售规划、集资、基金、 　　拨款、推广、品牌、产权	
※ 竞赛 　　运动员	
※ 领导协调 　　工作系统、劝说、激励、倾听、解决问题技巧	
※ 其他技能或优势	

表 6-2 机会、威胁分析内容

机会评价：很可能、可发展、要求控制	威胁评价：严重、跟进监控、回避
※ 前景伙伴或志愿者	※ 社会混乱
※ 前景赞助商	※ 环境破坏
※ 其他在赛事之前或随后的主要事件	※ 通货膨胀
※ 能增加参加的活动	※ 恐怖威胁
※ 在赛事地点的旅游活动 　　——科学的、历史的和文化的吸引力	※ 犯罪
	※ 社区抵制
※ 友好的商业团体	※ 自然破坏
※ 友好的政府部门，包括政策	※ 天气或其他不可控制的事情
其他机会	其他威胁

(三)体育赛事的作业计划

赛事战略确定后,计划实施可以通过作业计划完成。作业计划是对如何完成整体目标的细节规定,通过作业计划实施战略和达到目标。由于赛事规模的变化,作业计划也会随之发生改变,但作业计划必须包括:财政预算、风险管理、人力资源、后勤、信息沟通、营销、竞赛等要素。作业计划各个任务领域都可以进一步细化,如风险管理的合同签订、赞助、环境管理、信息技术、交通、营销中的销售规划、礼遇、媒体转播、警察和志愿者等。

制定作业计划包括的领域

财政预算:现金流动、收入计算……

风险管理:合同、身份卡/通行、保险、法律、执照、许可、安全/紧急情况……

人力资源:志愿者招募/训练……

后勤:场馆、设施和设备、资格审查、住宿、影印、门票、印刷租赁、储存检查、交通……

信息沟通:通讯、信息管理系统……

营销:彩票、集资、拨款、广告、礼遇(邀请、到达/离开)、版权、赛事手册、推广、协议、门票……

竞赛:注册、报到、比赛、奖金/奖品……

每一个作业计划都会设置一系列目标,具体目标的完成可以促进整体目标完成。具体的作业计划包括了行动计划和进度表,不同领域的人员各司其职。为了直观了解作业计划的实施情况,可制定一份能够显示任务、负责人、完成任务的时间及其之间关系的流程图,为赛事实施提供重要依据。

可以用PERT(Program Evaluation and Review Technique)图表示赛事作业计划的完成情况。PERT图也称作网络分析技术图,是一种类似流程图的箭线图,可以根据需要在图中显示按顺序需要完成的任务,如时间框架、职责、依赖关系、资源要求和关键路径,图6-5是虚拟的一个赛事网络分析技术图。

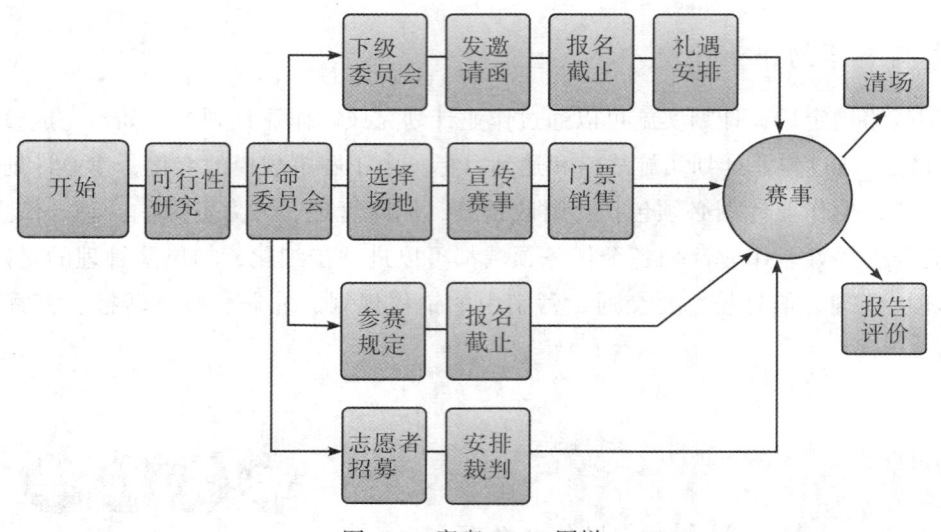

图 6-5 赛事 PERT 图样

从图 6-5 中可以看出，礼遇不能在发邀请函之前安排，同时礼遇在报名截止前也无法安排，该图还显示了哪一项任务能被同时完成，如下级委员会设立、场地选择、寄报名表和安排裁判员都能同时进行。

PERT 图把任务分解成可管理的单元，可用于赛事不同领域的管理，也可用于整个赛事的管理。与所有流程图的使用情况相同，按照赛事流程图实施作业计划时，同样要注意把握关键路径、关键点、不同任务领域之间相互依赖的关系、松动时间以及控制系统。其中，关键路径是指赛事计划完成的关键步骤，它可以提醒赛事运作者了解赛事运作是否准确、合理。关键点也常被称为转折点，如果没有完成，赛事运行必受到严重影响。相互依赖关系是指一项任务的开始和完成依赖于另一项任务的完成或开始，它可以提醒赛事运作者关注任务流程。松动时间指在完成一项工作和另一项工作开始之间可获得的时间。留出松动时间是非常重要的，它保证了在赛事运作过程中有解决意外事件的时间。控制系统是保证行动与计划相一致而建立的一种机制，它可以提醒赛事运作者不断地比较绩效与目标，以便及时调整计划。

三、体育赛事的组织

体育赛事组织的建立与赛事计划的制订和实施有密切关系，没有赛事组织的存在就无法制定赛事计划，而赛事计划的实施必然要由赛事组织去承担和完成，因此建立体育赛事组织意义重大。

（一）建立体育赛事组织的原理

　　建立组织是处于制订计划和实施计划之间的一项任务，组织能够划分资源并指导资源的使用，指明完成下级目标的责任。建立组织是一个创造组织结构的过程，组织结构是工作任务被分解、集中和协调的正式框架。[①] 对管理者来说，设计一种合适的组织结构让工作有效率和有效果地完成是个艰巨的任务。组织结构的设计涉及六个因素：劳动分工、部门化、指挥链、管理跨度、集权和分权、形式化。组织结构设计的主要功能是降低复杂性，把全局目标分解成可以管理的下级目标层次，所有的任务都有必要被分工成为每个下级部门的目标，这是划分和委派任务的基础。管理学通常将组织的结构分为简单结构、职能结构、矩阵结构和网络结构。

　　（1）简单结构：是一个复杂性低的结构，所有决策都由负责所有员工活动的管理者作出。这在小规模赛事中非常普遍。这种结构具有灵活性和适应性，赛事管理者负责所有的赛事活动，责任明确。这种结构的灵活性表现在工作人员具有多项技能，能行使不同的职能。其局限性在于没有专门化技能的工作人员而难以取得高水平的表现。由于单个管理者决定和管理所有方面，当组织超过一定规模时，决策过程会很慢或者根本就没有决策。如果管理者具有独裁作风，工作人员会因为技能得不到充分发挥而沮丧。又由于管理信息都集中在个人身上，因为个人原因而不能行使职责时，将对组织的管理起到很大的破坏作用。

　　（2）职能结构：是将任务部门化，鼓励劳动分工。这种结构的有利之处在于个人或者群体被指派专门的任务领域，从而避免职责的重叠。另外，这种结构能够轻易地按照组织的要求附加其余的职能。其局限性在于承担不同任务的群体和个人之间难以协调。为了有效解决这一问题，可以要求工作人员在不同职能领域轮转，所有部门管理者或者领导之间定期召开会议，并利用召开工作人员全体大会和简报的形式进行沟通，以便增加不同部门群体和个人对组织现有状态的了解。

　　（3）矩阵结构：是把计划的不同方面看作为一个独立的实体，其工作人员受一种双重指挥链领导。这种结构的优势在于允许群体或者个人直接承担和完成任务，促进群体之间的沟通和合作。局限性在于难以协调各职能人员按时、按计划完成任务。

　　（4）网络结构：是管理者将主要职能通过合同等形式包出去的一种结构。这种结构在不可能短期内寻找大量工作人员时非常有用。由于大部分成本都在合同里得到明确，所以预算准确。管理者可以把大部分时间花在协调和控制这些外部关系上，能较快地进行决策。其局限性在于依赖合同的质量控制和可靠性，较难协调不同组织的雇员。网络结构得到以降低规模、寻求核心活动和外部采办为组织形式的现代管理理论的支持，对于一些职业巡回赛事的

---

① Stephen P. Robbins，Mary Coulter. Management. 北京：清华大学出版社，2002.

管理是非常有效的。

综上所述，可以看出不同规模的赛事应该基于各自不同的情形分析而选择恰当的组织结构。

（二）体育赛事组织原理的应用

奥运会是全球规模最大的体育赛事，奥运会面临的环境最为复杂，赛事要完成的任务最多。针对奥运会赛事组织结构的分析，结合组织原理，可以提出赛事组织设立的模式。在此，我们将亚特兰大奥运会、悉尼奥运会、雅典奥运会组织结构图（图6-6、图6-7、图6-8）和北京奥运会的组织结构进行比较，以便加深认识与了解。

北京奥运会组委会现阶段由秘书行政部、总体策划部、国际联络部、体育部、新闻宣传部、工程部、环境活动部、市场开发部、技术部、法律事务部、运动会服务部、监察审计部、人事部、财务部14个部和信息中心组成。随着今后工作的展开，组委会将根据需要扩大它的编制，到2008年将增加到30多个部。

从以上奥运会组委会组织结构的设置上看，组委会一般下设15~20个部门，这些部门主要包括公共关系部、市场开发部、文化部、人力资源部、信息技术部、场馆建设部、体育部、接待服务部、交通运输部、财务部、计划监督部、联络协调部、安全部、运动会执行部等。悉尼奥运会除设立上述有关部门以外还设立了一些委员会来加强重要部门的管理，这些委员会包括奥运会广播组织委员会、体育委员会、财政委员会、文化委员会、审计委员会、多元文化咨询委员会、人力资源委员会等。尽管称呼不同，各组委会均设一名首席执行官（或称执行主席）管理和监控组委会的总体工作进展，同时侧重负责组委会办公室、新闻、法律、公共等方面的事务。另设2~3名副首席执行官，分别负责管理下设部门的工作。组委会一般并不是在成立之初建立所有的部门，而是根据奥运会筹备工作的进展先成立比较重要的部门，先启动重要的工作之后再建立其他部门。一般先期成立的部门主要包括：组委会办公室、场馆规划建设部、联络或公共关系部、人力资源管理部及市场开发部等。

根据组织结构类型理论可以看出：奥运会在组织机构类型上表现为一种职能结构，是一种对作业任务部门化的安排。赛事组织各部门要承担和完成的任务实质上是竞赛、人力资源、财政预算、后勤、信息与技术、营销（含媒体宣传与公共关系）、法律风险等任务。赛事每一种任务均可以由不同称呼或表现形式的部门去承担完成，同时每一种任务可以被分化而由不同部门承担，表现出不同类别的部门分担同一种任务的分化职责。赛事的计划要由专门的部门，即赛事管理者来完成，然后才是对制定的任务进行分工和作业任务部门化，伴随这个过程的完成必须成立以组织职能结构类型为蓝本的赛事部门组织机构。

进一步分析上述奥运会组织结构的表现形式，发现有的设立了赛事协调部门或是安排了负责协调的个人。从组织类型理论上看，不同类型组织结构都存在着优势，同时又存在着局

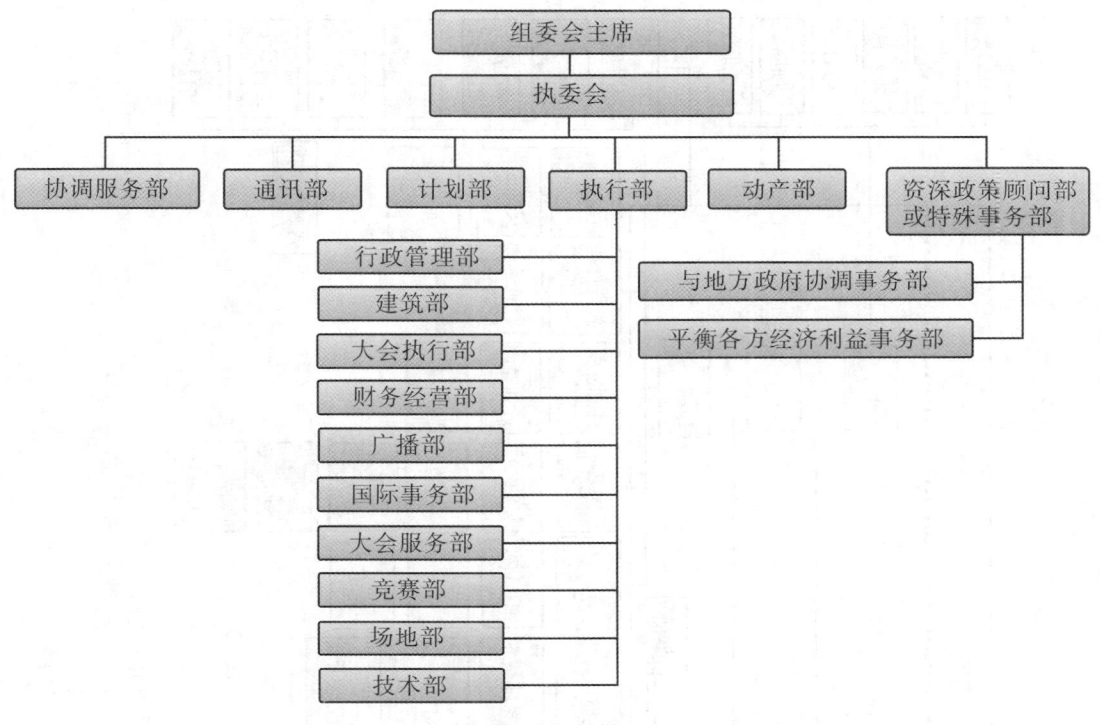

图 6-6 亚特兰大奥运会组委会机构设置

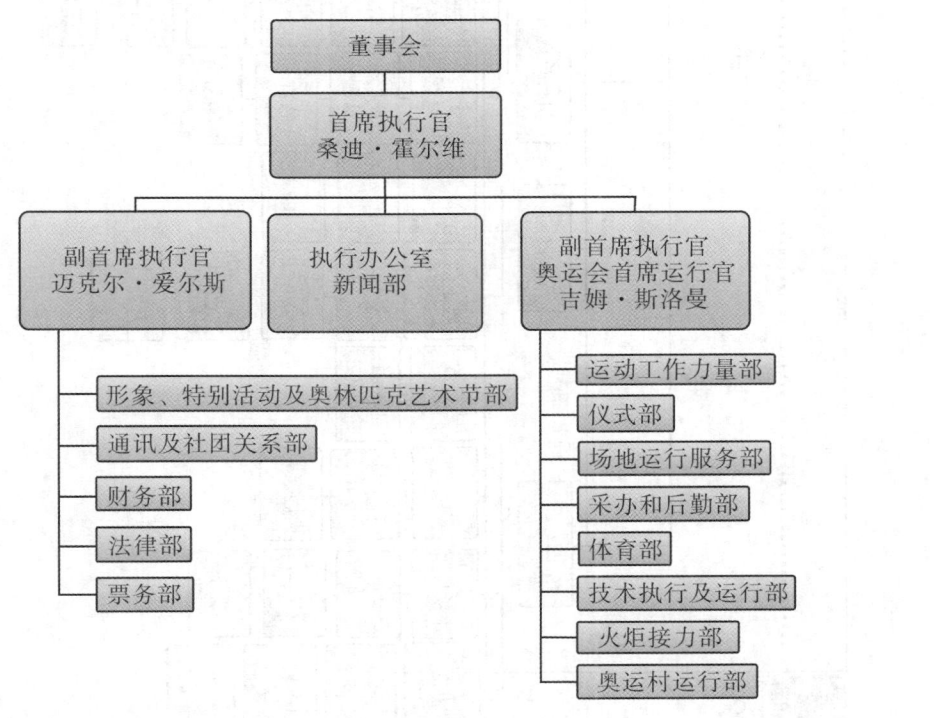

图 6-7 悉尼奥运会组委会机构设置

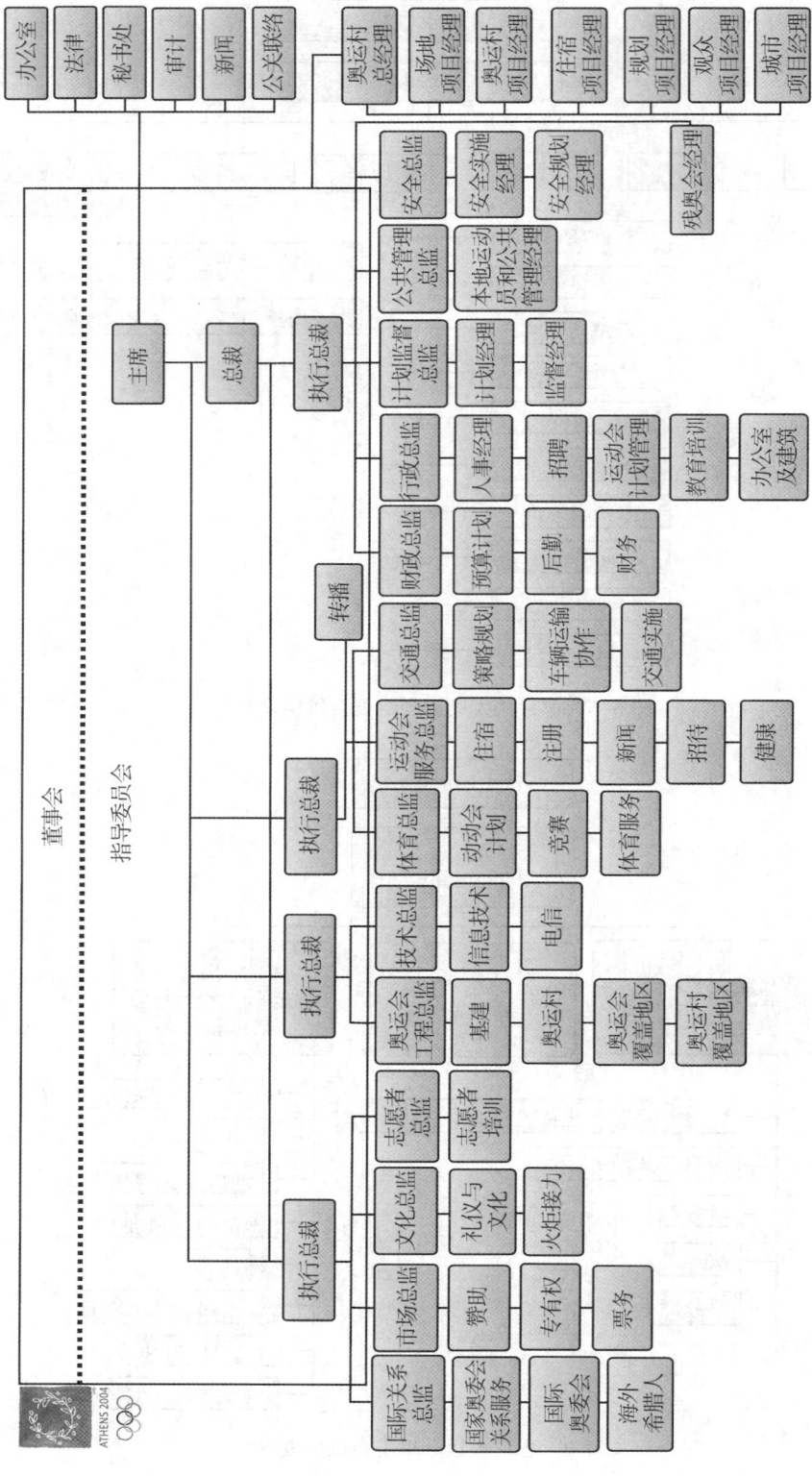

图 6-8 雅典奥运会组委会组织机构图

限性，对于这种职能组织类型来说，处理缺乏理解和解决冲突的有效方法就是进行协调，成立专门负责协调的部门或者指派个人都是管理的一部分，是必须的。因此，赛事协调是管理者重要的职责，进行赛事协调的管理者在表现上可以是组织机构中的个人管理者，也可以是专门成立的部门来负责。

组织文化是指组织成员共有的在很大程度上决定其行为的价值和信念体系。从比较情况看，赛事管理对组织文化非常重视，表现为形象、文化特别活动部及文化总监、环境活动部的设立。2008年，北京奥运会提出了"绿色奥运、科技奥运、人文奥运"理念，某种意义上这就是一种组织文化。组织文化也是赛事推广的内容，同时赛事与外界环境的关系决定了赛事组织对赛事影响冲击力的管理需要，导致了赛事管理者设立专门的部门负责这方面工作。

根据组织原理和实际赛事组织的实例，赛事组织模型应为：由于赛事组织与计划关系密切，在赛事计划过程中要伴随着组织结构的建立，同时赛事计划的作业计划任务要具体到赛事组织结构的相应部门。根据赛事类型、规模的不同以及赛事自身的特殊性，同一种作业任务可由不同称呼表现形式的部门承担完成。同时，同一种任务可以细分化，被细分化的多项任务可以由不同形式的部门承担完成。在赛事临近时，赛事组织结构的部门职能可以有变化。在建立职能部门实施赛事作业计划时，下级部门的设立是个重要的环节，如竞赛部下设各项目委员会，项目委员会的设立是为了完成作业计划中的细化计划。项目委员会仍有可能设立再下一级部门，这是依据职能任务部门化的要求而进行的。

由于赛事计划的作业任务之间表现为一种先后顺序和重要程度差异，对于赛事组织结构的建立，应该考虑赛事任务的顺序和重要程度，即赛事组织部门的设立也有先后的顺序。赛事首先是赛事运作主体——赛事管理者的确立和定位，然后是计划的制订、战略管理和作业计划的制订和实施，赛事舞台搭建好，才能进行其他任务。因此，人、财、物的到位是作业计划中首先要开展的任务，表现为人力资源任务、市场开发、场馆建设任务的承担和完成。同时，由于大型赛事战略上的意义，进行赛事宣传和推广也是要先开展的任务。

四、体育赛事的实施

赛事实施是对赛事计划中作业任务的承担和完成，是赛事运作中最重要的组成部分，直接决定赛事的最后结果。组织结构完成后就是对作业任务的实施，赛事实施与赛事计划部分交叠，如人力资源任务的进行在计划阶段就要开始，财政预算也随着组织结构类型不同而可能会尽早开始。如果组织结构是一种网络结构，那么预算在赛事开始之前就已经完成；如果赛事组织结构是一种职能型组织，那么财政预算任务的工作会一直贯穿赛事的始终。

赛事管理者必须确定赛事的主要任务，整个赛事的任务清单是监视和控制赛事的基本，这是一项费力的和精确的任务，而且需要具备全面的专业知识去精确完成。依据赛事规模的大小，在赛事运作管理者的指导下任命个人或下级委员会负责特定的领域，下级委员会或个人应该制定下级委员会任务清单和行动计划，以应付具体领域里的作业任务。按照项目管理理论，每一项任务要被仔细计划和有明确的时间安排，如寻找赞助、与场地管理者谈判、组织庆祝活动、开幕式与闭幕式表演、公共关系处理和运动队注册的任务都需要明确和具体的时间限定。

根据赛事构成要素和要素在管理过程中的地位，赛事运作中下级委员会负责的一级作业任务应表现为财政预算、风险与法律、人力资源、后勤、信息沟通、营销、竞赛。隶属于一级作业任务的下级任务有许多，尤其是营销。按照赛事营销的实质含义，赛事营销的主要目的是满足需要，提供服务。那么，围绕赛事服务、礼遇、公共关系、媒体宣传、VIP贵宾等就都属于营销范围。

领导和控制是重要的管理职能，在赛事实施过程中，要特别注意领导和控制手段的运用，赛事报告、会议和表现方式不同的指令是有效的领导和控制手段，能确保赛事按计划进行或根据变化而作出调整。

根据赛事管理要素和赛事管理的层次性，观察具体的赛事事例，可以看出在赛事整体运作管理结构中，赛事运作过程随时间推进在运作上表现出两个方面，即赛事在筹备期间纵向为主的运作和赛事实施期间横向为主的运作（图6-9）。

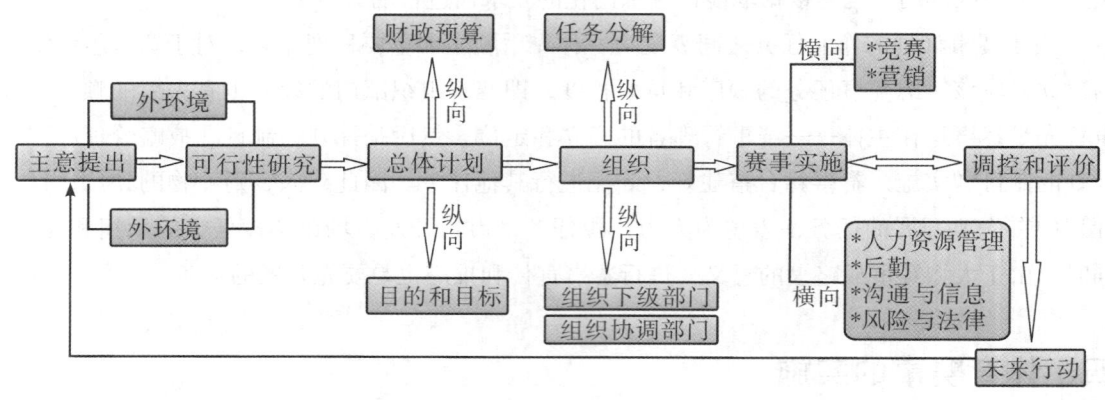

图6-9 赛事运作管理结构图

（一）赛事筹备期间的纵向运作

赛事筹备期间管理活动的目的是搭建赛事舞台，按照步骤对赛事进行计划，建设分工负责赛事运作任务的组织部门，使组织部门分工负责赛事人力资源、信息沟通、后勤、预算、风险、营销、竞赛运作任务，这种涵盖计划对象的范围和建设组织部门的管理方向和范围是纵向和宽广的，从而使赛事在筹备期间表现出运作的纵向性。

（二）赛事实施期间的横向运作

在赛事运作任务分工完成之后，接下来是赛事运作任务的实施，各个赛事任务的实施从结构上表现出平行态势，这样赛事管理活动在赛事运作期间就表现为一种横向性。

应该指出各赛事分解任务在赛事实施期间的横向运作并不代表它们之间没有联系，赛事分解任务的协调就是一种纵向的活动。同时应该注意不同规模赛事在运动竞赛项目、比赛场地数量和空间分布上的变化对赛事运作幅度和复杂程度的影响，这些会使具体赛事表现出独特性。

五、体育赛事的评价和结束后的管理

（一）体育赛事评价

赛事评价是指对赛事实施仔细观察、测量和监视，以便正确评估结果的过程。赛事评价可以提供赛事的基本轮廓和重要的统计结果，为赛事参与体提供反馈，为赛事的提高服务，在赛事管理过程中扮演一个重要的角色。赛事的评价结果可以为新闻媒体服务，通过新闻媒体的报道，宣传赛事所取得的成效，推广赛事，为未来可能再出现的重复赛事在计划和寻求赞助上打下良好的基础。

赛事评价是管理循环过程中的一个环节。根据赛事管理活动过程，评价可以分为赛事前评价（可行研究）、赛事实施期间评价（监视）、赛事后评价。可行性研究明确赛事可能的成本和赛事的效果，以供赛事拥有者决策。监视赛事是为了确保赛事能够按既定的轨道前进，使赛事管理者能够及时反应并对赛事计划进行调整。赛后评价则可测量与赛事目标相关联的结果。

赛事评价可以运用数据收集、观察、反馈会议、调查问卷和测量等手段。赛事影响分有形和无形影响，无形影响是难以进行量化评价的，只有通过描述进行评价，这主要集中在对城市和地区的社会和文化影响上以及赛事长远的影响上。收集信息的方法有许多种，对于无形影响的评价可以运用社会学的一些研究方法，如对观众的反应评价，可以运用等级量表（五个等级）测量。

竞赛是赛事的核心，竞赛组织工作是否顺利直接影响整体赛事的成功与否，竞赛工作评价往往成为评价重点。由于不同目的和目标赛事的存在，赛事评价也表现在对围绕赛事目的和目标是否顺利实现的状况进行评价，许多强调商业赢利的职业赛事就会特别侧重对市场营销的评价。在我国体育赛事中，竞赛成分和市场成分的评价差异极大，明显的例子表现在2002年第二届全国体育大会（非奥项目）上，竞赛和市场营销赢利并不重要，而当地政府对地区的宣传是重要的。在现代体育赛事职业竞赛观赏性加强和市场化趋势下，赛事竞赛和营销是最重要的评价内容。

赛事评价不光是赛事管理者的任务，它具有广泛性，表现在赛事各个参与体对赛事的评价，特别是对涉及自身利益的评价上。前面论述过赛事运作环境中赛事体育组织环境，体育组织在赛事评价中占有特殊的地位。围绕竞赛核心，相关体育组织的评价是一个专业的评价，有非常高的赛事历史参考作用，直接影响未来赛事的运作方式，许多国际体育组织都有专门的赛事评价和报告形式的规定，其评价内容有时非常全面。例如，2001 年，在北京举行的第 21 届世界大学生运动会，国际大体联（FISU）的单项技术委员会在赛事结束时，都要提交技术评价报告给大体联主席，技术报告指导条例内容非常详细（表 6-3）。

表 6-3　第 21 届世界大学生运动会 Universiade'01 技术委员会报告指导条例

序号	评价条目	序号	评价条目
1	介绍：赛事整体评价	8	安全
2	基础设施和设备：竞赛场地、训练场地、体育设备质量	9	医务
3	组织	10	竞赛相关方面（运动员、观众人数、天气）
4	比赛和训练安排	11	竞赛整体印象
5	到比赛和训练场地的交通	12	轶事（如果有）
6	结果和信息	13	对未来赛事的建议
7	仪式（包括发奖）程序		

从表 6-3 可以看出，评价内容广泛丰富，涉及众多管理要素，每个条例下有更细的评价条目，体现出对赛事整体运作的评价价值。因此，赛事运作中体育组织对竞赛核心的评价是非常重要的评价部分。

（二）体育赛事结束后管理

赛事结束后管理是对赛事管理要素的清理工作，这主要表现在后勤工作和竞赛工作上，主要包括：

◎ 比赛成绩编制和印发以及新闻信息公布。

◎ 对即将离开的人员，包括所有志愿者、参加者、媒体和赞助商表示感谢和认可。

◎ 器材、服装等物资设备的归还、转让、出售和处理。

◎ 财务决算、平衡账目。

◎ 举行汇报。

◎ 工作总结：发送报告给赞助商和关键的组织。
◎ 保证为运作未来赛事保留足够的记录。
◎ 奖励。

总之，赛事运作的可行性研究、计划、组织、实施、评价和结束活动是连续和有机联系的，为理解方便，根据以上对赛事管理过程的论述，用流程图简明表示赛事管理过程，见图 6-10。

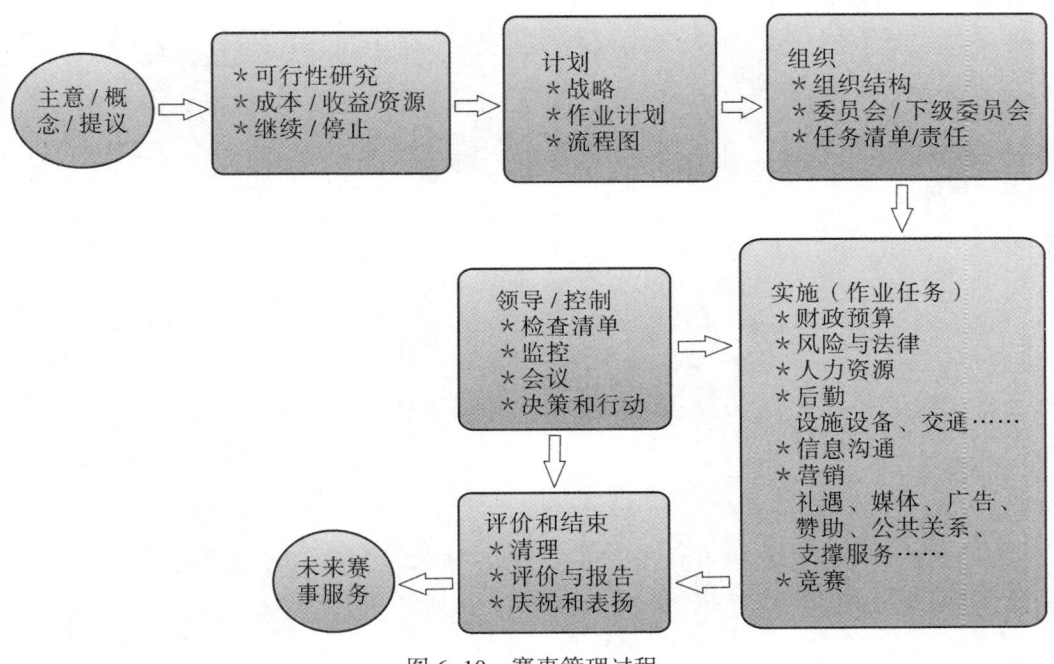

图 6-10 赛事管理过程

复习思考题

1. 体育赛事项目管理包括哪些内容？
2. 体育赛事申办的起因是什么？
3. 简述体育赛事可行性分析的内容和范围。
4. 试对一项赛事进行 SWOT 分析。
5. 简述体育赛事管理组织原理。
6. 如何评价体育赛事？

第二篇

实践运作

第七章　体育赛事的市场营销

在市场营销中,产品是指能提供给市场用于满足人们某种欲望和需要的任何事物,包括实物、服务、场所、组织、理念等。产品整体概念包含核心产品、有形产品和附加产品三个层次。体育赛事运作的本质是制造产品(竞赛产品、无形产品)与服务,以满足消费者的需求。体育赛事的消费者、体育赛事产品和体育赛事的生产者与中介是构成体育赛事市场的主要成分,其中,体育赛事的消费者包括观看体育赛事的观众、参与体育比赛的参与者和赞助商。消费的主要体育产品是体育赛事,与赛事相关的产品是运动员和竞技场地提供他们自己独特的服务,提供常见的体育用品和体育信息;生产者指那些帮助制造体育赛事的团体或个人、赞助商,媒体和经纪人则是中介。体育赛事产品、分销渠道或地点、价格和促销是体育赛事营销组合的主要要素。

市场营销管理的概念、任务和过程[①]

工商管理理论认为:市场营销管理是指为了实现企业目标,创造、建立和保持与目标市场之间的互利交换的关系,而对设计方案进行分析、计划、执行和控制。市场营销管理的任务,就是为促进企业目标的实现而调节需求的水平、时机和性质。市场营销的实质是需求管理,市场营销管理过程包括了分析市场机会、选择目标市场、设计市场营销组合、管理市场营销活动。

一、体育赛事营销的战略设计

(一)体育赛事产品的需求分析

体育赛事产品的市场需求分析可以使赛事营销者明确机会、把握机会、准确判断、科学

---

① 郭国庆. 市场营销学通论[M]. 北京:中国人民大学出版社,1999.

决策、掌握需要弥补的问题和缺陷。

1. **体育消费者需求分析**

体育消费者是指那些观看体育赛事的观众、体育赛事的参与者和用金钱与产品交换取得与体育赛事相联系权利的赞助商。消费者带有各自的期望，观众消费者关心的是如何被对待，在许多情况下不再满足仅仅观看比赛，而是要享受比赛，要参与赛事活动。这种消费者的期望影响了体育赛事产品的生产。如何调整赛事产品的生产和满足消费者期望则成为市场营销中的突出问题。消费者的消费过程可分为问题识别、信息搜索、选择评价、选择实施、事后评价。赛事服务消费与其他购买商品的消费不同，服务消费具有同时性、不可分离性和短暂性，消费者到达比赛场地接受服务消费不是偶然的，而是已经带有了某种意识期望，因此，了解消费者的期望对于赛事管理者来说非常重要。

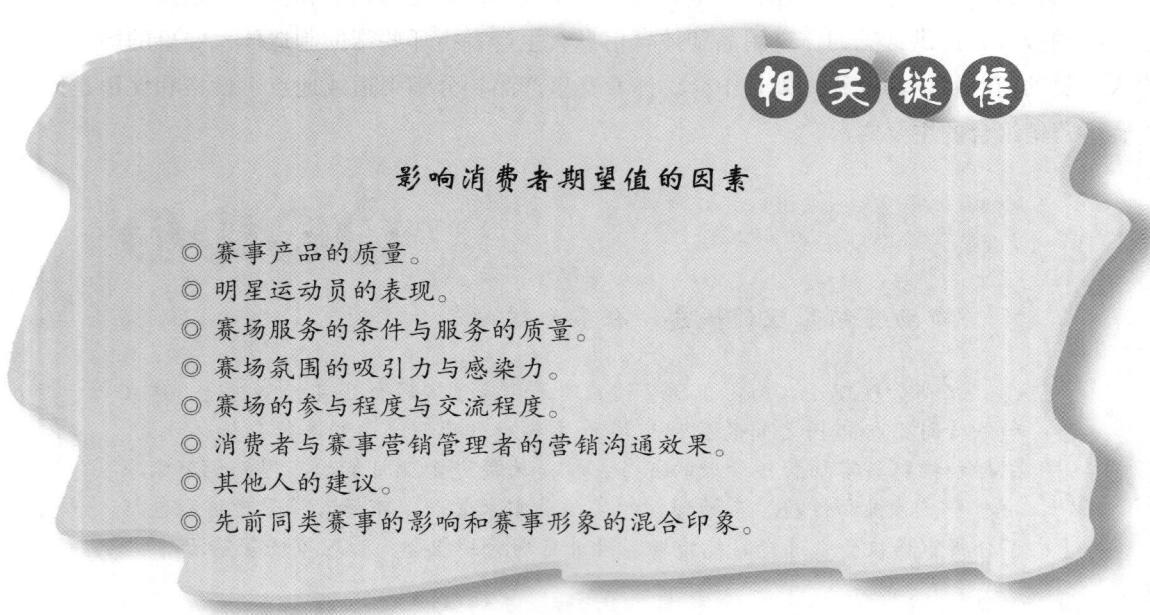

相关链接

影响消费者期望值的因素

◎ 赛事产品的质量。
◎ 明星运动员的表现。
◎ 赛场服务的条件与服务的质量。
◎ 赛场氛围的吸引力与感染力。
◎ 赛场的参与程度与交流程度。
◎ 消费者与赛事营销管理者的营销沟通效果。
◎ 其他人的建议。
◎ 先前同类赛事的影响和赛事形象的混合印象。

消费者期望值没有统一的表现，这是由消费者自身感觉和态度上的差异造成的，从而也导致消费者对服务有不同的感觉。

2. **体育赛事营销消费环境分析**

营销环境是一种多因素的、复杂的、动态的复合系统，在运作过程中存在着不确定性。这些不确定性的变化有时是不能控制的。可控制的或不可控制的诸多因素中有些属于营销的外部环境因素的影响，有些属于营销内环境的影响。

赛事营销外环境限制了赛事营销活动的进行，即赛事资源的可使用性影响着赛事营销的成效。影响赛事的环境因素包括竞争、技术、文化、社会发展趋势、自然环境、政治、法律与法规环境、人口统计趋势和经济等。赛事内环境的不确定因素在营销中也起着重要的作用,这些内部环境因素被认为是营销组织内部问题、组织目标与营销目标、组织战略和组织文化等。

  对外部环境诸多因素的分析要注意运用SWOT的方法,即对优势、劣势、机会和威胁的分析。优势和劣势是在组织范围内部的可控制的因素,机会和威胁是营销环境中的不可控制方面。如果将营销组织的优势与机会相匹配,确定与竞争对手的劣势和威胁,是一个十分重要的战略。

(二)体育赛事目标市场分析

  体育赛事具有广泛的吸引力,根据产品的属性和表达方式,体育赛事的目标市场与娱乐产业(如音乐、电影和文学)的目标市场有些类似,都具有多样化的特征,并且体育赛事比大多数传统产品拥有更多的目标市场。目标市场是整体市场的一部分,有营销者看中的价值特点和特征,这些特点和特征是人口统计学上的,如年龄、收入、性别或教育背景;地理位置上的,如消费者居住的地点与赛事举办地的距离;心理取向上的;与个人、群体的偏爱或行为有关,即享受、欢乐、激动、休闲、逃避、友谊、结伴、安全、挑战、满足等,包括信仰、生活方式、活动或习惯。

  目标市场分析就是判断每个目标市场消费者大致的数量和占整个市场的比例,描述赛事组织想进行营销的区域、区域人口状况,估计整个市场的规模,以人口、地理位置和行为特征来描述消费者状况。目标市场分析需要描述每个市场里试图去满足的需要和利益,相应的需要用潜在增长、特殊需要等指标分析,需要考虑现有消费者不再使用服务和潜在消费者不去使用服务的原因。赛事目标市场的分析范围甚至可以扩大到对其他赛事参与体,如供应商、职员和志愿者、投资方、媒体、政府、社区群体的分析和描述。

  赛事营销的目标市场分析为选择恰当的目标市场服务,实质是对赛事消费者进行区分,辨明可能会满足赛事活动的市场部分,或保证赛事包含满足确认市场需要的因素,这种辨明恰当目标市场的过程就是市场细分。有效的目标市场细分必须具备:可测量性、足够真实到可以被目标化、可以通过常规促销手段达到、组织利用营销成本和其他资源的可执行性。

(三)体育赛事产品的营销战略

  赛事产品的营销战略实际上是一个计划、执行和控制的努力过程,以达到营销的目的和满足消费者的需求。计划阶段有三个重要的步骤:首先是市场研究、检测问题和潜在的市场需求;然后是选择目标市场,达到有效的营销目标;最后是发展适合的营销组合。选择目标市场和完成市场定位。执行阶段是指实施计划阶段制定的营销计划,执行的成功与否,与组织机构、人员沟通与激励、各种资源的合理配置等密切相关。控制阶段就是测量结果,将结果与营销目标比较，以目标评价为基础来修订目标。

二、体育赛事营销的组合要素

营销组合是指为了达到营销目标和满足消费者需求而适应的一套协同要素。体育赛事营销组合的要素是体育赛事产品、体育赛事产品的价格定位、体育赛事产品的分销渠道、体育赛事产品的促销手段。

（一）体育赛事产品

体育赛事产品包含核心产品、有形产品和附加产品。体育赛事的核心产品就是竞赛，竞赛水平的高低、质量的好坏、规格的大小等因素将直接影响该项赛事的营销。与赛事相关的产品是运动员和赛场，运动员的明星效应和赛场提供的服务质量与服务条件，具有其独特的效益。有形产品通常是指体育用品，例如，器材、服装、运动鞋、纪念品、特许商品等；附加产品则指媒体开发的广告及无形资产。

（二）体育赛事产品的价格定位

体育赛事产品的价格定位是营销组合中的重要因素。价格是对产品价值的阐述，因此消费者的价值知觉是定位的重要决定因素。由于每个消费者的价值知觉是基于自身对赛事产品的独特体验，加上影响定价决策的因素，同时也受内部的、外部的多种因素的左右，因此，赛事产品的价格定位也必须设有自己的定价战略，它包括：差别定价、新产品定价、心理定价、组合定价和成本基础定价等。

（三）体育赛事产品的分销渠道

体育赛事产品的分销是指消费者以及时的方式，在方便的地点接受赛事产品的能力，分销渠道是关键要素之一。所谓分销渠道是指导致赛事产品从生产者向消费者流动的组织和个人。组成分销渠道的个体或组织包括生产者或制造商、中介人和消费者，所有这些渠道成员都起着十分重要的作用。另外，对出席观看比赛的消费者的分销和通过媒体体验比赛的消费者分销也不能忽视。

（四）体育赛事产品的促销手段

体育赛事产品的促销手段包括：销售规划、广告、礼遇、电视、广播、新闻报纸、杂志、公共关系、传单、手册、海报。下面以广告、公共关系、礼遇和媒体转播为例，对体育赛事产品的促销手段作出分析。

1. 广告

广告是指广告客户以公开付费的方式，通过各种媒体传递商品或劳务信息，进而影响消费行为，促进销售，使广告主获得利益的活动。体育赛事因为可负载并广泛传播商品或劳务信息，而成为一种"特殊"载体。因此，在体育赛事中做广告极为普遍。广告是为了推广和宣传，推广和宣传是控制信息得到回报的一种公关，任何反映赛事的目标和发送正确信息的广告宣传都是非常重要的。现在的许多赛事是在非常紧缺的预算下进行的，没有能够分配足够的费用进行广告宣传和推广赛事活动。在这种情况下，赛事可以用其他方法替代大规模的媒体宣传活动。

能够节省预算的广告宣传方式

争取媒体赞助和依附于企业赞助商的广告，如选择电台和报纸作为赞助商，就可以使免费的广告出现在电台、电视上或报纸上。

在赛事期间，印刷好的节目宣传单、公共地址系统和公告板都是赛事推广的关键媒介。海报和传单是两个有效的赛前推广手段，海报应该包括基本的信息，而传单能比海报包括更多的信息，因为人们为能够读到它而去索取。

除了卖给企业赞助权外，几乎所有成功的赛事都出售赞助权给媒体。这种赞助很少涉及现金交换。赛事提供典型的赞助利益给报纸、杂志、电台或电视台以换取一些专门数量的免费广告点或空间。例如，美国体育画报杂志在1996年奥运会前的一期中提供了40页的专门广告作为其奥运会赞助的一部分。赛事推广者也会与赞助商一起通过大规模媒体的传统形式去推广赛事。大多数情况下，在市场综合营销模式中，广告结合推广活动进行。

2. 公共关系

体育赛事推广的内容包括提高公共关系。赛事推广在广告上的效果是有限度的，因此，建立良好的公共关系非常重要。公众关系最重要的是首先建立与媒体成员良好的工作关系，礼遇可以极大地促进这项工作。在赛事市场营销模式中，与传播媒体的沟通有助于提高赛事的公众度。Graham 等建议把一些赛事标志，如吉祥物名字的招标作为创造良好公众关系的一种方法。参加赛事的运动员也能够提高公共关系。例如，为了推广女子职业高尔夫球协会赛事（LPGA），1994年 Heartland 赛事就通过高尔夫选手 Michelle McCann 参观当地儿童医院而提高公众度。总之，赛事公共关系的创造和维持有许多方法，是一个有待深入研究的领域。

根据营销中公共关系的含义和作用，大型体育赛事的开闭幕式是属于赛事推广中提高赛事公共关系的一个重要手段。

3. 礼遇

礼遇是满足宾客需要和期望的管理计划，也是满足所有人员需要和超出宾客期望的过程。有效的礼遇策略应该是理解宾客抵达的模式，按照在宾客抵达之前和之后做什么应按照赛事被期望达到的目的进行计划。赛事管理者必须努力给所有与赛事有关的方方面面提供一个令人愉快的经历。礼遇是赛事服务的一个重要内容。赛事礼遇的对象是广大的赛事参与体，包括了运动员、裁判员、官员、观众、赞助商代表等。在赛事市场综合营销模式中，礼遇存在于其他任务领域之中，提供良好礼遇是有效推广赛事的措施。赛事管理者必须大力保证主要赛事参与者得到住宿、餐饮、更衣室和准备活动的空间等待遇。如果参与者是名人，赛事管理者必须保证有额外的安保以使他们与人群隔开。如果礼遇没有成功地完成好，参与者可能很少会再返回赛事。对于观众，礼遇就是努力使参加赛事的人们有一个愉快的经历，这包括引导参与者到座位和休息室的清楚标志牌。另外，训练所有工作人员和志愿者是必要的，这样使得与工作人员的个人接触都能产生积极的效果。

礼遇的4个步骤

了解宾客的需要和期望：从主题设计到宾客对赛事的最后印象中要意识到宾客对赛事的看法。

礼仪：制定一系列策略超出参与体期望，同时完成赛事目标。

观察和调整：建立机动性，在礼遇程序中通过持续的变化不断地满足宾客需要。

评价和测量：建立测量和评价方法，明确计划的不足，为赛事设立新目标，以提高下一次的绩效。

由于礼遇与其他领域的重要关系，礼遇在许多赛事上唤起了管理者的兴趣。赛事管理者有必要提供礼遇给媒体成员、企业赞助商和其他VIP成员。由于赛事管理者要从媒体那里寻求积极的公共关系，所以要给媒体安排一些单独的一流座位。另外，注意媒体成员有习惯私人膳食的倾向和给予其到私人工作间去完成工作的通行权利。体育赞助商利用礼遇使他们的产品引起目标群体的兴趣或加强与已经存在的客户关系，由于这个原因，在国外礼遇已经成为体育代理十大普遍职能中的一项。同时，许多赞助商也寻求一些能够招待客人的娱乐场所。例如，作为美国老年高尔夫球巡回赛赞助的一部分，卡迪拉克公司在每个PGA老年高尔夫球赛事上都设立一个礼遇帐篷，花费公司的钱邀请卡迪拉克股东享受食品和饮料。这种方式对赛事和赞助商都是有利的。总之，赛事管理者应该基于观众喜好去策划礼遇。

4. 体育赛事的媒体转播

体育赛事对媒体的依赖程度非常高，电视、媒体和市场营销是一个完整路径。前美国ABC体育主管Roone Arledge说过："有如此多的体育组织把他们的整个财政建立在了电视上，如果撤出这些资金，整个结构就会坍塌。"这说明媒体非常重要，是赛事运作的重要合作伙伴。

体育赛事拥有为大众娱乐和市场营销媒介的潜能。电视和其他形式的通讯以及市场营销建立了世界对体育赛事的感知，大多数赛事观众通过媒体信息通讯与赛事接触。赛事电视转播与媒介一起平行发展，体育赛事管理和市场营销专业人员都利用快速增长的媒体市场来扩大赛事的观众数量。电视转播权竞争是激烈的，每年国外的地方和国家电台和电视台在潜在广告收入利润的驱使下争夺独家转播赛事合同。体育赛事越受欢迎，电视观众量就越大，利润就越大。在某种意义上，利润潜力直接与观众和赛事的普遍流行程度分不开。不论赛事转播费用如何持续增长，赛事拥有者与媒体之间的相互依赖关系始终是发展的，任何一方不能离开另一方而存在，它们一起给全世界的人们构筑了媒介和信息，观众通过媒体通讯高速公路与赛事接触。这些媒体包括：当地电台、网络电台、当地电视台、电缆有线电视、网络电视、付费电视、卫星电视。

电台和电视转播可以增加赛事推广效果和给赞助商增加曝光率。体育赛事的转播路径在不同地域是不同的，即媒体转播条件会不同。转播机构对赛事的转播可行性和推广效果取决于赛事的吸引力和转播给双方带来的经济利益分配。广告是创造经济利益的手段，广告商追求赛事中的广告时间能吸引大量的观众和听众。如果转播机构感觉到赛事不能够吸引大量观众，那么转播机构将不愿意支付适当的费用去转播赛事，从而限制了销售广告的能力。赛事必须符合一定的标准才能引起电视网或有线电视的兴趣而播放赛事。在体育赛事营销中推广赛事有两个选择可得到转播时段：①赛事推广者寻求同转播机构分享收入的条约，在这种情况下，赛事推广者提供制作费用或者提供免费转播以交换共同分享广告的销售收入。IMG国际管理集团正是采用这种手段去转播许多赛事的。例如，一项IMG赛事可以被其TWI环球国际电视制作单位所制作，然后提供给转播机构，IMG和转播机构再分享赛事期间广告销售的收入。②如果不能达成分享伙伴关系条约，最差的选择就是直接从转播机构购买转播时段，这对于赛事推广者来说是最昂贵的。赛事管理者和营销人员利用电视媒介转播体育赛事应该注意：转播赛事要尽可能动用当地电台、电视台和网络电视台以及付款收看、卫星传送等；捆绑电视和赞助为消费者产生一个可靠的信息，消除隐性市场营销机会；与电视台签订合同时，必须对赛事有一个客观的评价；制作录像/音像新闻推广赛事；制定紧凑的预算并尽可能坚持运用低成本推广技术。

赛事与电视媒体的关系

一般的体育赛事：电视台有时用交换的形式，即赛事方提供制作费而同电视台一起分享广告收入。

好的体育赛事：电视台支付制作费用和赛事权利费用。

昂贵的体育赛事：赛事运作方购买电视台的播放时段，赛事方负责制作整个赛事节目和销售所有的广告。

三、体育赛事营销的运行模式

（一）体育赛事产品的营销对象

如何使事件营销活动变得更有成效，营销学上有许多观点存在。Hall 提出，营销是事件管理的职能，能够保持与事件参与者和访问者（消费者）的联系，理解他们的需要和动机，发展产品满足这些需要，并建造一个表达事件意图和目标的沟通计划。Getz 提出，对事件进行营销要利用营销组合，通过为委托人和消费者创造价值达到组织目的。组织必须采用一个强调双方利益关系的、建立和维持竞争优势的营销方向。以上一些定义，普遍认为消费者被如何对待是重要的，而不是那些提高定价的特别技巧。对于体育赛事，成功赛事与较不成功赛事的区别在于能否让消费者感到满意，以使消费者告诉其他人而进行宣传。因此，赛事运作者应该把如何提高消费者经历质量作为赛事营销的中心思想，赛事营销的实践就是操纵营销构成要素的活动以满足消费者的需要。

体育赛事营销的主角应当由专门任命的人员或设立组织部门来担当。赛事营销人员应该具备良好的口头沟通技能、广泛的商业和职业网络、通讯技能和丰富的营销知识，最重要的是应该具有关注消费者需求的态度。从以上理论进行推导，赛事营销的核心要集中在消费者身上，成功的营销必然要依据对消费者的理解，即是谁、住哪、需要什么。通过对这些信息的调查和研究来制定营销战略,从而制定出赛事目标。在对赛事发生环境里的消费者和外界环境有了充分理解后,可以实施恰当的产品、定价、促销和分销战略,从而完成赛事的营销,实现赛事目标。

(二)体育赛事产品市场营销组合的设计

在工商领域,市场营销组合是指公司为了满足目标顾客群的需要而加以组合的可控制的变量。市场营销战略是指企业根据可能机会,选择一个目标市场,并试图为目标市场提供一个有吸引力的市场营销组合。市场营销组合中所包含的可控制的变量很多,可以概括为4个基本变量,即产品(Product)、价格(Price)、地点(Place)和促销(Promotion),又称4P组合。

市场营销组合的特点

◎ 市场营销组合因素都是"可控因素":市场营销组合是一个复合结构。4个P之中又各自包含若干小的因素,形成各个P的亚组合。因此,市场营销组合是至少包括两个层次的复合结构。在确定市场营销组合时,不但应求得4个P之间的最佳搭配,而且要注意安排好每个P内部的搭配,使所有因素灵活运用和有效组合。

◎ 市场营销组合是个动态组合:每一个组合因素都是不断变化的,是一个变量;同时又是相互影响的,每一个变量的变动,都会引起整个市场营销组合的变化,形成一个新的组合。

所有赛事组织都要作出与消费者有关的决策,都想做一些影响消费者经历质量的行为,即都在赛事产品的矩阵构成要素上进行改变,产生营销行为。按照营销中的4P组合,体育赛事营销组合要素可以表达如下(表7-1)。

许多组织赛事的错误是只在产品的价格和促销上下工夫,而忽视了其他赛事营销构成要素。而营销的其他要素,如服务的质量和获得途径,志愿者或职员对消费者的态度,设施的标准和对待消费者的友好程度等,有时会直接影响消费者的经历而导致他们拒绝赛事服务。

表 7-1 赛事营销组合要素

市场营销组合中的4个基本变量		要　素
赛事产品	设计特点/包装	地点、娱乐、食物/饮料提供、座位、排除、装饰、主题、照明等
	服务成分	服务人员的数量、训练程度、制服、服务质量
	品牌	标准
	名声/地位	赛事的突出特征和内涵
赛事价格	消费时间	在低需求时打折
	促销价格	对特定目标市场的让步价格
赛事促销（推广）	广告、电视、广播、新闻报纸、杂志	促销（推广）组合
	销售促销：销售规划、公共关系	
	传单、手册、海报	
赛事地点	传输途径	通过代理进行门票销售或通过邮寄

（三）体育赛事产品营销策略的实施

（1）作好市场营销活动管理：市场营销活动管理就是计划与组织，执行与控制。从市场机会分析和目标市场分析得到信息之后，就要设立赛事营销的目标和战略。赛事的目标和战略要强调无成本或者是低成本，从这个角度出发，应该尽量避免在没有足够论证的情况下去进行大量的广告或者是降价行为。赛事的目标要有相应的战略或行动去支撑，战略设计要围绕营销组合的部分或全部要素进行，战略设计要朝向目标市场和致力于建立积极的关系。任何行动都有可能给赛事组织带来潜在的成本增加、变故和威胁。

（2）制定营销的目标和策略：营销的目标应该是特定的、可测量和可以达到的，并且最大限度地增加机会和尽量减少先前机会分析中存在的问题。目标应该存在一些可以测量的指标。

（3）作好营销预算：勾画出切合实际的赛事组织能够承担的营销预算，算出目标和战略的成本，并算出需要多少收入才能够平衡成本。从财政、人文和环境的意义上评价计划的可行性。

（4）制定营销评价标准：在计划中指出如何评价目标和战略。

（5）寻求企业赞助：寻求足够的财政支持是赛事运作者一项很重要的任务。如果赛事组织想提供高质量的服务，赛事经费必须得到保障。目前，寻求企业赞助已经成为体育赛事顺利运作的重要保证。

（6）体育赛事综合营销：赛事有规模和类型的区分，赛事营销涉及的内容有许多。赛事营销内容之间是相互联系的，如寻找企业赞助的成果将影响广告战略，转播协议会影响门票销售，门票销售战略应该考虑赞助商的促销因素。所以，赛事营销者必须采用综合的营销方法，才能取得更好的效果（图7-1）。

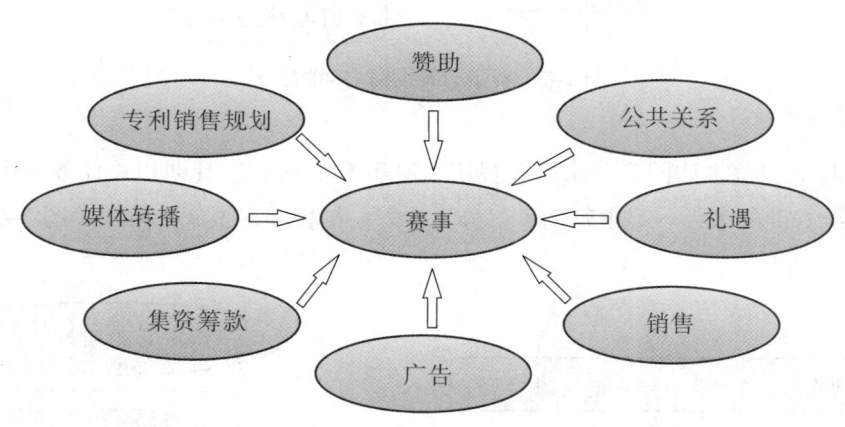

图7-1　赛事综合营销模型

四、体育赛事的经济来源

（一）体育赛事营销与企业赞助

1. 体育赛事营销与企业赞助之间的关系

赞助是许多体育赛事收入的主要部分，赞助在体育赛事营销中的地位非常重要。根据曾经是世界上最大的体育市场公司ISL公司的经验，经常赞助体育比赛的企业类型依次是：烟酒公司（资金充裕，但常受限制）、汽车生产厂商、饮料公司、商业银行、建筑公司、电子公司、大型零售商、电脑软件公司、洗涤用品公司等。目前，我国体育赛事的主要赞助商是：烟酒公司、银行、饮料公司、网络公司等。

在寻求赞助之前，首先要明确"赞助是一种商业交易和投资，而不是捐款"，体育赛事赞助体现了双边通过平等交换来寻求各自利益的关系，赛事组织寻求资金、设备和特殊的商品和服务，而赞助商寻求引发公众的意识觉醒、品牌意识，增加和扩大媒体曝光率和改变形象，他们之间的关系可通过图7-2来表示。

2. 寻求企业赞助的条件和阶段

由于赛事与赞助商之间的这种双向活动关系，赛事运作者在决定寻求赞助时，首先要了解赛事自身的财政需求和外界潜在的赞助商的情况。赛事运作者认为赛事将来可以为赞助商

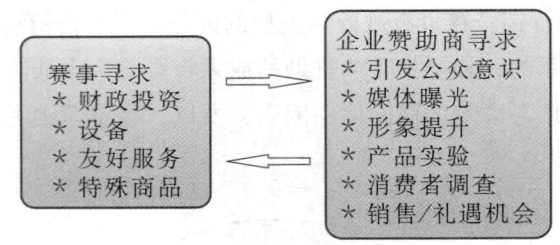

图 7-2 赛事与赞助商之间的关系

提供回报、赛事利益主体同意寻求赞助投资、赛事有保证完成赞助相关任务的足够资源时,就具备了寻求赞助的条件。寻求赞助可以分为计划、销售和回报3个阶段(图7-3)。

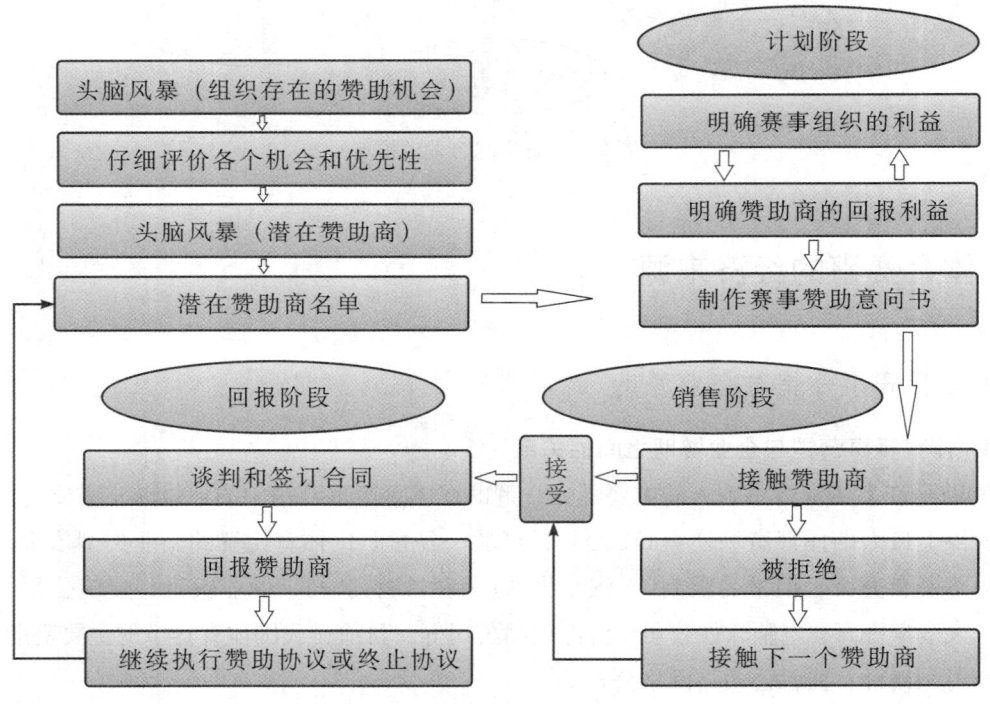

图 7-3 赛事赞助流程图

(1)计划阶段:这一阶段的工作非常重要,如果准备不充分,可能会丧失获得赞助和收入的机会。赛事营销组织者需要收集有实力的、可能成为赛事赞助商的方方面面的信息,寻求赛事组织与赞助商企业形象和利益的结合点,同时赛事组织要有回报和服务于赞助商的成本预算。①吸引赞助商。通常赞助商会关注赛事的规模和类别、媒体转播和网络传播的范围和效果、地区的支持程度。赛事营销组织者应尽可能详细地描述赞助商会获得的收益回报,传递赛事组织有能力提供有益服务和机会的信息，使赞助商明白这种关系的建立有利于双方，展示先前的成功记录非常有帮助。②撰写赞助商业计划书。体育赛事组织者要尽早寻找赞助并准备一份包括资本投入和成功赢利的商业计划书，明确赞助如何帮助双方达到各自的目标，具体内容应该包括：赛事组织的背景（历史、形象、成员关系）、计划的细节（场地、时间、参与运动员、观众），赛事组织的目标，预算计划，赞助经费的用途，赛事组织提供的回报措施（广告、推广机会、电视转播、贵宾礼遇），对潜在赞助商的实际回报（新闻报道数量、电视报道时间），其他信息（包括周期报告、财政说明和相关信息）。

（2）销售阶段：此阶段的主要任务是和可能的赞助商进行接触和筛选，包括对潜在赞助商公司年度和互联网信息情况的检索，提出赞助提议，然后根据寻求赞助的原则选定赞助商。选定赞助商后，就应进行谈判和合同的签订。

（3）回报阶段：回报基于平等交换和双边利益，给予承诺和连续的支持要比不断地寻找新赞助商容易。赛事组织要积极与赞助商保持联系。

赛事市场营销计划的实施必须与赛事的日程相一致。赞助商应得到赛事组织者的指导，这包括赛事时间表、赛事手册以及对服务和赞助的规定等。赛事赞助回报要与新闻媒体和赛事推广、礼遇活动等结合起来，整合赛事赞助到整个赛事的战略市场营销计划之中去，即通过在市场综合营销模式中与其他任务领域的横向联系，捆绑运作，完成赛事赞助回报操作。

（二）门票销售

对于超大型赛事和大型赛事，门票销售是体育赛事非常重要的收入来源，如1996年的亚特兰大奥运会售出了830万张门票。对于中等规模和再小一点的赛事，门票销售在赛事收入上的作用较小。通常，门票收入取决于赛事举办的地点和赛事管理者控制进入赛事场地的难易程度。有许多职业高尔夫球巡回赛在通过门票销售创造收入上就遇到了困难，因为很难控制入场渠道，并且许多门票都给了赞助商。在这种情况下，赛事就得更加依靠赞助收入。但聪明的赛事管理者创造了新的门票销售方式，如销售套票、季票、年票，在赛场上设立包厢和豪华座位已经成为普遍的提高收入的办法。

（三）专利许可销售

体育赛事名称或标志的专利许可销售通常只对超大规模的、有电视转播的、历时多天的赛事有利，销售收入的多少取决于赛事标志的知名度，如奥运会、超级橄榄球赛、世界杯足球赛等对标志产品有着巨大的需求。对于小规模、名气较小的赛事，销售专利产品的努力和花费可能还高于来自赛事本身产生的收入。所以，细心研究潜在的赛事观众的目标市场，能够帮助赛事管理者决定是否销售专利产品。专利许可销售时要注意的是：将赛事销售规划列入战略之中，寻找多重销售，寻找有效的销售规划，实验市场以决定销售的项目水平。

（四）集资筹款

集资筹款是获取赛事收入的另一种营销手段，赛事集资的途径有内部、政府拨款，商业赞助（前面已论述过）、企业、基金会、商业和个人的捐助。此处主要指政府拨款、基金会和企业捐款，这不同于赞助，因为不存在广告利益。赛事集资的效果如何要看赛事集资的成本是否高于赛事集资收入的总数。在争取集资上，赛事组织明确赛事目标和需要，将有助于潜在赛事捐助者了解自身行为的价值。

在国外，赛事集资一般用于场地的建设、设备的购置、新计划和新活动的执行。一般来说，赛事集资的用途与赛事的预算用途有一定的区别，赛事集资的款项在大多数情况下不用于运作的花费。

集资的运作原则：明确集资的原因，设立目标（SMART 特定的、可测量的、可达到的、现实的和有时间性的），评测所有的资源（人力、设备、设施、金钱、承诺）和制定赛事运作的实际成本预算，制定集资战略，建立实施和监控战略（图 7-4）。

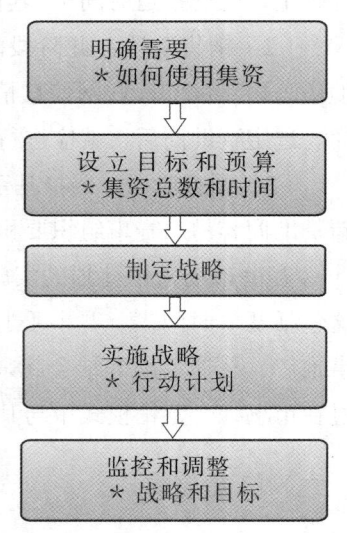

图 7-4 赛事集资筹款运作流程图

复习思考题

1. 体育赛事市场的主要组成部分有哪些？
2. 列举体育赛事消费者的需求内容。
3. 论述体育赛事与电视转播的关系。
4. 分析体育赛事营销组合要素。
5. 如何实施赛事产品营销策略？
6. 简述体育赛事的经济收入来源。

第八章　体育赛事的竞赛管理

体育赛事的竞赛管理是整个赛事运作的核心，是整个赛事管理的关键和主要内容。赛事运作的所有内容最终都要汇总到赛事期间的竞赛管理中来，围绕竞赛管理，实施各个赛事的运作任务。

一、体育赛事竞赛管理的界定

体育赛事竞赛管理是体育赛事管理的核心部分，竞赛组织的好坏直接影响赛事的举办过程，竞赛管理过程是一个规范化、程序化的综合管理过程。

体育竞赛管理是指在赛事举办期间，以竞赛为核心，在符合竞赛规则和有关赛事规定的原则下，实施的全面、规范的管理过程。

二、体育赛事竞赛管理的特点

（一）具有相对规范性

根据国际单项委员会的相关项目的竞赛规定和竞赛指南，都有相对完整的竞赛组织的相关规定。在赛事组织期间，竞赛管理过程是严格按照规范性的文件进行操作的。

（二）具有周期性特征

竞赛管理过程是从赛事的前期筹备开始运行的，从派发有关竞赛的参赛通知、回收参赛运动员反馈，到运动员、官员制证，再进行竞赛编排等整个过程，贯穿整个赛事的筹备过程，并且在赛事举办期间要将运动员参赛过程和竞赛成绩进行统计、发布等工作都具有周期性。

（三）具有项目性特征

在竞赛管理的每一个环节都具有项目的典型特征，综合性运动会的特征更为明显，要将所有的竞赛项目根据实际要求进行项目分类，并指派专门项目组成员进行统一管理、分工合作。

三、体育赛事竞赛管理的分析

（一）体育赛事竞赛管理的环境和资源分析

1. 体育竞赛的环境分析

研究体育赛事竞赛管理，必须首先要明确赛事运作的整体环境，然后再对竞赛的过程进行分析。由于奥运会的竞赛管理过程已经是非常成熟和科学的竞赛管理过程，所以对奥运会的竞赛管理过程进行分析，能够比较完整地展示整个体育赛事竞赛管理的全过程。

国际奥委会（IOC）致力于使奥运会成为最高当量水平的体育和社会事件，国际奥委会的角色表现在规范、协助、监控、协调。奥运会赛事运作受国际奥委会协议的制约，主要表现在法律、财政和组织等方面。各届奥运会组委会最重要的任务就是根据在本国举办奥运会的实际情况，制定和更新各种各样的文件以符合国际奥委会的各项规定，同时，还要考虑兑现在申办奥运会时对国际奥委会的各项承诺，再加上奥运会举办时本国的政治、经济、文化和技术等方面的外部环境，这些因素直接决定了举办奥运会的实际外部和内部环境，对体育赛事的实际运作有着非常重要的作用（图8-1）。

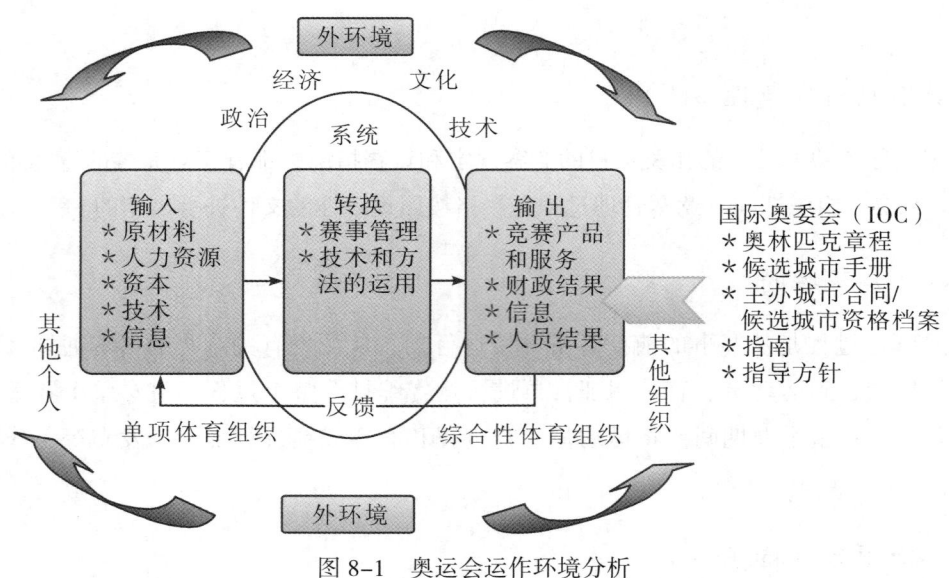

图 8-1 奥运会运作环境分析

在赛事的实际运作中，国际奥委会对奥运会有监控职责，以最大限度地降低各种风险。

2. 体育竞赛的资源分析

体育赛事的竞赛管理是对其体育资源的管理。体育资源包括人、财、物、信息，其中决不可忽视的是财政预算的规模和对人力资源的配备。

（1）财政预算的规模

财政预算直接决定了竞赛管理任务完成时的规模和顺利程度，预算的申请、批准和最终的支出有时不以竞赛组织者的意志为转移，会受到多方因素的影响（表8-1）。

表8-1 悉尼奥运会体育部财政预算　　　　　　　　单位：百万美元

悉尼体育部	SOCOG[①] 投标预算	赛事预算 1997年	修正的赛事预算 1999年10月	批准的预算 2000年6月	最终预算 支出
竞赛管理[②]	23.6	6.3	6.3	7.1	6.2
竞赛政策和执行[②]		5.7	8.8	7.4	9.4
竞赛服务[②]		9.2	8.4	8.3	7.3
比赛[②]		38.0	26.0	24.8	24.5
IOC关系和协议[③]	18.8	14.1	13.1	13.5	12.1
语言服务	8.9	10.3	8.8	8.0	7.3
兴奋剂		6.0	6.0	6.0	6.1
医务[④]	12.4	7.8	7.2	7.4	6.1
NOC[⑤]服务		6.7	5.7	5.4	4.9
总数	63.7	104.1	90.3	87.9	83.9
方案					
竞赛设备		16.7	13.6	12.0	13.6
支撑捐助	37.2	37.2	37.0	32.5	30.7
总数	37.2	53.9	50.6	44.5	44.3
体育部总预算	100.9	158.0	140.9	132.4	128.2

注：① SOCOG是指悉尼奥运会组委会；② 竞赛管理、竞赛的政策和执行、竞赛服务和比赛统一于竞赛管理申办预算中；③ IOC关系和协议以及NOC服务统一在IOC关系和协议申办预算中；④ 医务和兴奋剂统一在医务申办预算中；⑤ NOC服务是指各国家和地区奥委会服务。

（2）人力资源的配备

各项竞赛管理任务的完成必须配备相应的人力资源，这些人员要有丰富的实践管理经验（表8-2）。

表8-2 悉尼奥运会赛事竞赛部门的人员规模表　　　　单位：人

部门	人数
兴奋剂控制	5
IOC 关系和协议	51
语言服务	61
医务	16
NOC 服务	25
竞赛部	148
竞赛管理	5
竞赛政策和执行	34
体育表演	32
竞赛服务	53
总计	430

（二）体育赛事竞赛管理理念分析

体育赛事管理是围绕竞赛的中心任务而展开的一系列完成竞赛分任务的管理活动，涉及计划、组织、协调和评价。体育赛事的性质和规模不同，体育赛事管理的表现形式和贯穿始终的竞赛管理理念也不同。树立正确的竞赛管理理念将有助于提升实际操作水平。

随着体育赛事管理科学化水平的不断提高，体育赛事竞赛管理理念也在悄然发生着变化，首先表现在从有利于工作开展的角度来确定分支部门的划分和归属。例如，在确定悉尼奥运会体育部工作领域的时候，那些与竞赛和运动员直接相关的工作以及体育部部长鲍勃·艾尔芬斯通（Bob Elphinston）在奥运会申办期间参与的比较多的工作最终被确定为体育部的主要工作，如体育竞赛部、奥林匹克家庭、各国家和地区奥委会服务、医疗及语言服务。随着赛事准备工作的不断深入，体育部进一步细分成4个拥有特定职能区域和负责人的独立部门，即竞赛处、竞赛技术（竞赛服务）处、政策和运作处、竞赛管理处。

但是，这种安排既有利也有弊。有利的一面是能够更加有效地管理如此大规模的工作领域，便于获取信息，不同分支部门职责明确。不利的一面在于奥运会组委会的其他部门可能因不理解这样的工作结构而难以协调，降低工作效率。因为体育部的工作领域可能和其他部门有重叠和交叉的地方。

因此，随着问题的出现和解决，体育赛事的管理理念也在不断发生着变化，为今后赛事的举办不断积累着经验，从而不断提高体育赛事的管理水平。

四、体育赛事竞赛管理的组织行为模型

1. 体育赛事竞赛管理组织分析

组织超大型体育赛事是一个复杂的过程,涉及许多团体和实体,如组委会、公共权力组织、当地社区、观众、赞助商、转播伙伴、新闻媒体、运动员、单项协会、非政府组织。

作为重要赛事参与体的政府部门,在赛事运作中起非常重要的作用。如亚特兰大奥运会举办的困难就在于缺乏公共权力机构的参与,而悉尼奥运会则提供了政府与私人组织合作的典范。澳大利亚新南威尔士政府在1993年11月悉尼奥运会组委会成立以后,成立了三个新的政府部门。

奥运会协调权力机构(The Olympic Co-ordination Authority,简称OCA):负责建设临时和永久性设施,立法保证公共部门的权力。

奥运会道路和交通权力机构(The Olympic Roads and Transport Authority,简称ORTA):负责为所有赛事到访者提供交通服务。

奥运安全指挥中心(The Olympic Security Command Center,简称OSCC):负责赛事安全。

每一个部门负责协调在特定领域里的所有公共部门的活动。例如,OSCC保证所有当地的警察力量、军队和秘密行动的计划和运作完整地结合在一起,同时协调当地的交通部门。这种完整的组织结构促进了各个不同参与部门之间的协调。

2. 体育赛事竞赛管理组织结构

体育赛事竞赛管理组织结构统一于赛事运作的整体组织结构之中,对赛事任务的不同理解和存在的实际运作环境会造成竞赛组织结构的表现形式和所担负的任务呈现差异,组织结构会随着奥运会年的临近而发生年度变化,如悉尼奥运会(图8-2)。

3. 体育部的权限和责任

体育部是奥运会组委会组织结构的基础要素。体育部在整个赛事运作中的职责重大,工作期限长,涉及范围广。以悉尼奥运会为例,悉尼奥运会组委会(SOCOG)的体育部拥有独立的执行权力,其决定不受更改和废除,除非有组委会主席和澳大利亚奥委会主席的决定。

体育部在以下领域拥有财政预算责任:体育运作、体育比赛(包括试运转和赛前训练)、国际单项体育组织关系、比赛日程安排、体育设备货运(船、艇、马匹)。

体育部控制的相关领域有:人力资源(体育比赛志愿者)、营销(试运转、体育设备种类评价和体育刊物发行)、设施(比赛场地、训练和准备活动设施)、奥运村(运动员和官员)、医务(运动员和官员)、交通(运动员和官员)、委派(运动员和官员)、住宿(试运转

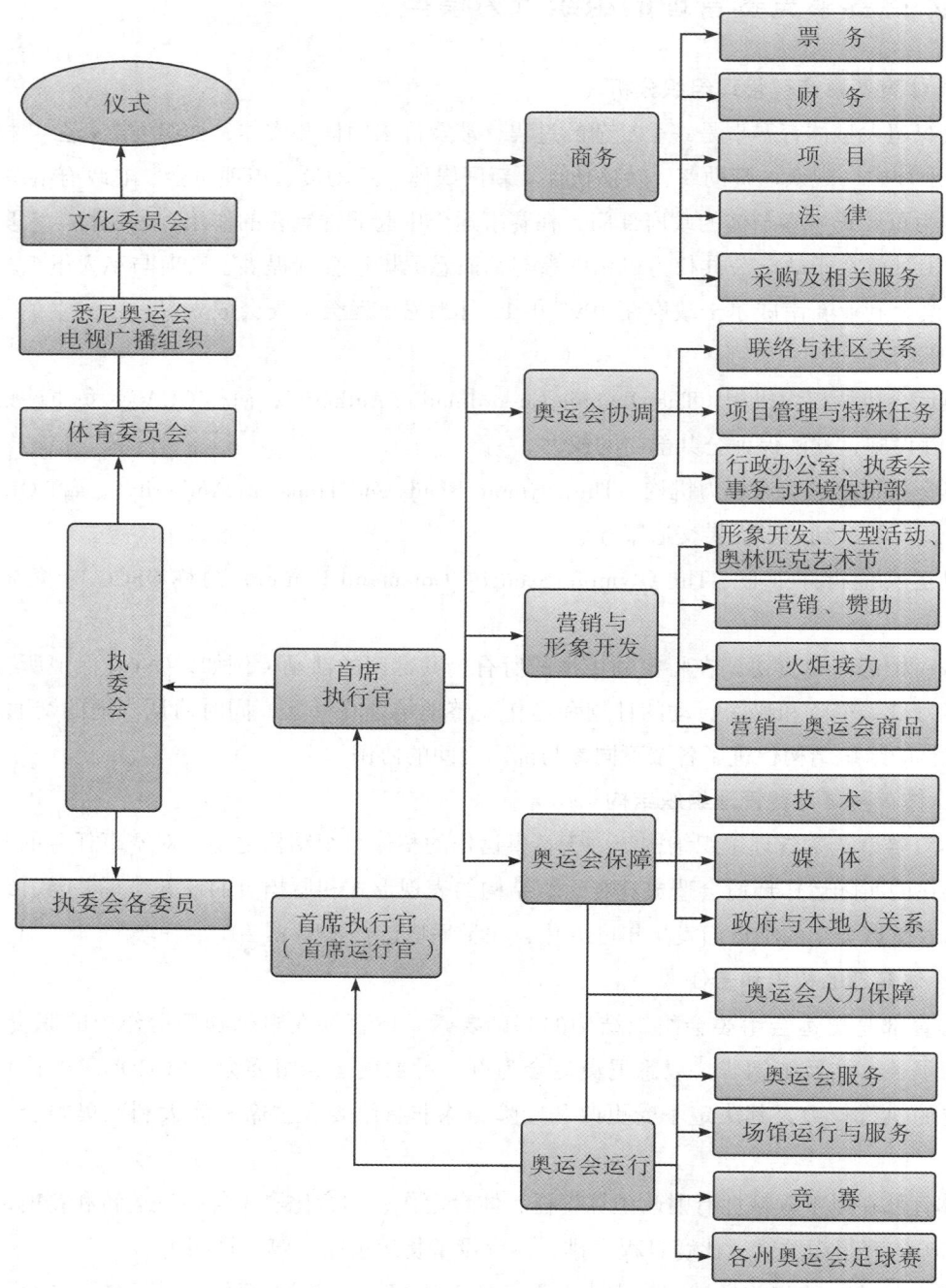

图 8-2 距奥运会开幕两年时悉尼奥组委组织结构图

和轮流住家计划的运动员和官员）、安全（运动员和官员）、票务（比赛日程表）、技术（比赛场地、记分和计时、比赛结果和运动员信息系统）、悉尼奥运会广播电视机构（SOBO）、仪式（运动员）。

五、体育赛事竞赛管理模型

体育赛事的竞赛管理是赛事组织者分阶段对赛事竞赛资源按任务的划分所进行的管理活动，以期最后完成竞赛目标和目的。

在赛事筹备期间，每个部门制定的计划都不是独立的，很快要和其他计划汇集在一起形成项目计划，包括志愿者计划、战略计划、竞赛出版发行计划、竞赛政策和运作计划等。项目计划制定的典型步骤是：研究、分析、制定概念计划、检验概念（内部和外部）计划、制定详细的计划（包括资源）、实施、阶段评定。

体育赛事管理中最重要的一个方面是协调委员会的设立。该部门负责竞赛任务划分和完成的协调。例如，在悉尼奥运会上，竞赛训练场馆的管理由专门制定训练场馆计划的工作团队负责，到最后训练场馆的管理和运转由体育部负责。体育赛事的竞赛管理是对资源或结构的管理，受到体育竞赛环境和传统规则的影响，竞赛管理阶段可以分为4个阶段，即进入和磨合阶段、有限运作阶段、奥运会赛事阶段和转交阶段。

（一）体育赛事竞赛管理内容

按照相关资料和国际通行惯例，竞赛管理的内容应该涵盖多项内容（表8-3）。

表8-3 竞赛管理内容

管理项目	管理内容
赛前阶段	赛前访问
	合作协议的达成
	测试赛
资格/报名	资格系统
	报名过程
	替换/改变
竞赛	竞赛总注解
	竞赛方式
	竞赛日程
	运动员制服
	赛场

续表

管理项目	管理内容
竞赛	奖牌仪式
	表演/作品
	竞赛彩排
	体育设备
	技术会议
竞赛人员	竞赛管理
	技术官员
	志愿者
	联络员
竞赛场地	竞赛场地总注解
	座位分类
	通行控制
	运动员设施和服务
	给养
	礼遇
	设施和服务
	语言服务
	赛事面貌
	医务服务/兴奋剂控制
	媒体
	观众
	场地管理与竞赛管理的关系
	场地管理与场地管理员的关系
训练场地	区域运作
	技术运作
	使用
	通行控制
赛事服务	住宿
	制证
	广播运作
	仪式

续表

管理项目	管理内容
赛事服务	营销
	出版
	IF 等级卡
	安全
	技术
	交通

注：IF 为国际单项体育联合会的英文简称。

（二）体育赛事竞赛管理过程

竞赛管理过程是一个包含管理者行使计划、组织、领导、控制管理职能的过程，并且需要许多任务活动交叉和相互协调，竞赛管理活动表现为竞赛程序的执行，其运作模型见图 8-3。

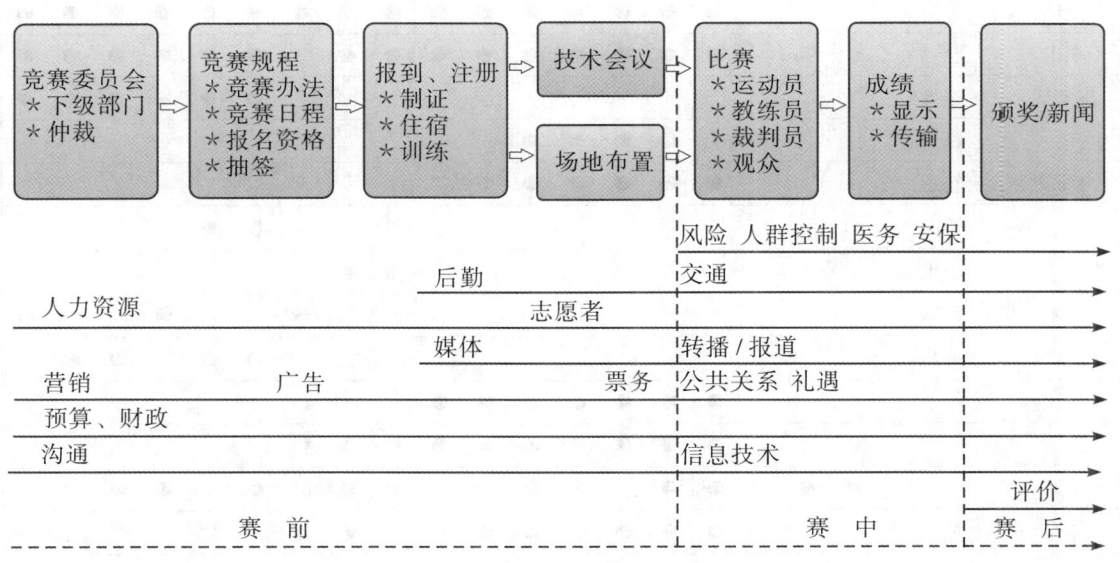

图 8-3 竞赛程序运作模型

1. 体育赛事竞赛日程的制定

根据竞赛规模，特别是奥运会这样的超大型赛事，赛事组织者首先需制定试运转的竞赛详细活动日程，然后制定实际的竞赛日程。

竞赛日程制定出每个项目中从开始到结束（包括颁奖仪式）的详细计划。所有变更在执行或拒绝前都要让所有相关部门知晓。竞赛日程的制定一定要反映项目的要求并综合考虑项目的安排次序对整个赛事的影响，如悉尼奥运会竞赛日程（表 8-4）。

表 8-4　悉尼奥运会竞赛日程表

2000.9—2000.10		13 三	14 四	15 五	16 六	17 日	18 一	19 二	20 三	21 四	22 五	23 六	24 日	25 一	26 二	27 三	28 四	29 五	30 六	1 日
项目	分项	0	1	2	3	4	5	6	7	8	9	10	11	12	13	14	15	16	17	18
开/闭幕						●														●
水上项目	游泳					●	●	●	●	●	●	●								
	跳水								●	●	●	●	●	●	●	●	●	●	●	●
	花样游戏									●	●	●				●	●	●		
	水球																			
射箭						●	●	●	●	●	●									
田径									●	●	●	●	●	●	●	●	●	●	●	●
羽毛球						●	●	●	●	●	●	●	●							
棒球							●	●	●	●	●	●		●	●		●	●		
篮球						●	●	●	●	●	●	●	●	●	●	●	●	●	●	
拳击						●	●	●	●	●	●	●	●	●	●	●	●	●	●	
皮划艇	速度															●	●	●	●	
	障碍					●	●	●	●											
自行车	轨道					●	●	●	●	●										
	道路													●	●			●		
	山地										●	●								
马术	跳跃											●				●				●
	舞步														●	●		●	●	
三日比赛						●	●	●	●	●										
击剑						●	●	●	●	●	●	●								
足球		●	●			●	●	●	●	●			●		●		●	●		
体操	艺术					●	●	●	●	●	●	●								
	蹦床								●	●										
	竞技																●	●	●	●
手球						●	●	●	●	●	●	●	●	●	●	●	●	●	●	
曲棍球						●	●	●	●	●	●	●	●	●	●	●	●	●	●	
柔道						●	●	●	●	●	●	●								
现代五项																			●	●
划船						●	●	●	●	●	●	●								

续表

2000.9—2000.10		1	1	1	1	1	1	1	2	2	2	2	2	2	2	2	2	2	3	1
		三	四	五	六	日	一	二	三	四	五	六	日	一	二	三	四	五	六	日
项目	分项	3	4	5	6	7	8	9	0	1	2	3	4	5	6	7	8	9	0	1
帆船				●	●	●	●	●	●	●	●	●	●	●	●	●	●	●		
射击				●	●	●	●	●	●	●	●	●	●	●	●	●				
垒球				●	●	●	●	●	●	●	●	●	●	●	●	●	●			
乒乓球				●					●	●	●	●	●	●	●	●	●	●		
跆拳道																●	●	●	●	
网球						●	●	●	●	●	●	●	●	●	●	●				
铁人三项		●	●																	
排球	排球			●	●	●	●	●	●	●	●	●	●	●	●	●	●	●	●	●
	沙滩排			●	●	●	●	●	●	●	●	●	●							
举重				●	●	●	●	●	●	●	●	●	●							
摔跤	罗马式									●	●	●	●							
	自由式														●	●	●	●		

2. 体育赛事的竞赛报名步骤

赛事的竞赛报名包括三个步骤：预先数据获取、资格审查、最终报名和确认，为进一步提升赛事服务水平，悉尼奥运会与以往奥运会的不同之处还在于报名和资格审查系统事先拥有核心运动信息。

按照项目惯例，项目报名表要提前发给所有的项目协会，同时要包括指导手册和整个代表团的委派申请。对于报名，竞赛要有截止期限的规定。

3. 体育赛事的竞赛场地

竞赛处负责制定和批准训练及比赛的场地要求。竞赛场地计划的制订与场馆管理计划相联系，满足场馆所有要素的要求（运动员、技术官员、转播、新闻、奥林匹克家庭和观众）。这些计划反过来成为每个队的运作计划。比赛场地是提供比赛、准备活动和技术官员活动的场所，处于场馆管理和队伍管理之中，所有计划中的相互关系都要保证提供竞赛的所有方面。

竞赛处为竞赛管理、国际单项组织和体育表演制定比赛、训练和准备活动的场地设施。技术方面通常都由国际单项组织限定。一旦完成了场馆设计，体育部就要与场馆管理部门一起保证运作政策和计划满足国际单项组织和国际奥委会的要求和期望。

体育部政策以及运作处制定的竞赛场馆的使用和运作计划都为竞赛场馆的管理提供了依据。奥运场馆的责任转移到比赛训练场地。竞赛信息中心和竞赛指挥中心的职责仍然在竞赛政策和运作范围之内，由不同人员管理这些计划。

竞赛处要使国际单项体育组织制定的标准和规程在整个奥运会举办期间得到保证。在制定属类运作计划、政策和程序上，竞赛处的目标在于保证运动员和其他赛事参与体的利益得到满足。

竞赛场地的计划和运作实施由场地管理，竞赛部作为场地队伍中的一个关键"委托人"。对照之下，训练场地的计划和运作实施由竞赛部领导。

测试赛为竞赛管理者提供了一个在正式比赛前了解每个竞赛场地的运作计划和程序是否合理的绝佳机会，使他们有足够的时间去进行必要的调整和修正。

4. 体育赛事的训练场地

训练场地的管理是竞赛管理的职责，包括所有与运动员和项目有关的场地。在某些情况下，比赛场地也同样会被作为训练用。

5. 运动员村

运动员村的设立只有在大型以上级别的赛事中才有，其目的是能够统一管理、统一安排，减少不必要的交通和资源的浪费，也给各个国家和地区的运动员一个相互交流的空间。奥运村是最大的运动员村，奥运村和奥运村运作的相关规定包含在以下四个主要文件中：《奥运村指南》《奥运会主办城市合同》《奥运会主办城市申办文件》《奥林匹克章程》。

这些文件规定了运动员村、裁判员村的运作范围和面貌，包括制证、住宿（类型、设施和密度）、抵达日程、给养、运作计划、意外事故、财政、洗衣、休闲娱乐、媒体、医务、标准住房、交通（包括路线、间隔和类型）和车辆、竞赛。

奥运村是运动员和代表团的下榻地点，可以预先为代表团开放。奥运村的地理位置必须方便。以悉尼奥运会为例，悉尼奥运村地处悉尼奥林匹克公园附近，包括 1 133 个房间和公寓单元，提供 250 种不同服务以满足所有运动员和裁判员等人的需求。技术官员村位于悉尼大学和麦考瑞大学的一些学院里，负责接待 1 200 名技术官员。过往技术官员的接待在南十字大学，距悉尼奥林匹克公园和奥运村 10 分钟路程。马匹、兽医等首次在马场一起住宿，位于交通十分方便的何斯利公园（Horsley Park）的中心。

定期会议对奥运村的准备和运作十分有帮助，例如悉尼奥运村计划于 1997 年 2 月开始运作，举行过 30 次会议。最后一次在 2000 年 8 月，会议提供的各种建议和指导对奥运村管理计划的准备和顺利实施起到了巨大的作用。

6. 竞赛规程

包括对比赛中训练、赛前训练、体育设备、体育发行物、竞赛计划、技术官员和国际单项体育组织服务、体育运作、体育信息中心和体育指挥中心的各项规定。竞赛规程制定前，这些规定包含在下列体育计划之中：竞赛设施分支计划、比赛训练分支计划、竞赛运作计划。

7. 竞赛信息中心

在奥运会上，奥运村是所有领队、官员、教练员直接获取信息的唯一地点。在每个场馆都设有一个竞赛信息台，提供与奥运会相关的信息。竞赛信息中心包含很多与体育部、交通部、技术部交叉的职能,如竞赛报名、交通、训练和比赛。

8. 技术官员和各国际单项体育联合会(IF)服务分支计划

为技术官员和各国际单项体育联合会提供服务,包括住宿(包括酒店和技术官员村)、委派、礼遇、交通、发行和制服。

9. 体育出版物

在体育出版物中,竞赛出版是最为重要的一块。在悉尼奥运会的筹备期间,大多数竞赛出版物的出版工作都是由专门的竞赛出版部门完成的。具体见表8-5。

表8-5 竞赛出版物

出版物	规格(数量、颜色等)	目的
季度时事通讯	黑白,不同项目,数量不同	向全国及州体育管理机构、志愿者通报有关计划和新闻信息
试运转项目信息: ——项目手册、正式计划 ——工作人员指南、试运转任务清单		
竞赛管理手册		包含信息和运作计划文件
国家技术官员简介(手册)		
领队指南		
运动员信息指南		
工作人员专用培训资料		
国家单项体育协会调查资料		
竞赛规程		
帆船项目专用资料 ——竞赛要则 ——比赛指南 ——丈量规则 ——支援/教练船指南		
排球项目 ——竞赛规则 ——国际排联每日公告 ——专用竞赛表格 ——记分表		

以悉尼奥运会为例,竞赛出版包括所有与奥运会相关的出版物、资料的编撰、设计、出版和制作;包括各国际单项体育协会的工作进展报告、说明性书籍、技术裁判指南、竞赛单、各种比赛用表、报名单、报名公布、成绩册、赛前训练指南、领队指南等;此外,还负责各

奥运会比赛项目的宣传、信息和数据的采集、编写奇闻轶事,最后确定体育稿件以及为大会和奥运合作伙伴提供影像和图片资料。

奥运会历来对竞赛出版的归属问题存在不同观点。悉尼奥运会上,在组委会内部对此的争议是由出版计划或财政计划引发的,质疑体育部是否应该设置独立的出版单位。对这个问题的所有调查都表明,竞赛出版应该有自己的独立地位,把所有出版物混合在一起是没有任何效率的。竞赛出版独立设置在体育部的原因是:

(1)负责竞赛出版物出版的工作人员应该具备专业体育知识,并需要及时与竞赛管理者和国际单项协会沟通。

(2)竞赛出版计划要与体育部协同定位,有助于良好的沟通。

(3)许多出版物都是在国际单项协会的要求下出版的,那么把竞赛出版放在体育部中是有意义的,竞赛部就会有责任去进行沟通。

(4)竞赛出版物都是技术性非常强的出版物,有专门的读者对象,与常规的体育出版物大不相同。

10. 竞赛指挥中心

竞赛指挥中心(Sport Command Center,简称SCC)是所有竞赛事务的协调中心。在体育部的职责范围内负责竞赛信息中心、奥运村、竞赛各分支部门(医务、兴奋剂、IOC关系和协议、语言服务和NOC服务)等部门的协调和沟通。竞赛指挥中心给竞赛分支部门负责人员管理指示,帮助解决提出的问题,并且对竞赛相关议题拥有决策权力。

11. 医护

医务工作包括提供专门的和现场的医务服务。

12. 交通

交通是赛事举办期间越来越受到人们关注的问题,悉尼奥组委交通部为奥运会在比赛场地和非比赛场地的交通制定了行为细则、范围和实施方法。赛前需要对服务水平进行逐渐精细的定位,并且要与竞赛管理人员和国际单项体育组织达成一致意见,主要是在车辆规模、预定和派单上达成一致。同时,赛前要保证所有车辆到位,配备油料卡、地图、驾驶指导,临近赛期时分配给使用者。悉尼奥运会共动用了2 100汽车和5 800名志愿者司机。

13. 制证

制证是一个完整的系统,是根据运动员、裁判员、官员和新闻记者的活动权限以及活动权限的交叉和专一程度进行委派的一个管理过程。委派存在转让和时效性因素,往往在抵达机场时就要开始。

14. 住宿

住宿分为两种,一种是为运动员和裁判员参加测试赛和实施住家计划做准备的。例如,悉尼奥运会开展了一个运动员家庭计划,这个计划是为参加奥运会的运动员家属提供免费住宿。

另一种是为国际单项协会和国家奥委会提供的酒店,悉尼奥运会共提供1 322张床位给国家技术官员,这些住地大都靠近相应的比赛场地。将1 749张床位留给了国际官员、技术代表和各国际单项体育协会行政委员会。必须注意的是,所有的住房数目会一直在变化,直到赛前才能确定。

15. 安全保卫工作

鉴于发生在慕尼黑奥运会上的伤害事故,运动员的人身安全成为历届奥运会赛事举办者要重点考虑的大事。安全保卫工作的主要内容包括:比赛场地的封馆和巡逻,奥运村中闭路电视监视和证件的使用,特别是对一些有危险性的运动员和其他人员进行特别的安全保护。

16. 票务

竞赛日程时常会影响票务运作,必须为票务提供竞赛日程变化的最新信息。

17. 媒体

媒体报道的设施安排和标准是媒体运作质量保证的指标。由于国际单项体育协会和奥委会对转播有明确和细致的要求,这就要求竞赛管理者、场地广播管理者和协调制作人要一起工作,以保证摄像机的位置、混合区的定位和给新闻发布所用的运动员信号编辑得很好,达到各国际单项体育联合会的标准。由于转播部门的工作大都是建立在竞赛的计划上,所以与竞赛部的关系保持融洽就十分必要。

悉尼奥运会的媒体报道因其出色的高标准新闻设施而成为最好的媒体报道之一,约5 000名文字和图片记者在一个主新闻中心报道了超过一半以上的新闻。虽然主新闻中心为130名组织者提供了私人办公室,还有具有800个位置的公共新闻工作间、具有800个座位的新闻发布厅,但在每一个比赛场地都有统一的新闻设施,这使得报道面比以往奥运会更宽。主新闻中心(Main Press Center),简称MPC,其管理原则就是使媒体的报道工作变得容易和令人愉快。新闻工作间、讲台、图片定位、新闻发布室、混合区都由场地新闻管理者和MPC的主管负责。通讯专业学生构成了新闻运作中志愿者力量中的骨干,同时每一个场馆都最少有4名职业工作人员具有媒体或事件媒体管理的背景。

18. 颁奖

颁奖仪式负责满足所有竞赛章程规定的有关颁奖仪式的设计、准备、颁奖或分发要求,包括奖牌、证书、奖台、服饰、鲜花束等,颁奖仪式也要求悬挂国旗,并播放国歌以及奥运赞美歌曲,为此要准备大量的国旗,当时,悉尼奥运会准备了大约400面国旗。

颁奖仪式与其他职能区域有关键的互动关系以计划好和完成颁奖仪式,这些区域包括竞赛部、竞赛颁奖、语言服务、兴奋剂检测和保安。颁奖仪式部由三个主要工作群体组成:颁奖仪式职能区指挥、颁奖仪式管理、颁奖仪式执行队,悉尼奥运会的颁奖仪式部包括大约35名受薪人员、260名志愿者和11支仪仗表演队。

19. 语言服务

超大型和大型赛事的规模、水平、影响都是巨大的,汇集了来自世界各地的精英运动员,语言沟通是一个大问题,因此,需要众多翻译人员来协助完成竞赛任务。针对这些情况,必须设有专门的语言服务计划,使奥运会赛事环境在通畅的条件下进行。

场馆运作部培训了990名志愿者担任50种语言的翻译,指派约11 000名志愿者进行轮换。志愿者遍布所有的比赛场馆、奥运村和新闻中心。

20. 预期问题的解决

无论竞赛计划设计得多么周全,赛事组织者必须事前考虑可能出现的问题,在动态过程中不断修正计划,对赛事进行动态管理,例如:

◎ 由于恶劣天气造成的竞赛日程变化。
◎ 队伍要求的训练日程的变更。
◎ 成绩系统。
◎ 转播员/媒体要求。
◎ 工作人员训练文档记录和实施。
◎ 事物质量、志愿者和工作人员的种类。
◎ 交通困难——由于交通导致的延误。
◎ 工作人员/志愿者由于长期工作和疲劳出现的动机问题。
◎ 让没有制证的人员进入体育场地,包括与队伍有关系的人员的进入。
◎ 国际单项协会举行会议的要求,涉及场地、竞赛、观众和表演。
◎ 国际单项协会的住宿问题。
◎ 国际单项协会代表和客人的交通。

六、体育竞赛服务

(一)竞赛服务资源

表8-6是悉尼奥组委体育部政策与运行处为客户提供的各种服务。

表8-6 悉尼奥运会客户服务关系

	客　户	服务描述
核心要求	与政府的关系	与政府协调(主要是地方政府),以开发训练场地,安排奥运会赛前训练
	奥运会场馆建设	提供竞赛运作计划的统一标准,供场馆设计参考。与奥运会协调机构协商开发训练场馆的辅助设施
	环境	保证竞赛设备供应商能够提供达到悉尼奥组委的环境标准的设施

续表

客 户		服务描述
竞赛	与国际单项体育组织的关系	与国际单项体育组织签订合同，编写说明性文件和体育部规划
	竞赛场馆运作	给竞赛和训练场馆提供统一竞赛政策和竞赛运作计划，这是竞赛场馆运作的依据
	与各国家和地区奥委会的关系	悉尼奥组委通过澳大利亚奥委会将赞助得来的器材提供给澳大利亚国家队，并提供奥运会训练设施的信息和说明手册
	与其他体育组织的关系	体育学院（国家和洲一级的）、大洋洲各国家/地区奥委会、教育机构、澳大利亚各州体育协会、澳大利亚全国体联：由悉尼奥组委负责联系、征求购买奥运会和残奥会中使用的竞赛设备的意向。体育设施制造商：将设施情况汇编成册分发给各国家/地区奥委会
场馆	奥运村运作	提供奥运村场地和竞赛信息中心的管理和运行计划
	竞赛场馆运作	提供管理和运行计划
	非竞赛场馆运作	提供所有训练场地管理和运行计划
营销	国际奥委会市场营销	为国际奥委会提供有关比赛场地使用的技术
	澳大利亚奥组委市场营销	为开发和使用奥运会标志提供质量保证，寻找体育器材赞助商
	赞助商服务	向赞助商介绍体育部的工作计划，以提高他们成为奥运会赞助商的机会
	比赛的形象和外观	提供国际单项体育组织批准使用的形象和标志
沟通	与澳大利亚奥组委的沟通	审批所有澳大利亚奥组委出版物和与竞赛有关的稿件，编写说明性文件，为雅典奥运会提供参考信息
	与国际奥委会的沟通	回答国际奥委会提出的各种问题
比赛服务	食宿	为技术官员的食宿问题提供指导性意见
	制证	为制证提供指导性意见
	安保	为安保提供指导性意见
	交通	为交通提供指导性意见
	礼仪	为礼仪提供指导性意见
	奥林匹克大家庭服务	为奥林匹克大家庭服务提供指导性意见
	观众服务	为观众服务提供指导性意见
商业和法律	票务	给门票销售手册提供稿件和形象设计并进行沟通
	采购	与体育器材厂商联系，制定采购计划，与国际单项体育组织配合

(二) 竞赛技术服务

竞赛技术服务包括建立成绩系统平台、记分和记时、成绩印刷及音响、视频的提供。

1. 成绩系统

成绩系统包括场地比赛、记分、计时、成绩和运动员信息系统，针对每项指标的操作，平台的建立要分要求、设计、试验、调控和运行几个步骤进行操作（图8-4）。

图8-4 成绩系统平台建立

组织行为学说中存在一个组织网络结构观点，通过网络结构来完成组织的任务，在奥运会赛事成绩系统上，历来都与国际大型商业公司，如 IBM 公司有着长久的合作关系，将技术纯度很高的竞赛成绩系统的设计委派给了这些商业公司。如悉尼奥运会组委会于1997年与 IBM 签订合同，由 IBM 负责成绩系统和运作。虽然 IBM 负责收集意见、制定系统，但国际奥委会依然对奥运会成绩和信息服务要求系统（Olympic Results and Information Services，以下简称 ORIS 方案）的计划进行领导。1997年6月至1998年12月制定 ORIS 方案期间，共召开了73次会议，覆盖37个体育项目，涉及国际奥委会、国际单项体育组织、媒体、悉尼奥组委的所有代表。这些成绩系统的设计由 IBM 公司在西班牙的马德里进行，系统基于在日本长野冬季奥运会的系统。2000年1—6月，悉尼奥组委和国际单项体育组织在西班牙根据要求和规则对系统进行了37次调控统一检查。IBM 在试运转和比赛中运用了该系统。系统的首要运作是满足项目要求，其次才是考虑系统的要求。人员要求也是十分庞大的，悉尼奥组委提供了2 500名志愿者为包括印刷、分发在内的成绩系统平台的建立提供帮助。

2. 记分和计时

场地的记分和记时并不复杂，真正复杂的是记分和计时的传递、汇总和散布，必须要求统一和协调。悉尼奥运会的记分、计时设备和系统由瑞士 Swiss Timing 公司负责提供，合同包括记分板、计时设备以及在试运转比赛期间的操作。悉尼奥组委的技术部、体育部、瑞士 Swiss Timing 公司于1997年3—10月召开多次会议，确定计时和记分系统的要求。到1998年9月，Swiss Timing 与 IBM 完成了工作面和信息传递的沟通工作。

3. 成绩印刷

将比赛成绩打印成册。

4. 音响和视频的提供

在现代科技条件下，竞赛服务与技术得以紧密结合，以保证在成绩和记分、计时领域里所有的竞赛技术要求得到满足。同时，还包括竞赛表演和奥林匹克主旋律等活动，竞赛表演在每个项目试运转和比赛中由专家提供指导。主旋律可以运用到所有项目中，营造一种氛围，用记分牌、录像屏幕、宣告和娱乐突显运动员，每个项目主旋律上可以有些变化以适应项目的特点。悉尼奥运会在赛事服务上下了很大工夫，特别在音乐和录像的选定和播放上，都力图取得最好的音频和视频效果。

由于观众欣赏水平的提高和科技的不断发展，国际比赛越来越重视营造赛场气氛。因此，在大型体育赛事中出现了脚本模板，即由竞赛表演管理者设计的集宣告、视频、记分板显示、音乐为一体的模板。

5. 场馆服务

场馆服务负责在比赛场馆设置符合要求的奥运家庭休息室并提供管理人员。与组委会相关部门的顺利协调是保证奥运家庭服务质量的关键，表现在礼仪、外观、废物管理、安全、交通等方面。做好场馆服务需制定包括颁奖仪式、座位安排、通行管理、交通和呼叫程序在内的运作计划。其中，抵达和启程程序、礼仪、开幕式和闭幕式中贵宾席运作等细节问题是场馆服务的关键。

综上所述，体育赛事竞赛管理是赛事管理中最核心的管理任务，其周期长、事务复杂、规范性要求较高等特征为竞赛管理的运作过程带来了新的运行模式，与先前的竞赛管理不同的是，更多的竞赛相关事务相互作用越来越影响到整个赛事管理过程，竞赛管理质量的好坏直接影响其赛事举办的效果，所以要注意对竞赛管理的全面学习。

复习思考题

1. 体育赛事竞赛管理的界定及特点。
2. 简述体育赛事竞赛管理的理念。
3. 简述体育赛事竞赛管理的几个阶段。
4. 体育赛事竞赛服务的内容有哪些？
5. 如何在体育竞赛管理中提高赛事的服务水平？

第九章　体育赛事的人力资源管理

随着全球经济一体化的发展，所有的组织都面临着更加开放的市场和更加激烈的竞争，而人才的竞争是市场竞争的核心。

人力资源是组织内外具有劳动能力的人的总和。人力资源管理是对组织中最重要的资源——人力资源的战略性和综合性的管理[①]，就是对人才的一种科学的吸收、开发、奖励、维持、保留、评价以及管理，促成组织目标的达成，使组织得以生存和发展。人力资源管理是人才竞争的核心，好的人力资源管理可以培育一支高素质的员工队伍。

体育赛事的人力资源管理是对从事体育赛事及其相关服务领域的人力资源，运用现代管理科学进行计划、招聘、培训、遴选、任用、评估以及对员工福利保障的管理，以期达到最佳的资源配置，保证体育赛事按规定的目标顺利地实施。

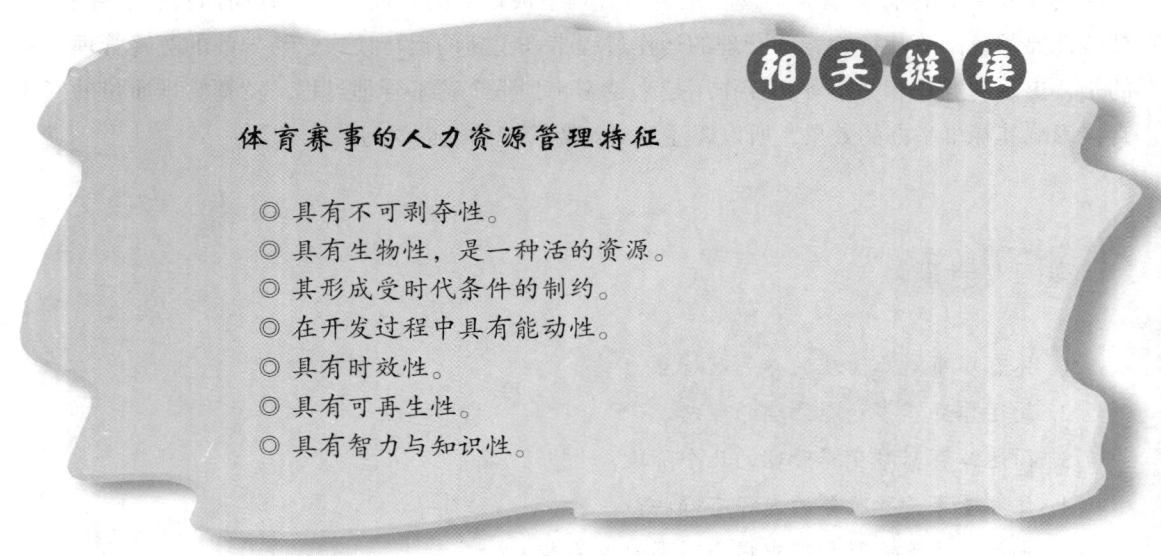

体育赛事的人力资源管理特征

◎ 具有不可剥夺性。
◎ 具有生物性，是一种活的资源。
◎ 其形成受时代条件的制约。
◎ 在开发过程中具有能动性。
◎ 具有时效性。
◎ 具有可再生性。
◎ 具有智力与知识性。

一、体育赛事人力资源的人才类型

体育赛事人力资源的人才类型分为雇佣者和志愿者两大部分。

---

① 杨东. 人力资源管理［M］. 重庆：重庆大学出版社，2002.

（一）雇佣者

雇佣者包括稀缺型人才（或称高级技术人才）、核心人才（或称高级管理人才）、辅助人才（通常是指专业工作人员）、通用人才（是指具体操作人员）。

（1）稀缺型人才：是指那些在某些领域里具有专长的专业技术人才。体育赛事组织中的稀缺性人才多指那些在体育赛事及相关服务领域里的相对缺乏的高科技专业技术人才，例如，在体育赛事领域里的信息技术、计算机软件开发、通信技术、兴奋剂检测技术、体育法律、财务等方面的稀缺型人才，具有专业突出、技术层面要求较高的特点。

（2）核心人才：是指具有领导能力的组织型人才。体育赛事组织中的核心人才多指具有控制和管理体育赛事及相关附属领域的人才，例如，体育赛事管理层面中不同层面的领导者、场馆管理者、项目管理者、各个体育赛事相关部门的负责人，具有素质全面、能力突出的特点。

（3）辅助人才：是指能够协助组织领导者完成工作的相关专业人才。体育赛事的辅助人才是指协助体育赛事管理者完成赛事所要达到的目标的专业工作人员，例如，体育赛事管理运作过程中的信息通信技术、兴奋剂检测等方面的专业工作人员，各代表团和各项目以及各个比赛场馆的翻译与接洽人员等，具有专业性强、操作技能明显的特点。

（4）通用人才：是指知晓不同层面、不同领域知识，但缺乏专业深度的人才。体育赛事的通用人才多指能够在体育赛事及相关服务领域进行较为一般性工作的具体操作人员，例如，体育赛事管理运作过程中不同部门的具体办事人员、场馆具体工作人员等，具有相融度高、可调配性强的特点。

（二）志愿者

志愿者包括技术型志愿者和服务型志愿者两大类。

（1）技术型志愿者：是指在体育赛事相关部门参与技术工作服务的志愿者。例如，比赛技术数据统计、比赛宣告、翻译、场馆联络员、场馆设施维护人员、官员联络员、随队联络员、媒体协调员等。

（2）服务型志愿者：是指在体育赛事及其相关服务领域参与服务工作的志愿者。包括体育赛事官员、贵宾、运动员的接待人员、颁奖司仪、升旗手、场馆引导员、场馆服务人员、专门为残疾人服务的志愿者等。

二、体育赛事人力资源的组织结构

体育赛事的管理思想在一定程度上会决定体育赛事的组织结构，同时，一个适宜的结构有助于管理思想的贯彻，也有助于体育赛事组织目标的实现。人力资源的组织结构是指在组织内关于职务及权利关系的一套形式化系统，它阐明了各项工作如何分配，谁向谁负责及内部协调的机制。①

根据体育赛事的性质，可以将体育赛事人力资源管理的组织结构分为一次性的组织结构和连续性的组织结构，也可以划分为职能型体育赛事组织结构、项目型体育赛事组织结构和矩阵型体育赛事组织结构三种类型。

（一）职能型体育赛事组织结构

职能型体育赛事组织结构对于连续性的体育赛事较为适用，因为各工作部门的设置是按赛事专业职能和管理业务划分的。它的特点是分工较为固定并且比较明确，有利于长期的管理。例如，各种洲际或国家的联赛多采取此种组织结构（图9-1）。

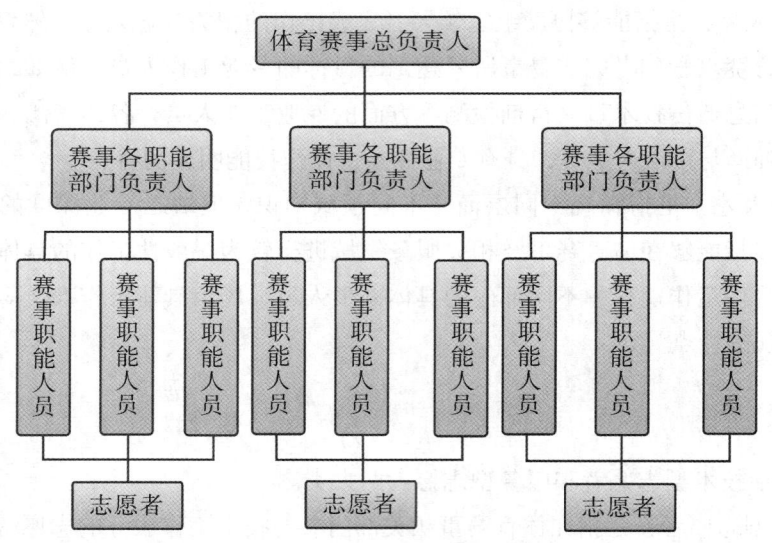

图 9-1　职能型体育赛事基本组织结构图

（二）项目型体育赛事组织结构

项目型体育赛事组织结构在一次性的体育赛事中较为多见。每个工作部门只有唯一的一个上级领导或上级部门，上级领导部门在其所管辖的范围内对直接下级具有直接的指挥权，下级部门必须绝对服从（图9-2）。

---

① 杨东. 人力资源管理［M］. 重庆：重庆大学出版社，2002.

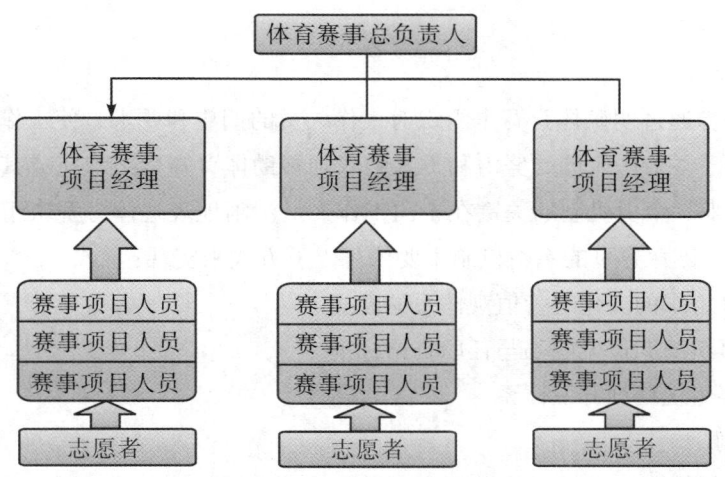

图 9-2　项目型体育赛事基本组织结构图

（三）矩阵型体育赛事组织结构

矩阵型组织结构适用于一次性的体育赛事和连续性的体育赛事，其特点是既有集中管理又有分散管理；既能够横向管理，又能够纵向管理。在这种组织结构中，工作部门可分为两大类：一类按照纵向设置，可以按照管理职能设立工作部门，实行专业化分工对所管理的业务负责；另一类按照横向设置，可以按照规划目标进行划分，建立对规划目标总体负责的工作部门。横向与纵向的结合管理形成矩阵结构（图 9-3）。

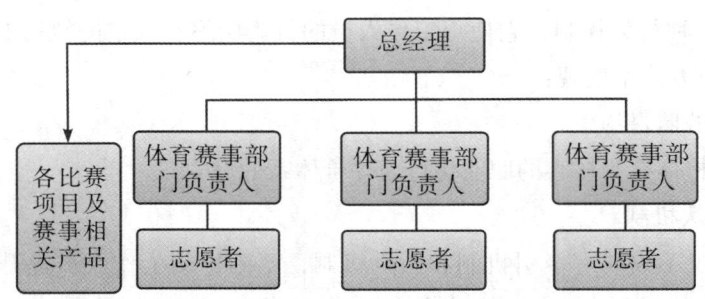

图 9-3　矩阵型体育赛事基本组织结构图

三、体育赛事人力资源管理的运行机制

运行机制是指事物各要素之间彼此依存、有机结合和自动调节所形成的内在关联和运行方式。体育赛事人力资源管理的运行机制主要通过牵引机制、激励机制、约束机制、竞争淘汰机制来实现。

1. 牵引机制

牵引机制是指通过明确体育赛事组织对工作人员的期望和要求，使工作人员能够正确地选择自身的行为，将工作人员的努力和贡献纳入到帮助体育赛事组织完成其目标，提升其核心能力的轨道中来。牵引机制的关键在于向工作人员清晰地表达体育赛事组织和工作人员的行为和绩效期望。体育赛事的牵引机制主要依靠以下方式来实现：

◎ 体育赛事组织的文化与价值观体系的建立。
◎ 体育赛事组织职位说明书与任职资格标准。
◎ 体育赛事组织培训开发体系。

2. 激励机制

激励机制是根据现代组织行为学理论，激励员工去做某件事的意愿，这种意愿以满足员工的个人需要为条件。激励的核心在于对员工的内在需求的把握与满足。体育赛事人力资源的激励机制是体育赛事人力资源管理的核心，在工作中通过对体育赛事工作人员和志愿者的激励使他们增强自信，更好地投入到工作当中。因此，激励机制主要依靠以下方式来实现：

◎ 薪酬体系设计。
◎ 对志愿者工作认可程度体系的建立。
◎ 职业生涯管理与升迁异动制度的设计。
◎ 分权与授权系统的设立。

3. 约束监督机制

所谓约束监督机制，其本质是对体育赛事工作人员的行为进行限定，使其符合体育赛事组织发展要求的一种行为控制，它使得工作人员的行为始终在预定的轨道上运行。约束监督机制主要依靠以下方式来实现：

◎ 规章制度的监督约束。
◎ 以任职资格体系为核心的职业化行为评价体系的设立。

4. 竞争与淘汰机制

体育赛事组织不仅要有牵引机制和激励机制，不断推动工作人员提升自己的能力，而且还必须有竞争淘汰机制，将不适合体育赛事组织成长和发展需要的工作人员释放于组织之外，同时将外部的压力传递到组织之中，从而实现对体育赛事组织中人力资源的激活，防止人力资本的沉淀或缩水。竞争淘汰机制主要依靠以下制度来实现：

◎ 竞聘上岗制度与末位淘汰制度。
◎ 人才退出制度（内部创业制度、轮岗制度、待岗制度、内部人才市场、提前退休计划、自愿离职计划、学习深造计划）。

四、体育赛事人力资源管理的实施

体育赛事作为一次性的项目活动,有着明显的时效性,体育赛事的人力资源管理有着十分具体的要求,因此,体育赛事人力资源管理计划的制订与实施就显得尤为重要。体育赛事人力资源计划的实施一般要经过:招聘、培训、遴选、使用、储备和评价六个过程。体育赛事人力资源管理模式流程如图9-4所示。

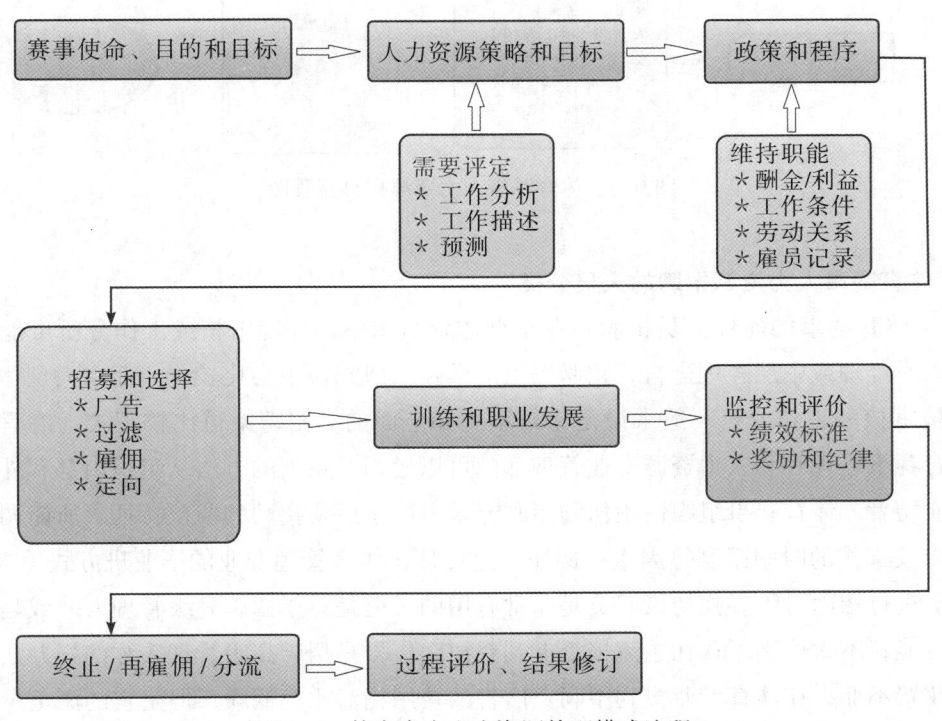

图9-4 体育赛事人力资源管理模式流程

(一)体育赛事人力资源的招聘

人力资源的招聘对于赛事本身是十分重要的,力争通过人员的招聘达到管理活动的科学化,使人员更适合赛事本身的需要,最终达到合理的配置。体育赛事人力资源的招聘是一个收集、分析、处理来自各方求职者信息的过程。信息的丰富和准确与否,直接影响招聘录用工作的成效。

1. 体育赛事人力资源招募流程

体育赛事人力资源招募、录用的程序是一套整体的运行方案,只有将每个步骤进行科学实施才能保证体育赛事组织的人员调配合理化、专业化、系统化。以下是体育赛事招募的整体操作流程图（图 9-5）。

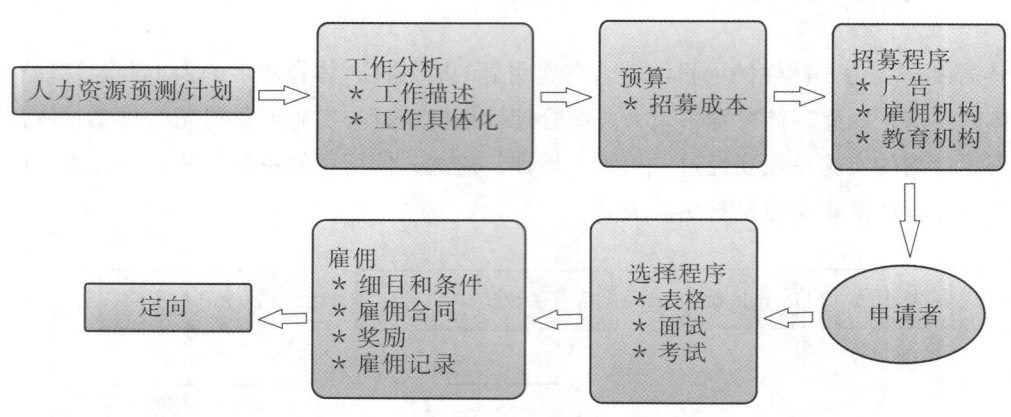

图 9-5　体育赛事人力资源招募流程图

2. 体育赛事人力资源招聘的人员分类

（1）体育赛事的雇佣人员招聘：在小型体育组织中，环境审核或工作分析可能是由项目负责人、经理或中层经理进行，招聘渠道的数目一般来说也会比较少。而在大型体育组织中，环境审核和工作分析一般来说是比较正式和全面的，招聘渠道比较正式，范围也比较大。体育赛事管理者和人力资源专业管理部门可以运用一系列的方法从组织内部和外部招聘潜在的应聘者。体育赛事组织使用何种招聘方式取决于所要招聘的职位特征、所能调动的招聘资源以及工作的时间限制等因素。例如，通过拜访体育管理专业的毕业班方式（学院/大学校园）进行招聘对于寻找初级职员是非常有用的，但是对于招聘高级管理人才或是专业人才来说可能就不太恰当了；在主流报纸上刊登招聘广告是招聘高级管理人才的好办法，但同时也会花费不菲；在体育专业报刊中刊登广告的费用相对比较低廉，但是它的浏览量可能相对狭窄。现在较为广泛使用的是通过网站招聘体育赛事管理专业人才，这种招聘方式既节省开支，又能引起多方人士的关注。显然，招聘的形式与渠道具有一定的广泛性，招聘的方式与方法具有灵活性和多样性，现将几种招聘方式的优缺点比较如下（表9-1）。

（2）体育赛事志愿者的招募：对于体育赛事志愿者的招聘与雇佣人员的招聘是有区别的。国际上每项大型赛事都需要数目可观的志愿者参与赛事的整个过程。大型赛事都需要有周密的志愿者招募和培训管理计划。在招聘和选择志愿者过程中，要判断在哪里可以找到合适的申请人以及如何把申请人吸引到体育赛事的组织中来，这是一个双向的过程。赛事本身想要满足其对人力资源的需要，同时潜在的申请人也在考虑自身能否满足工作的需要，是否愿意申请该职位以及能否在该组织中实现个人价值。

制定出体育赛事竞赛项目志愿服务人力资源开发和管理规划后，在开展志愿者的招募之

表 9-1　体育赛事组织的几种招聘方式优缺点比较表

方式	优点	缺点
内部招聘	费用相对低廉，有利于提升员工士气，应聘者熟悉组织状况	招聘范围有限，可能造成应聘者之间的明争暗斗和嫉妒
学院/大学校园招聘	能够一次性接触很多人	常常局限于低层次职位，耗费时间和金钱
公共职业介绍所	通常收费较低，甚至不收费，容易接近	局限于招聘中层职位
私人介绍机构（中介公司）	联系网络广泛，可信度有待考察	费用较高，局限于招聘高级职位
报纸广告	分布范围广，能够达到广泛的目标群体，反应迅速	费用昂贵
专业报刊广告	到达目标群体	成本高，可能需要长期广告来满足需要
招聘会	吸引大批潜在应聘者	选择性相对较低
网上招聘	浏览人数广泛，吸引专业人群关注，反应及时，适用于各种招聘人群	应聘人员情况复杂，很难直接了解真实情况

前，需要准备各竞赛项目（如田径、体操、游泳、篮球、足球、射击等）志愿服务岗位的工作描述。书面的工作描述能够将适合的志愿者安排在合适的位置上，它也可作为一个有效的招募说明材料，同时，它还是选择、培训和评价志愿者的标准之一。

工作描述的用途

◎ 描述体育赛事竞赛项目中各志愿服务工作的目的。
◎ 确使体育赛事各竞赛项目志愿者与其管理者对各项志愿服务工作理解一致。
◎ 描述体育赛事竞赛项目志愿者的作用、责任和工作内容。
◎ 使志愿者了解到自己作为一名体育赛事志愿者的好处。
◎ 给志愿者提供叙说自己的需要和要求的机会。
◎ 使志愿者能够更容易地适应自己的工作。
◎ 为志愿者提供招募信息。

工作描述的内容

◎ 适当的工作名称。
◎ 体育赛事志愿者工作利益的概述。

◎ 体育赛事精神和目标的简要描述。
◎ 体育赛事各竞赛项目服务工作的目的。
◎ 各竞赛项目志愿者所要完成的任务。
◎ 体育赛事志愿者项目管理组织者的姓名。
◎ 各竞赛项目中志愿服务工作的时间要求（包括赛事前和赛事期间每天所要求的工作时数）。
◎ 有效完成该工作所必须具备的资格、品质和技术。
◎ 指导志愿者处理一些特别情况（如进行特定培训、出席会议、安全检查等）的其他信息。①

3. 体育赛事人力资源的招聘程序

无论是雇佣人员的招聘，还是志愿者的招聘，其基本程序都包括确定招聘规模、发布招聘信息、招聘测试和征选录用决策四个步骤。

（1）确定招聘规模：体育赛事的规模直接决定赛事人力资源招聘的人数。明确在赛事举办过程中哪些岗位需要多少人员，根据确定的人数合理地制定招聘工作预算。

（2）发布招聘信息：就是向可能应聘体育赛事管理及服务的人群传递所要举行赛事将要招聘的信息。发布信息的原则是：面广、及时、多层次。

（3）招聘测试：运用笔试、面试、技能专长测试、心理测试、情景模拟测试等方式对体育赛事应聘人员进行考核筛选。

（4）征选录用决策：经过粗筛、面谈、测试等程序后，要作出录用决定。这个阶段要对应聘者进行综合分析和评价，根据应聘者自身情况特点确定人员的配置。

---

① 何娟. 人力资源管理［M］. 天津：天津大学出版社，2000.

悉尼奥运会志愿者招募计划

早在1996年，悉尼奥运会的组织者就制定了有关志愿者的计划，那时决定使用5万名志愿者。每个报名参加志愿者工作的人都要填写自己的专长和所选择的岗位，经过筛选决定，从事专门业务的志愿者，包括医生、翻译、电脑工程师、司机等都要出示有效的专业证明。然后，经过测试和面试以及警察局的审查，证实没有犯罪记录后，才有资格担当志愿者。其中1/4的志愿者在18~25岁之间，1/4的志愿者在55岁以上，3/4的志愿者来自新南威尔士州，其余的来自外地或是国外。志愿者中包括大学生、硕士生、公司职员、家庭妇女、教师、退休人员等。[①]

雅典奥运会志愿者招募计划

雅典奥组委在2001年就开始制定志愿者招募计划，并在全国各大城市以大规模的音乐会等形式的宣传活动来吸引各界人士参与志愿者工作。2002年1月，雅典奥组委开始通过电视、报纸杂志、网络和志愿者手册以及传单等形式招募雅典奥运会志愿者，通过多渠道报名，有16万人的报名资格得到确认，并通过了申请。报名形式主要是通过网络报名和电话报名，递交申请表，经过奥组委审查后，进行综合笔试和口试进行筛选。

（二）体育赛事人力资源的培训

体育赛事人力资源的培训包括对雇佣人员的培训和志愿者的培训。体育赛事人力资源培训对于雇佣人员和志愿者都是十分必要的。培训是为了获得从事某项体育赛事工作所必需的专业技能或工作技能。体育赛事人力资源的培训可分为计划阶段、实施阶段、评估阶段。

1. 体育赛事雇佣人员的培训

在体育赛事人力资源管理部门规划和控制培训之前，必须确认组织当前的培训需要。培训可能在三个层次上进行：组织层次、工作层次以及雇佣员工的个体层次。在组织层次上，新战略、市场或者技术类型都可能要求员工学习新的和不同的技能；在工作层面上，如果一

[①] 邱宛华，等. 现代文化产业项目管理［M］. 北京：机械工业出版社，2005.

项具体的工作发生了改变，那么员工也必须接受培训来获得恰当的工作技能；在聘用员工的个体层面，管理者和员工可能都需要某种具体的技能以使他们能够胜任本职工作或者在职业生涯阶梯上不断进步。尽管技术性是个体所需要的培训内容之一，但是雇佣人员同时也需要接受诸如冲突管理、建立人际关系以及管理技能等方面的培训。

通过培训体育赛事雇佣人员，可以发展三种类型的技能。尽管在培训中最受关注的技术性技能对于低层次的员工来说是非常普遍的，但是对于体育赛事的高级管理者也同样需要某些类型的技术性技能。人际关系技巧是非常重要的，因为在体育赛事组织中，多数人都在某类型的小组或工作单位中进行工作，成功常常是人们团队合作的产物。许多雇佣人员掌握了良好的人际关系技巧，其他雇佣员工也可以通过培训来改善人际关系方面的技巧。

体育赛事管理雇佣人员的培训方式有集中式培训和岗位制培训。当今赛事管理方面的人员培训大多采取集中式培训，这可以节省很多时间和人力资源。岗位制培训是通过原有的员工或从事过体育赛事管理的人员，在相应的岗位工作中进行实际的操作练习培训。

2. 体育赛事志愿者的培训

体育赛事志愿者的培训基本上包括基本培训、专业强化培训和针对服务岗位的专门培训。基本培训是所有体育赛事志愿者都要进行的培训。在培训之初，志愿者们已对自己所在组织和组织的发展目标等基本情况有了一个大致的了解。这些基本情况可以通过发放培训手册和利用一些可视媒介（如电视、图书、报纸、期刊等）、广播以及网络这一多媒体刊载或播放有关体育赛事的资料、国际体育组织的概况、志愿服务以及当地的历史文化、交通、旅游情况等内容，激发志愿者的奉献和团结协作精神，并帮助志愿者尽快且轻松地适应新组织。这其实就是志愿者的定位过程，基本培训可与定位相结合并同时展开。针对在培训手册中不能详尽阐述的内容和出于对一些可视媒体缺乏互动性的考虑，也可以组织大型集中性讲座和进行实地考察等。

专业强化培训主要是针对服务于各竞赛项目的志愿者。在这一阶段，通过讲座、小组讨论、自学等方法在培训基地或其他地方开展培训，使各竞赛项目志愿者了解所服务竞赛项目的发展历程、现状及其相关知识，避免出现该领域的服务人员对服务对象一无所知的现象。

针对服务岗位的专门培训主要是根据竞赛项目不同，工作岗位所负的职责不同，要求志愿者熟练掌握本服务领域的交通和环境状况以及本工作岗位的工作程序、内容和注意事项等。这一阶段的培训强调实践性，培训方法多采用模拟、案例分析和角色扮演等形式，加强志愿者对服务领域的了解，熟悉服务内容，更好地完成自己承担的任务。

体育赛事志愿者培训计划通常包括基础教育和专门部门培训，志愿者还要增加包括礼仪、语言、计算机等多方面的服务技能的培训。培训课中要增加一些实景模拟练习，并且要帮助培训人员树立信心，使其掌握紧急情况下帮助观众及参赛者解决问题的能力。对于雇佣的专门性人员，应当给予体育相关背景知识的介绍，使之熟悉体育赛事的操作理念。

2000年悉尼奥运会中的一半志愿者从未从事过志愿者的工作，这些志愿者要经过十几个小时到几十个周不等的培训。志愿者的培训由政府出资，通过指定的学校分布在全州的129个培训教学点进行培训。培训分为三个时期：定位培训、场馆培训和特定工作培训。定位培训学习奥林匹克的历史和精神、火炬的意义和象征、顾客服务、行动守则等。场馆培训是熟悉工作地点和工作团队。特定工作培训是详细学习相关的工作内容。有一项是针对所有职员的项目领导能力培训，也包括部分志愿服务人员。在奥运会前的三个月内，志愿者总共进行了100万小时的培训。①

悉尼奥运会志愿者的培训一是奥运知识，要求志愿者熟悉奥运会历史、理想和精神，悉尼奥运会的特点、会标及吉祥物的含义等；二是场馆知识，熟悉场馆的位置、竞赛项目、时间与地点、自己的位置与职责、报告与责任系统等；三是专业技能的培训，如赛事口语、安检程序、救护知识。②

志愿者还要经过行为守则和职业道德教育的培训。例如，规定从穿上志愿者服装起，便不准在公众面前吃东西、嚼口香糖、吸烟、喝酒，不准随意坐在观众的座位上，不得要求与运动员合影，不准使用粗俗的语言，不准开不适当的玩笑，不准为比赛的输赢打赌，收受小礼物要向上级报告，不得收受贵重的礼品，在岗位上不得打私人电话，不得做个人交易，与残疾人讲话要俯身而听，不要去注意对方的残疾之处，而是特别要关注他们的困难和要求，帮助前要先礼貌地征得对方的同意，以避免伤害对方自理、自立的自尊心等。

（三）体育赛事人力资源的遴选

体育赛事人力资源的遴选是在人力资源培训后进行的人员选拔录用。它采用多种形式的考核，将优秀的人力资源吸收到体育赛事的管理中来，遴选的意义在于将面试通过后的这段时间的培训记录到考核范围中，这可以更为科学地检验即将被录用的人员是否能够胜任体育赛事管理的工作，之所以认为更加科学是因为在培训过程中所有的人员都对体育赛事及其相关知识了解后，可以进行更为客观的考核，挑选出最为适合的体育赛事人选。遴选的方式有：答卷式遴选、现场测试遴选、在岗实习遴选、心理测试遴选等。

另外，为了提防突发事件的发生和体育赛事组织中管理及工作人员的部分流失，体育赛事组织要提前做好充足的准备，最好的方式是在招聘培训的人员中留出一部分备选人员，来弥补突发事件或人员流失所产生的人员紧张的局面。

---

① 邱宛华，等. 现代文化产业项目管理［M］. 北京：机械工业出版社，2005.
② 斯特德曼·格雷厄姆，等. 体育营销指南［M］. 钟秉枢等，译. 北京：中信出版社，2003.

（四）体育赛事人力资源的使用

在体育赛事人力资源培训后的遴选中，体育赛事组织管理人员将被聘用的人员根据各自的特点安排到体育赛事管理的各个部门进行工作，每一位新上岗的人员要随各自部门的工作要求调整自己的工作重点。体育赛事所需岗位众多，仅以表格形式列举如下（表9-2）。

表9-2　体育赛事所需岗位列表

工作职员／相关人员			
志愿者	财务人员	安保人员	服务员
官员（裁判员）	医护人员	引导员	电工
赞助商	推广／集资者	娱乐演员	清洁员
VIP贵宾接待员	摄影师	广播员／MC／评论员	酒吧服务员
媒体联络员	维护／修理／技术工		

（五）体育赛事人力资源的储备

根据体育赛事组织管理的特殊性，在赛事申办、筹备、开始及结束的各个阶段，需要的人员是不同的，因此，体育赛事组织部门应尽可能地从招募的人员名单中选出与之相关的专业后备人才，以准备下一阶段的工作安排。另外，在体育赛事运作过程中，要考虑到重要岗位人员的流失情况，为了能够在人员流失后不至于对体育赛事本身产生很大的负面影响，组织部门要在招募的申请人当中保留一定比例的人员，作为人力资源的后期储备，以防止人员流失所带来的损失。

体育赛事的人力资源招聘、培训、遴选和使用是体育赛事组织能否正常运行的重要环节，科学合理地使用相关专业人才，可以使每名工作人员的专长得到充分的发挥，为体育赛事运作提供良好的人力资源。

五、体育赛事人力资源管理的评估

（一）体育赛事人力资源的考核

体育赛事人力资源的考核是对雇佣人员和志愿者的一种激励机制，通过对赛事管理和服务人员的综合考核，使他们对各自的工作表现有一个清楚的认识，并且还可以通过考核，形成淘汰机制。为员工分配工作之后，体育赛事组织的管理层就要评估各员工的绩效。绩效考核显示了员工个人和他所在的团队对体育赛事组织的整体目标的贡献程度。更为明确的是，绩效考核通过指导关于员工晋升、薪资水平及奖励分配等方面的决策而提高了组织的工作效率和工作效果。同时，绩效考核也能够发现那些在体育赛事组织中达不到工作标准的员工，可以通过解雇、处罚或者提供培训等方式来矫正他们低效的工作。简言之，绩效考核是体育赛事组织奖惩体系的关键指标。绩效考核也为员工提供反馈，帮助他们选择职业生涯的相关决策。绩效考核能够产生的第三种好处是辨识体育赛事组织所需要的培训的类型。最后，绩效考核能够辅助管理者修正最初的雇佣过程中使用的标准。体育赛事人员绩效评定如图9-6所示。

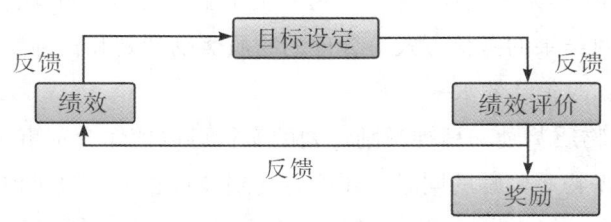

图9-6　体育赛事动态绩效评价过程

（二）体育赛事人力资源的评价

体育赛事的人力资源评价可以分为：体育赛事雇佣人员的评价和志愿者的评价。

（1）对体育赛事雇佣人员的评价：通过对体育赛事雇佣者进行评价所得到的结果不仅可以为招聘、选拔雇佣者提供可靠而有价值的依据，而且可以为雇佣者今后的培训发展提供参考。

（2）对体育赛事志愿者的评价：分为诊断性评价、形成性评价和总结性评价三类。诊断性评价也就是选择的过程，即在招募和选择过程中，对志愿者的基本了解、评定和筛选，例如，对志愿者个人历史背景和犯罪记录的审查就是诊断性评价。形成性评价在志愿者的培训过程中进行，是对志愿者的日常性评估，肯定他们取得的进步，找出各方面存在的不足，以期尽快改正，同时，它也是激励和保持志愿者的有效手段。总结性评价可看作是对志愿者完成志愿服务后的评价，也可在达到某一阶段性目标后对志愿者进行评价，例如，在培训结束后、测验赛后等。将各阶段性目标的总结性评价放在整个志愿者的学习培训和服务过程中来对待，它又可被认为是形成性评价了。

对奥运会志愿者最初的诊断性评价是必不可少的。对于另外两类评价，46.7%的专家认为应贯穿志愿者培训的始终，60%的专家认为应在整个奥运会期间评价志愿者的工作和表现。由此可见，绝大多数的专家认为对服务于奥运会竞赛项目的志愿者要从始至终、从多个方面来评价他们的作为。评价以正式和非正式的形式交互进行，将有利于了解志愿者工作的开展情况。

（三）体育赛事人力资源的奖惩

人是体育赛事管理中的重要资源，将员工的绩效同体育赛事的效益直接挂钩，无疑能够起到激励员工为体育赛事所要达到的目标奋斗的作用。对于体育赛事人力资源的奖励可以有物质奖励、精神激励两种。奖励的作用是：

（1）有效激励：物质奖励可以增加体育赛事管理员工的收入，体现了体育赛事组织对员工工作结果的认可，因而能够有效刺激员工的积极性。

（2）提高效率：由于物质奖励更多的是考察员工工作的结果对体育赛事组织的贡献，因而物质奖励是一种针对结果的考核方式。合理的物质奖励计划和精神激励机制的建立能够促使员工注重工作效率，改善绩效水平。

（3）稳定人才：物质奖励和精神激励计划的实行可以使体育赛事组织中一些能力卓著、表现不俗的员工在获得物质奖励的同时，还能感受到体育赛事组织对他的认可以及个人的成就感，使其对体育赛事组织更加忠诚，从而稳定组织人才，激励体育赛事组织人才的进步。

体育赛事人力资源的惩罚是通过对体育赛事组织的内部考核，对员工和志愿者进行多方面的评估，对于达不到工作标准的员工，可以通过解雇、处罚或者提供培训等方式来矫正他们低效的工作，在员工和志愿者中间形成一种激励和竞争的机制。通过对达不到体育赛事工作要求的员工和志愿者的惩罚，可以使他们及时发现自己的不足，并加以改正。对体育赛事人力资源的惩罚从某种意义来说也是在激励体育赛事人才的进步。

体育赛事人力资源管理的中心目的是为体育赛事组织提供高效和高满意度的员工。人力资源管理在体育赛事组织中扮演着极其重要的角色，体育赛事组织如果缺乏人力资源管理工作的信息，将给其他的工作带来很多的不便，如果体育赛事组织力图成为高效率的组织，那么就必须认识到人力资源管理工作的重要性。

复习思考题

1. 体育赛事人力资源管理有何基本特征？
2. 体育赛事人力资源人才类型有哪些？
3. 简述体育赛事人力资源管理的运行机制。
4. 简述体育赛事人力资源的招募流程。
5. 请为某项国际网球赛事设计一份志愿者培训手册。

第十章　体育赛事的财务管理

　　财务管理是企业组织财务活动和处理财务活动中所发生的财务关系的一项经济管理工作，是企业管理的一个重要组成部分，随着经济的发展和改革的深化，它的作用在企业管理中显得越来越重要[①]。企业的财务活动是企业各项财务收支的资金运动的总括。企业在生产经营中必须运用各种方式，通过不同的渠道，筹集一定数量的资金，用于必要的投资和生产经营的各个方面，以求获得一定的经济效益，并将其实现的利润，在投资人之间进行合理的分配，以保证投资人的合法收益。所以，筹集资金、运用资金和收益分配是企业财务管理的主要内容。财务管理本身所具有的职能是组织、调节和监督。组织就是组织企业资金运动的正常运行，建立各种委托代理关系和同一层次各责任人的协作关系，构建信息沟通的渠道，保证财务活动的连贯性和有序性，以求达到预期的理财目标。调节就是调节资金运动的流向、流量、流速，协调企业各方面的财务关系，随时解决各部门、各层次、各管理环节可能出现的矛盾、冲突，使得不确定性事件发生时，财务活动仍能按既定的理财目标发展。监督就是从合理性、合法性、有效性方面，对企业财务活动的运行和财务关系的处理进行监督，通过激励机制和约束机制对各级各部门财务行为施加影响。财务管理应该注意资金合理配置原则、收支平衡原则、成本效益原则、收益风险均衡原则、分级分权管理原则、利益关系协调原则等。

　　体育赛事和其他任何公司经济行为的运作一样，需要一个合理而有效的管理才能取得良性运转，得到好的效益，其中财务管理的重要性日益显著。对体育赛事进行财务管理其实就是以赛事经营价值最大化的方式来获得并运用资金。财务管理决定了发展的进程，体育赛事活动的管理人员应当利用它来保护债权人和投资者的利益，并使赛事活动得以运转下去。结合体育赛事的特点来说，体育赛事的财务管理主要是通过财务预算、财务规划、财务控制、财务评价等一系列手段来促使赛事活动的顺利进行。预算的行为因素是财务管理最重要的一个组成部分，而财务管理则极大地维持着市场和组织的财务工作在信用流动性方面适当的平衡，以便获得快速的市场渗透。

　　财务管理和预算是活动管理的重要内容。不论体育赛事活动的大小，体育赛事活动管理人员都要培养并具备控制收支的有效技巧和策略。预算不能只是创造收入和控制成本的手段，它还应当包括行为因素的内容。为了实现活动管理者既定的预算目标，编制预算时还应

[①] 李海波. 财务管理 [M]. 北京：高等教育出版社，2000.

当考虑到如何增强工作人员信心的问题。

本章提出了体育赛事活动组织中预算编制的重要意义，同时还总结了体育赛事财务管理活动的概况。

一、体育赛事的财务预算

（一）体育赛事中财务预算的重要性

体育赛事管理的复杂性和经常监控财政状况的需要使得预算和财政成为赛事管理成功的核心。预算是指为下个清算账目周期制定收入和花费书写计划的过程①。对于赛事来说，一个账目周期通常是计划、组织和运作将来临赛时必需的时间段。预算包括成本计算、收入评估和财政资源分配。体育赛事预算被用来比较实际成本和花费与计划中的成本和花费。由于大规模赛事的下级部门众多，因此，可以由每一个部门单独预算，计算出可能的最大花费。预算对于赛事管理十分重要，因为赛事中许多与成本有关的方面是先有支付后有收入的。许多投资或赞助商都要先看赛事的预算才会履行承诺。当赛事发生变化和掌握有关新信息时，就需要对预算进行调整。

财务预算的优点

◎ 预算提供了一个控制商业所有收支的详细方法。
◎ 预算的准备工作使管理方重点关注规划并向前看而不是朝后看。
◎ 每位管理者的职责都必须清楚地确定下来。
◎ 管理团队更要有成本意识，这样才能杜绝浪费和低效。
◎ 不同职责的管理者必须共同工作并协调好各自的活动。

从这里可以看出，预算编制的所有理由都会影响到活动管理者的行为，使他们控制好其商业活动，并在预算内而非预算外进行工作。如果那些工作使必须考虑预算问题的个人也参与预算编制，那么就能形成一种富有激情的劳动力，他们能够更有效地管理好预算控制，并

---

① Lisa Pike Masteralexis, etc. Principles and Practice of Sport Management[M]. Subury. MA: Jones and Bartlett Publishers, 2005.

确保活动中所有成员都朝一个相同的目标努力。

此外,预算控制是一个活动组织内整个财务管理会计制度的组成部分。预算编制是按照财务管理条款来评估收支状况的一种会计制度。预算控制制度为活动管理者提供了一个清楚而简洁的反馈,并使他们能够修正活动当前的操作以实现最初设定的目标。当目标未能实现时,不能指责那些预算编制人员。预算培训是为了使雇员们了解预算的内容和目标。

(二)预算编制的目标

预算编制是规划未来并实施这些规划和进行监督的活动,特许会计师管理学院(CIMA)将预算解释为"以资金进行说明的一个规划,在规划前,它就得以准备和通过,因而它可以显示出被利用的收入、支出和资金"。艾伦等人评论说"一个活动预算就是用来比较实际收支和可以利用收支两者之间的差别的[①]。"

因此,预算活动给管理者提供机会去认真协调组织目标和实现目标必需的资源两者之间的关系。预算的信息向负责组织各部分的人员传达了其职责内容。精心挑选实施方法是为了激励个人或团队去实现既定目标。

(三)体育赛事活动组织内的预算编制

预算是活动组织者在进行有效决策时管理财务的最重要的组成部分。预算是每个活动的关键内容,为监督整个活动及其各组成部分朝既定目标进展提供了一个严谨的依据。因此,活动管理者一定要了解预算编制活动,并熟悉下面的一些预算。

(1)弹性预算:一个预算应当区分固定预算、半固定预算和可变预算,并随活动达到的规模而进行调整。弹性预算能将实际支出和一个现实的预算进行有效的比较,弹性预算为活动管理者在改变活动时提供了更广阔的视野。

(2)现金预算:是为了说明在特定活动时间内所需要的现金收支。对于任何活动的管理者来说,现金预算都是最重要的手段,它为管理者提供了使用活动收支的指南。现金预算能及时地显示出活动的赢利或亏损。表10-1是某项赛事的现金预算情况。

现金预算常常会出现某种程度的松懈,它可以通过调整收支安排来达到最终的平衡。此外,预算编制也是一个有效的手段,它为活动管理者提供了一个总方针去为每个活动编制出有效的预算。

(3)体育赛事预算的具体项目:① 非组委会预算。通常是指对赛事配套公共事物的投入,如可以给当地政府带来社会效益或经济效益的赛事活动所需的配套公共设施建设等,有时可以使用政府公共资金。一般体育赛事包含以下预算:基础设施、场馆设施(含改造、维

---

① Stephen P. Robbins & Mary Coulter, Management, 第7版 [M]. 清华大学出版社,2002.

表 10-1　某赛事活动的现金预算　　　　　　　　　　　单位：英镑

收入	额度	支出	额度
政府投入	7 000	配套设施支出	1 200
市场开发	6 000	会场租金	800
门票收入	3 200	食品/饮料	3 250
电视转播权	10 000	宣传推广	9 200
广告收入	12 000	人员工资	4 250
纪念品收入	4 500	队员出场费	8 900
捐款	2 200	日常杂物支出	9 600
总收入	44 900	总支出	37 200
盈余		7 700	

修费用)、服务项目等投资。②组委会预算。通常包括比赛设施费用、竞赛费用、赛事组织的行政管理费用、赛事活动的宣传推广费用、贯穿体育赛事的相关大型活动费用以及一些不可预见事件的费用6个项目的支出。

二、体育赛事的资金筹集

筹资管理的基本要求是遵照国家法律和政策的要求，从不同渠道，用不同方式，按照经济核算的原则筹集资金，从数量上满足体育赛事经营的需要；同时，要考虑降低资金成本，减少财务风险，提高筹资效益，以实现体育赛事财务管理的目标。

体育赛事筹资决策的内容

◎预测体育赛事活动资金的需要量，估计筹资额度。
◎规划体育赛事活动的筹资渠道和资本结构，合理筹集和节约使用资金。
◎规划体育赛事活动的筹资方式，使筹集的资金符合实际需要。
◎确定体育赛事活动的资金成本和资金风险，使体育赛事活动获得最佳收益，并防止因决策失误而造成的损失。
◎保持一定的举债余地和偿债能力，为体育赛事运作的稳定和发展创造条件。

（1）企业赞助：这是现代体育赛事活动资金来源的一大方式，是体育赛事组织者和企业经营者互取所需的商业合作关系。企业的赞助活动是大多数体育赛事的主要资金来源。

（2）基金会和金融机构的资助：基金会是一种慈善性的机构或其他性质的免税、减税组织，它们的目的是发放捐助资金。获得资助的另一个可选来源是银行，然而这样的贷款或相关的信贷业务基本上要作为赞助协议的一部分。如果与体育赛事的赞助权没有直接关系，银行通常不愿为赛事提供启动资金，因为其中包含着风险因素。

（3）控制花费：赚钱的另外一种方法就是别去花钱，尤其在体育赛事中确实如此。通过睿智的谈判，可以找到无数种降低财政支出的方法。例如，如果可以借到或通过易货交易换取到垃圾桶的话，那为什么还要买呢？同样的问题也适用于饮料、装修、设备、广告、运输以及赛事后勤保障的几乎所有方面（表10-2）。

表 10-2　体育赛事易货交易示例

产品/服务	提供商
废品管理	回收公司
卫星调度的短程运送客车	购物场/百货商店
T恤衫	服装/体育产品制造商
发电机	航空/暖气公司
锥形柱标	运输部门
移动式厕所	建筑公司
椅子和桌子	宗教机构/学校
扩音系统	电台
交通工具	汽车特许经销商
交通工具所用的汽油	燃油/能源公司
印刷品	印刷商
实物和饮料	杂货店/饭店

（4）市场开发：体育赛事运作往往可能带来很多相关事物的开发，连带出一些收益项目。

（5）公共投入：尤其是大型体育赛事，都会有一些政府公共投入，这项收入往往是很重要的一部分资金来源，奥运会就是一个典型的例子。

（6）门票收入：一项引人入胜的体育赛事会吸引大批运动喜爱者的观看，例如，世界杯足球赛让各地球迷不惜重金花费时间前来观看，这时的门票也是一笔不小的收入。

（7）广告收入：与赛事参与和关注者消费目标群一致的企业往往都很注重在赛事活动过程中做广告。广告类型分为很多种，各种广告都会给赛事活动举办者带来很大的收益。

（8）电视转播权收入：电视转播能够提高电视节目的收视率，相应的电视广告的收入非常可观,因此,获得电视转播权就很关键,这样体育赛事活动组织者出让电视转播权可得到巨大的收入。

(9)纪念品收入:每项赛事活动都可以制作自己相应的纪念品。例如,吉祥物、赛事服装、纪念币等,观众往往很乐意购买此类纪念品。

(10)其他:如专卖权出售、社会捐款以及由于社会志愿者的参与而相应节省的费用等。

三、体育赛事的财务控制

控制是指监视各项活动以保证它们按计划进行,并纠正各种重要偏差的过程。财务控制是在生产经营活动的过程中,以计划任务和各项定额为依据,对资金的收入、支出、占用、耗费进行日常的核算,利用特定手段对各单位财务活动进行调节,以便实现计划规定的财务目标。财务控制是落实计划任务、保证计划实现的有效措施,所有的管理者都应当承担控制的职责。一个有效的控制系统能够保证各项行动都朝着组织的目标方向进行。控制系统越完善,管理者实现组织的目标就越容易。控制过程分为三个步骤:衡量实际绩效,比较实际绩效,采取管理行动纠正偏差或不适当的标准。

(一)财务控制的原则

有效地进行财务控制必须注意职责分离、收支两条线的基本原则。财务控制要适应管理定量化的需要,抓好以下几项工作。

1. **制定控制标准,分解落实责任**

按照责权利相结合的原则,将计划任务以标准或指标的形式分解落实到各负责人、部门以至个人,即通常所说的指标分解。这样,赛事活动组织内部每个单位、每个员工都有明确的工作要求,便于落实责任,检查考核。通过计划指标的分解,可以把计划任务变成各单位和个人控制得住、实现得了的数量要求。对资金的收付、费用的支出、物资的占用等,要运用各种手段(如限额领料单、费用控制手册、流通券、内部货币等)进行事先控制。凡是符合标准的,就予以支持,并给予机动权限;凡是不符合标准的,则加以限制,并研究处理。

2. **确定执行差异,及时消除差异**

按照"干什么,管什么,就算什么"的原则,详细记录指标执行情况,将实际同标准进行对比,确定差异的程度和性质。要经常预计财务指标的完成情况,考察可能出现的变动趋势,及时发出信号,揭示赛事组织过程中发生的矛盾。此外,还要及时分析差异形成的原因,确定造成差异的责任归属,采取切实有效的措施,调整实际过程(或调整标准),消除差异,以便顺利实现计划指标。

3. 评价单位业绩，搞好考核奖惩

在一段时间后，赛事组织者应对各责任单位的计划执行情况进行评价，考核各项财务指标的执行结果，把财务指标的考核纳入各级岗位责任制，运用激励机制，实行奖优罚劣。

财务控制环节的特征在于差异管理，在标准确定的前提下，应遵循例外原则，及时发现差异，分析差异，并采取措施调节差异。

（二）财务控制的方法

1. 成本核算

成本核算是指对运作过程中成本的预计、分类和分配。有两种类型的成本核算，即固定成本和变动成本。固定成本是指使体育赛事发生而不论有多少人参加所必需的不变花费；变动成本是指与参加人数有关的花费，如食物和饮料花费等都会随人数的变化而不同。成本与体育赛事规模有关，体育赛事成本取决于使赛事发生的基本条件的建立和赛事的营销推广。表10-3根据以往大规模赛事的表现，对赛事可能涉及的成本进行了相应分类。

表10-3 赛事营销组合要素

分类	具体成本支出项目
赛事计划、组织	工资、会计/审计、银行汇率/利息、会议、邮费/快递、印刷/影印、计算机、电话/传真、其他
赛事风险	税收、保险、法律、其他
赛事实施（竞赛、后勤）	官员、裁判员、参与者、住宿、资格审查/注册、奖品/奖金、仪式、设备、场地/馆租借、医护和药检、其他人员（引导员和停车员）、安全（警察/私人保镖）、临时建筑（帐篷/卫生间）、制服（工作人员、裁判员、志愿者）、废物处理、其他
营销和沟通	广告、媒体报道、公共关系、贵宾、互联网站、娱乐、新闻中心、移动电话、复印、出版、工作手册、传单/节目、成绩网络、标志/（广告牌）、计时/记分系统、双向通讯、其他

2. 收入核算

体育赛事收入与赛事的类型和赛事规模有极大的关系，赛事的类型直接决定了赛事的收入来源状况，同时赛事收入也会限定赛事的目标和计划过程。赛事收入可分为基本资金收入和营销收入两方面，具体包括：拨款/贷款、集资、门票销售、赞助、报名费、媒本（报道权）、商品销售、其他营销收入。

根据预算的性质和作用，赛事预算与财政管理过程应该是：首先是清楚赛事的目标和环境、赛事任务，然后建立赛事预算，对赛事现金流动控制和对最后结果进行评价和反馈（图10-1）。

赛事预算和财政管理直接关系到赛事管理效果，赛事预算和财政管理的具体方法应该围绕赛事的目标和环境情况而有效率和有效果地展开。

3. 财务报告

通过财务报告，相关的各方能够获得会计信息。体育赛事运作机构外的人们只能得到这一类的报告。体育赛事运作机构每年年底应制作财务报表来说明赛事经营状况，根据法律，体育赛事运作机构必须要公开一份财务内容广泛的详细年度报告。这里说明一下两种基本的财务报告。

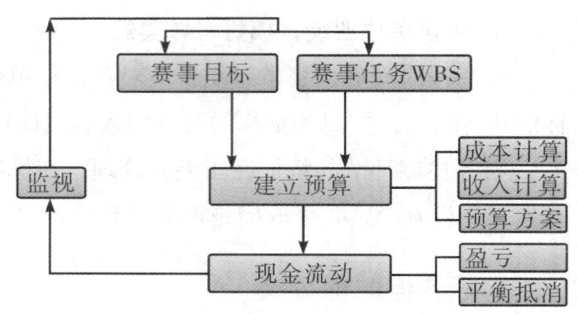

图 10-1　赛事预算和财政管理流程

（1）赢利和亏损报告：显示了一段时间内的收入、支出和纯利润，标题应包括体育赛事运作机构名称、报告类型及报告所跨的时间范围，该报告还包括特定时间内的现金交易和贷款交易，并被看做是判断和推测销售、成本、费用及利润的经营状况凭证。它还清楚地勾画出了体育赛事运作机构在一年内的纯利润水平。此外，管理财务信息是经营决策活动很重要的一部分内容，它还能反映出任何活动组织的水平。

（2）资产负债报告：显示了体育赛事运作机构在某个特定日期的财务状况，如资产、债务和物主产权等。标题应当包括体育赛事运作机构名称、报告类型和报告的确切日期。资产负债报告能防止现金消耗殆尽这一类问题的发生，因为体育赛事运作机构的快速发展有赖于必要的财务资源，因此，资产负债报告可以确保现金流入商业营运中，而不被其他的体育赛事运作机构公司随便地利用。现金通过资助债务人或允许顾客一定额度的透支等方式得以紧缩并避免短期投资的出现或债务偿还能力的降低。此外，其主要目标是争取到充足的年度资金以能够利用市场同对手进行竞争，有效地处理好资产负债状况对于经营的增长是非常重要的。

4. 财务比例分析

监督活动的执行情况和财务状况对于企业是非常有意义的。比例分析是一种比较方法，它采用一种易于理解的形式（常常是百分比）来比较各方面的重要关系。

比例采用各种易于同其他活动相比较的方式来体现某个活动的实施情况。体育赛事运作机构一定要制定出其财务比例分析报告，因为它能清楚地指出那些需要进行长期和短期改进的地方。为了支持这一观点，艾伦等人提出："通过实施一系列相应的比例分析，活动管理公司就能清楚地了解组织的生命力并发现需要更加严格控制的地方。"

财务比例分类

◎ 流动性比率：说明商业中的流动资金和流动状况以及如何高效地利用特定的流动资金，如债权人、债务人和股票资金。

◎ 流动性比率＝流动资产／流动债务，它表明流动资产与流动债务之间的比例关系。

◎ 速动比率＝（流动资产－存货）／流动负债，它表明只利用能够迅速兑现的流动资金而不利用存货。

◎ 盈利率：说明销售利润或商业运作资金所产生的利润。

◎ 边际利润率＝净利润／净销售，它表明销售所产生的利润百分比。

◎ 资产周转率＝净销售／总资产，它表明资产用于销售的情况。

◎ 资产回报率＝纯净利润／总资产，它表明利润占资产的百分比。

◎ 资产权回报率＝净利润／总产权，它表明投资方获利的情况。

（三）体育赛事财务控制的过程

体育赛事的财务控制是始终贯穿于赛事的。例如，预算是赛事最重要的控制，而赛事运作过程中要有财务报告、财务比例分析、收支核算等，赛事结束要有财务结算及评价，也就是说，财务控制在事前、事中、事后都要严格执行。

（1）事前控制：指在财务活动发生之前所进行的控制活动。例如，对指标进行分解，将各项指标分解后落实到各归口部门，使各项指标的实现有切实可靠的保证；规定计划执行的标准和制度，如现金使用范围、费用开支标准等，以便事前加强内部的控制能力。

（2）事中控制：是对经营过程中实际发生的各项业务活动按照计划和制度的要求进行审查，并采取措施加以控制。例如，为了控制短期偿债能力，随时分析流动比率，在发现不合理情况时，采取措施加以调整。

（3）事后控制：即在计划执行后，认真分析检查实际与计划之间的差异，采取切实的措施，消除偏差或调整计划，使差异不致扩大。

四、体育赛事的财务评价

（一）评价的原则

对体育赛事的综合评价，不应仅局限于直接的经济效益，要综合考虑其对社会文化、交流、就业及其他产业等方面所带来的推动作用。

（二）评价的方法

1. 成本效益

（1）直接经济效益的评价：是否有直接的经济效益，这在成本及收入核算中应该能得到明确的答案。但是，另外会有一些赛事的经济效益并不直接体现于赛事组织过程本身的核算上。

（2）就业效应：一项大型的体育赛事的举办可以提供很多就业机会，例如，建筑、餐饮服务、交通运输、文化宣传推广等方面的岗位。

（3）政府收支：对政府来说省去救济相关就业人员失业的费用就等于是一项收入。体育赛事所带来的公共设施的建设对政府来说也是一件极其有利的事情。

（4）隐性收支：对城市声望的提升及旅游业的带动等方面都有一些长期的、隐性的收入推动。

2. 社会效应

好的体育赛事的推广对社会体育的推动、大众健身的影响、人民文化层次的提高、社会的安定都有一定的正面影响，而这种效益往往是无法从具体的数据上得到反映的。

复习思考题

1. 为何要在体育赛事中进行财务预算？
2. 体育赛事中的预算具体包括哪些内容？
3. 体育赛事资金获得的渠道有哪些？
4. 简述体育赛事财务控制的原则、方法与过程。
5. 简述体育赛事财务评价的原则与方法。

第十一章 体育赛事的风险管理

由美国管理协会保障部提出,并在随后的若干年内通过学术会议和研究班的形式对风险管理进行了研究,同时,随着经济的迅速发展和风险管理理论在实际管理中的运用和检验,逐步形成了完善的风险管理理论和风险管理学科。而对于风险管理(Risk Management)的定义,由于各国学者研究的出发点、侧重点和目的的不同,因而给出的定义也各有不同。Johnny Allen 指出,风险管理是指通过一个逻辑的和系统的方法建立构架、辨认、分析、评测、处理、监控和沟通与任何活动、职能或过程相联系的风险,使组织能够减小损失和增大机会。风险管理就是辨认机会和避免或减轻损失[1]。

一、体育赛事风险的界定与分类

(一)体育赛事风险的界定

在对风险(Risk)的定义中,应把握以下三点特征。

◎ 在给定情况下和特定时间内,那些可能发生的结果之间的差异,差异越大,则风险越大。

◎ 不利事件发生的不确定性。

◎ 项目风险是所有影响项目目标实现的不确定因素的集合。

由于体育赛事具有明显的项目特征,在项目生命周期过程中,时时表现出不同的风险因素。据此,将体育赛事风险定义为:在体育赛事项目生命周期过程中,所有影响赛事目标实现的不确定因素的集合。

(二)体育赛事风险的分类

1. 按照体育赛事风险的阶段性划分

(1)赛事申办阶段的风险:指在体育赛事的申办过程中,由于申办者自身条件的欠缺和外界条件的不断变化,可能给申办者造成损失的一切不确定因素的集合。

(2)赛事筹备阶段的风险:在赛事申办成功后,随之就进入了筹备阶段,在这一阶

---

[1] Johnny Allen, William O'Toole, Ian McDonnell. Festival and Special Event Management. Milton. Qld: Wiley, 2002.

段会面临政府支持度、赞助资金是否及时到位、门票销售情况等一些不确定因素所带来的风险。

（3）赛事实施阶段的风险：在比赛正式举行的阶段内，由于气候、人力、物力、技术等方面不确定因素的存在，而使体育赛事面临比赛延期、人员伤亡、财物损失等风险。

（4）赛事结束阶段的风险：在体育比赛结束后的一段时期，体育比赛场馆的综合开发利用、体育赛事对举办地影响的好坏都是体育赛事所要面对的风险。

2. 按照赛事风险的表现形式划分

（1）自然风险：由于体育赛事的成功举办与自然环境和气候条件有着密切关系，自然条件和气候条件可以直接影响体育赛事的举办。因此，由于气候条件的突然改变而给体育赛事造成损失的风险，都被列为自然风险。

（2）政治风险：例如，足球世界杯、奥运会之类的大型体育赛事，几乎每一届都在不同的国家举办，这就使体育赛事面临着不同的社会体制与政治条件，而由于举办国的社会体制与政治条件发生变化而影响体育赛事正常运作等方面的风险，统称为政治风险。政治风险主要分为两大类：一类是国家风险，即赛事举办国由于某种政治原因或外交政策上的原因，对体育赛事的抵制等；另一类是国家政治、经济、法律稳定性风险，即赛事举办国法律制度、税收制度、劳资关系、环境保护等方面是否完善和经常变动。

（3）市场风险：体育赛事除了其核心产品——体育竞赛外，还有许多有形产品和无形产品，而所有产品都包含价格和市场销售量两个要素，因此，它同时具有价格和市场销售量的双重风险。如何建立一个合理的价格体系，对于体育赛事管理者无疑是一个解决市场风险的重要环节。

（4）基建风险：是指在赛事筹备阶段，场馆建设延期、场馆建设成本超支、场馆达不到"设计"规定的技术指标，由于技术和其他方面的问题导致场馆完全停工和在实施阶段存在的技术、经营管理、劳动力状况等风险因素的总称，是体育赛事的核心风险之一。体育赛事的基建风险直接关系着体育赛事是否能按照预定计划正常运转。

（5）环境保护风险：随着生活水平的提高，世界普遍开始关注对自然环境、人类健康和生活造成负面影响的一切事件，总的发展趋势是各国对有关废气排放标准、废物处理、噪音、能源使用、自然植被的破坏等相关环境保护方面的立法越来越严格。毫无疑问，这有助于自然环境和人类生活环境的改善，但是，对于赛事举办方有可能因为严格的环境保护立法而增加成本，甚至有可能无法举办赛事。因此，在体育赛事的举办过程中，环境保护方面的风险应当同其他风险一样得到重视。

3. 按照赛事的投入要素划分

（1）人力风险：包括体育赛事工作人员的工作效率、管理素质、技术水平、市场销售能力、工作关系的协调、劳动保护立法及实施。人力风险还表现在人员损失上，人员损失在组织中可能会非常严重,要避免这种情况发生就要鼓励团队分担工作。按照现代管理学的理论,可以要求团队的成员学习其他人员的工作并且在每周有专门的时间训练其他人。例如,在1990年的西雅图友好运动会上,一些关键人员在比赛的关键时刻离开,当时,几个在赛事早期表现出领导潜能的志愿者被提拔到管理位置,他们先前的跨越训练使他们成功地完成了替代工作。

(2)资金风险:赛事资金的投入与支出、赛事产品销售价格及变化、通货膨胀因素、保险、人工成本、税收成本及可利用的税务优惠、土地价值等都是体育赛事资金风险应当考虑的范畴。

(3)技术风险:包括了综合项目技术评价、信息技术设备的可靠性、软件系统的开发与运作等。

(4)时间风险:指体育赛事运作过程中,一切受到时间因素影响而产生的不确定因素的集合。其中包括:赛事计划及执行、决策程序、时间、场馆建设土地征用、设备延期的可能性、工程建设延期的可能性等。

(5)其他风险:是指体育赛事产品的竞争能力,环境保护立法,知识产权,自然环境,其他不可抗因素等。

4. 按照赛事风险的可控性划分

(1)体育赛事的核心风险:是指与体育赛事的经营管理直接有关的风险,包括完工风险、技术风险和市场风险,这类风险是体育赛事举办过程中无法避免而又必须承担的风险。

(2)体育赛事的环境风险:是指体育赛事的举办由于受到无法控制的外界环境变化的影响而遭受到损失的风险,包括体育赛事的金融风险、市场风险和政治风险。

二、体育赛事风险的识别过程

1. 风险识别的技术和工具

(1)风险核对表:风险识别实际是关于未来风险事件的设想,是一种预测。如果把人们经历过的风险事件及其来源罗列出来,写成一张核对表,那么管理人员就容易开阔思路,容易认识到本次赛事有哪些潜在风险存在。核对表可以包括多种内容,例如,以前此类型的赛事成功或失败的原因、赛事其他方面规划的结果(范围、成本、质量、进度、采购与合同、人力资源与沟通等计划成果)、赛事产品或服务说明书、赛事工作人员的技能、赛事可利用的资源等。涉及保险的,可以到保险公司去索取相关资料,这样就能够发觉有哪些风险还未考虑到。

(2)工作分解结构:风险识别要减少赛事结构的不确定性,就必须明确赛事的组成及各个组成部分的性质、它们之间的关系、赛事同环境之间的关系等,并且将其制作成不同类型的工作分解结构图来辅助风险的识别。工作分解结构是完成任务的有力工具，也是风险识别的有效措施。

（3）常识、经验和判断：以前举办过的赛事所积累起来的资料、数据、经验、教训以及工作团队成员的个人常识、经验和判断在风险识别时是非常有用的。

此外，将赛事各个部门聚集在一起，就风险识别进行讨论，仔细分析和预测可能的风险特征，也会发现在一般工作计划中未曾或不可能发现的风险。

（4）演习或测试结果：利用实验或试验结果进行风险识别是一种十分有效的方法。实验或试验的方法包括数学模型、计算机模拟、市场调查或文献调查等。

2. 风险识别的结果

风险识别后必须将结果整理出来，写成书面文件，为风险分析的其余步骤和风险管理做好准备。风险识别的成果应当包含以下内容：

（1）风险来源列表：尽可能全面地在表中列出所有风险，不管风险事件发生的频率和可能性、收益或损失、损害或伤害有多大，都要一一列出。并且对于每一种风险来源，都要有文字说明，说明中要包括风险事件可能造成的后果，估计其预期发生的时间和频率。

（2）风险分类、分组：风险识别之后，应当将风险进行分组或分类。分类结果应当便于进行风险分析其余步骤的进行和风险管理。例如，对于一项体育赛事的举办，可将风险按建议书、可行性研究、融资、设计和规划、实施和赛后阶段分组。而对于体育场馆建设阶段的风险可作如下分类：承包商风险，征地建设资金不及时到位，现场条件变化，工人和施工设备的生产率，施工质量，材料质量，政府法律、规章的变化，劳资纠纷，财务收支不可抗力，合同延误等。以上只是部分风险的列举，每一组或每一类风险还可以根据需要进一步细分。

（3）风险表现特征：风险症状就是风险事件的各种外在表现，例如，苗头和前兆等。如果工作团队成员没有及时交换彼此之间的不同看法，就是项目进度出现拖延的一种症状；场馆建设现场材料、工具随地乱丢，无人及时回收整理就是安全事故、项目质量和成本超支风险的前兆。

（4）对赛事管理其他方面的要求：在风险识别的过程中，可能会发现体育赛事管理过程中出现的其他问题需要完善和改进。例如，当发现某些隐性风险，但又无人制定预防措施时，就必须及时向有关人员提出要求，让他们采取措施防止风险的发生。

三、体育赛事风险的评价

赛事风险的评价是体育赛事风险管理的重要步骤，赛事风险评价包括赛事风险估计和赛事风险评价。赛事风险估计的主要任务是确定风险发生的概率与后果，赛事风险评价主要是确定该风险的社会、经济意义以及处理的费用、效用分析。

（一）赛事风险估计

赛事风险估计的主要目的是：加深对体育赛事自身和其外界环境的理解，进一步寻求达到赛事既定目标的可行方案，务必对体育赛事所有的不确定性因素和风险都经过充分、系统和有条理的思考，明确不确定性因素对赛事其他各方面的影响，估计和比较赛事各种方案和战略计划的风险大小，从中选择出最佳行动路线。赛事风险估计阶段的任务流程见图11-1。

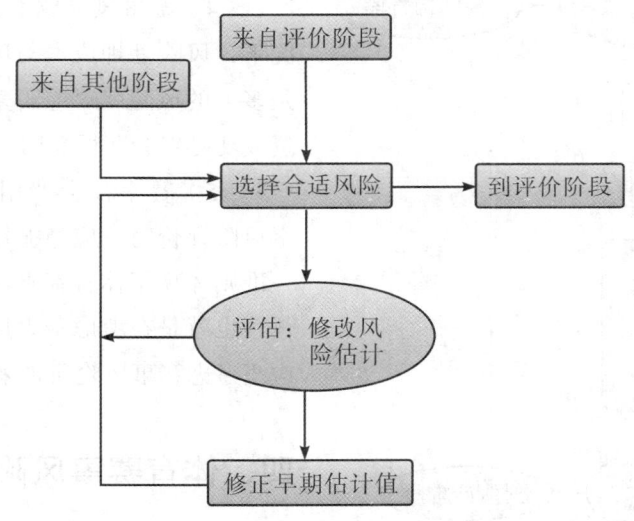

图11-1　赛事风险估计阶段的任务流程[①]

（二）赛事风险评价

赛事风险评价是在风险估计得出风险量后进行的工作，它与采取何种风险处理方法密切相关。赛事风险评价首先要进行风险费用分析，进而作出风险处理决策。赛事风险费用主要包括直接风险费用和间接风险费用。赛事风险评价阶段的任务流程见图11-2。

（三）赛事风险评价准则

赛事风险评价是评价风险存在的意义、影响及采取何种风险处理对策。因此，应当建立赛事风险评价准则。

（1）赛事风险回避准则：是最基本的评价准则。根据这一准则，赛事运作主体对风险行为采取禁止或完全回避的处理策略。

---

① 克里斯·查普曼，等. 项目风险管理［M］. 李兆玉，等，译. 北京：电子工业出版社，2003.

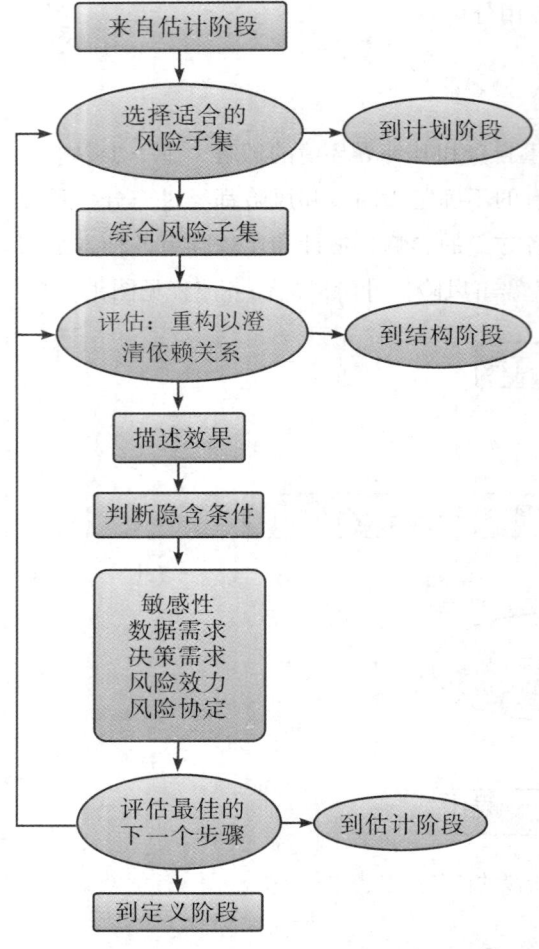

图 11-2 赛事风险评价阶段的任务流程[①]

（2）赛事风险权衡准则：由于体育赛事中存在一些可接受但不可避免的风险。因此，体育赛事运作主体需要确定可接受风险的限度。

（3）赛事风险处理成本最小准则：风险处理需要经费的投入，处理风险的成本越小越好；从另一个角度看，若风险的处理成本足够小，则此类风险也就可以被接受。

（4）赛事风险成本/效益比准则：通常情况下，风险处理成本与风险收益相匹配，也就是多大的风险就对应于多大的效益，高风险投资成功必然会获得高回报。

（5）赛事社会费用最小准则：在进行赛事风险评价时，应遵循社会费用最小准则。这一准则体现了体育赛事对于社会所负的道义责任，也就是在考虑赛事风险的社会费用时，也应当考虑赛事风险所带来的社会效益。

四、体育赛事风险的处理

体育赛事风险管理过程中，主要有 3 种风险处理对策，即风险控制、风险自留和风险转移。风险控制对策包括风险回避、风险分离、风险分散、风险损失控制、风险控制下的转移。风险自留是由赛事管理机构自设风险储备基金，将风险留在组织机构中的方法。风险转移包括无偿风险转移和有偿风险转移两类。

（一）风险控制

（1）风险回避：回避风险主要有两种途径，一是了解到举办某项赛事承担的风险较大，而拒绝承办此项赛事；二是由于新的赛事的举办会遇到许多以前未发现的风险，而停止举办以回避风险。回避风险是一种消极的手段，因为现代体育赛事中广泛存在着各种风险，要完全回避是不可能的。

（2）风险分离：这是常用的一种风险控制对策，它主要是将赛事的整体与局部的风险因

---

① 克里斯·查普曼，等. 项目风险管理［M］. 李兆玉，等，译. 北京：电子工业出版社，2003.

素分离开，而不是将其集中于都可能遭受损失的统一部位。例如，在门票销售中，根据市场需求合理分配各个价位的门票数量，减少损失，而不至于某一价位的门票过多或供不应求而增加损失。

（3）风险分散：它与风险分离类似，但是分散主要是通过加大体育赛事的知名度、增大体育赛事的规模，从而来增强其抵御风险的能力。

（4）风险损失控制：是指通过事先控制或应急方案使风险不发生或一旦发生后使损失额减到最小或尽量挽回损失。损失控制方案分为三种：预控风险、应急方案和挽救方案。

（5）风险控制下的转移：它主要包括两个方面，一是将具有风险的财产或活动转移。例如，某项目的总承包商担心其某一子项目会超过投标时的预算，则分包给下一级承包商来转移风险。二是通过合同将风险转嫁他人。风险控制下的转移除了可以转移财产风险和人身风险外，还可以转移责任风险。

（二）风险自留

风险自留是一种风险的财务对策，即由赛事主办者自身承担风险。因为这种承担方式主要是由主办单位的风险自留基金来保障，所以将它归结为财务对策。风险自留分为主动自留和被动自留。

（三）风险转移

风险转移包括有偿风险转移和无偿风险转移两类。

五、体育赛事风险管理的主要内容

（一）注册制证

注册制证是安全和信息沟通运作任务结合的一个领域，制证在赛事中地位重要，有提供出入指定区域的许可、提供身份证明、提供准入标记、协助赛事交通的作用，没有制证就无法控制人群和进行有效的沟通。通行证件包括：持证人姓名、相片、签名、代码字母（例如，新闻、VIP、志愿者、运动员、教练员、技术工作人员、医疗工作人员、行政人员等）、代码数字和赛事通行范围记号（VIP礼遇区、运动员村、媒体中心、竞赛区、存物房、票房、仓库、所有赛事或特殊事件）、使用期或专门使用的期限、国家来源。

（二）交通运输

交通运输是运动员及时到达赛场、工作人员准时到达工作地点和观众准确、方便地到达赛场观看比赛的重要保证，运输系统应当包括专用运输系统和公共运输系统。例如，悉尼奥运会运输计划的成功主要归功于在降低通常交通流量的同时增加奥运会交通量的规定的制定。对于未来奥运会，降低私人运输量是一种积极的战略。提前两年利用公共活动和情况通告来告知公众和商家奥运会期间的运输政策。除此之外，对于厌恶乘坐公共交通工具者制定了严格的措施，例如，如果占用奥运会专用线，汽车会被拖走并罚款。

（三）安全保卫

安全保卫分为针对赛事参与体的保卫，VIP 贵宾保卫，场地设备保卫，防火、交通和人群控制。现在赛事安全保卫工作出现的趋势是资金投入增大，1996 年亚特兰大奥运会举办期间，新闻中心旁的奥林匹克公园发生了爆炸事件，导致两人死亡，110 多人受伤。此后，奥运会的安保经费持续大幅增加，2000 年悉尼奥运会的安保经费达到了 2.24 亿美元。2002 年，美国盐湖城冬季奥运会的规模虽然比夏季奥运会小，但由于受"9·11"恐怖袭击的影响，安保经费也猛增至 3 亿美元。2004 年，雅典奥运会的安保经费预算则高达 6.35 亿美元。北京奥组委则表示 2008 年北京奥运会将把安保的经费大幅增加至 9 亿美元，远超历届奥运会。

（四）医疗卫生

医疗卫生是对参加赛事的所有参与个人的风险管理，比赛场地的医务是运动员比赛的保证，一些简单的受伤情况可以得到护理，从而保证比赛的顺利进行和赛事的进程流畅。医务往往与竞赛兴奋剂检测联系在一起。

此外，对所有工作人员及各个代表团全体成员的饮食卫生的管理也是体育赛事正常举办的重要保证。

（五）合同、保险

保险不但能够承受安全问题，而且是赛事财政不受损失的保障。即使是最为完善的风险管理计划也无法保证没有事故和伤害的发生，对此，设立保险是一个转移事故财政风险给第三方的有效办法，国外在这个领域已经非常细化。例如，一些在赛前收取了赞助商资金和参与者注册费的室外赛事可能由于天气原因而被取消，此时赛事要退还整个收入的这一部分，但赛事组织者明显已经在赛事准备阶段花费了金钱，会造成损失，而购买保险就能够帮助抵消一些这样的损失，因此，大多数赛事会要求推广者、赞助商或组织者保持一个最低限度水平的保险。

赛事保险金种类

◎ 综合普遍义务保险——提供保护抵抗火灾、偷窃和受伤。
◎ 取消或者突变保险——提供保护以抵抗赛事的取消。
◎ 奖金补偿保险——保护赞助商抵御比赛奖金的损失。
◎ 参与者事故保险——提供保护以抵抗死亡事故。

（六）应急程序与措施

在体育赛事的举办过程中有可能会遇到一系列的突发事件，例如，蓄意破坏、人员变

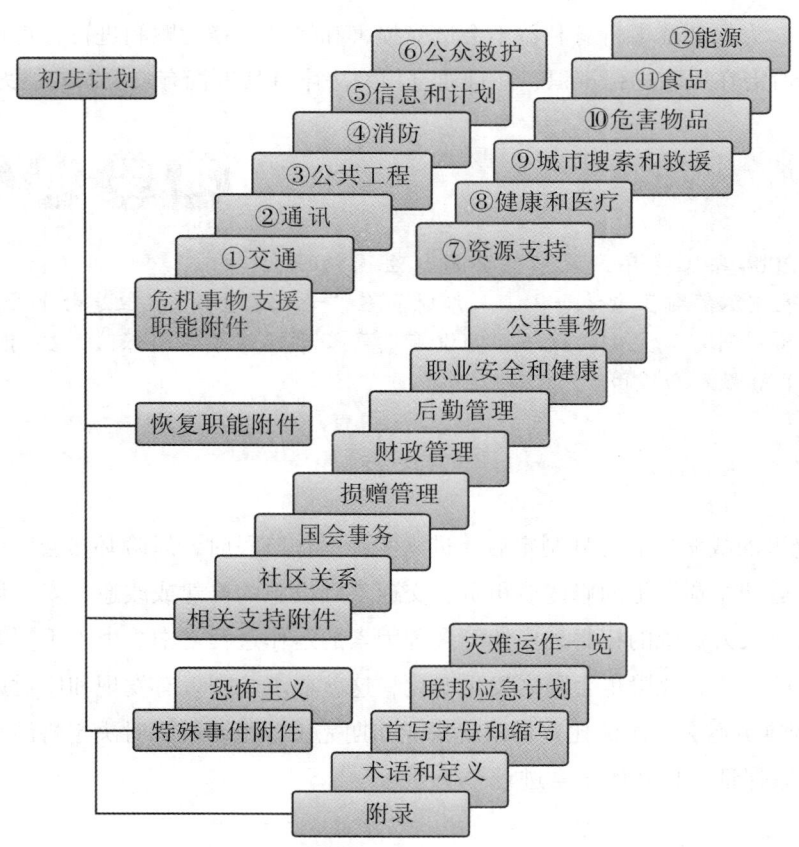

图 11-3　美国联邦应急计划（FRP）构成示意图

动、恐怖活动、疾病传播和自然灾害等，体育赛事的主办组织必须对一切可能发生的突发事件作出预测并针对每一项突发事件安排相应的人员进行监控，在发生后能在最短的时间内作出反应，并对其进行处理，使其所造成的损失减到最小。对突发事件作出应对的最好措施就是事先建立完善的应急组织机构和完备的计划，美国联邦应急计划就值得体育赛事组织者借鉴（图11-3）。

六、体育赛事风险管理的法律意识

在风险管理理论中，通过相关法律进行风险转移是风险控制的一个重要手段，因此，在体育赛事管理过程中，法律意识的强弱在相当大的程度上决定了体育赛事的成功与否。

国外学者普遍认为，体育赛事在本质上都是以追求利润最大化为根本目的，是围绕体育竞赛这一核心产品展开的经营活动。在运作过程中，由于体育竞赛产品受到自身所具有的"无形性、一次性、不可预测性、生产和消费的同时性、延伸性和增值性、同一竞赛产品质量批判的差异性"[①]的特性的制约以及运作外部环境、内部环境变化的影响，赛事管理过程中必然存在风险。为保证赛事自身利益不会遭受损害和体育竞赛的顺利进行，现代体育赛事管理者必须具备对潜在风险进行辨识，并且通过相关法律对其进行有效控制的能力。

2004年上半年，北京某公司与法国特技飞行表演队签订了表演合同，表演时间在"十一黄金周"，但是由于管理者没有预测到天气变化的风险，而没有购买赛事延误或取消保险，公司亏损了近800万元人民币。

在体育赛事的战略发展计划制定后，进入实际操作阶段时，风险必然会广泛存在于赞助资金的获得、运动竞赛设施的修建或租赁、交通基础设施的修建或改造、安全设施的修建和设备的购买以及人力资源的招聘和雇佣等多种因素的运作过程之中。由于不同赛事的实际情况和外部环境的变化，风险也会随之发生变化，这就要求管理者有发现和应对风险变化的能力。2004年雅典奥运会，游泳比赛场馆就未能如期完工，组委会临时决定将游泳馆布置为露天形式的场馆，保证了比赛的正常进行。

---

① Stedman, Graham. The Ultimate Guide To Sport Event Management And Marketing[M]. New York: MCGraw-Hill, 2001.

此外，由于国际恐怖主义因素的存在和体育竞赛所独有的对抗性特征，体育赛事管理者还必须能对体育赛事运作过程中一些突发事件。例如，运动员的人身安全、参与者的人身安全及赞助商的利益遭受损害等作出预见，并且根据相关法律法规及早制定好应急程序和措施，以确保体育竞赛的顺利进行。近几年，由于对知识产权的重视和加大了对体育赛事的无形产品的开发和利用，对赛事标志的使用权、运动员的肖像权以及特许商品的销售权等的保护也应当纳入考虑之列。

（一）运动员人身安全的法律意识

自从网球运动员塞莱斯和奥运会滑冰选手克里根遭袭击后，运动员的人身安全成为体育比赛管理工作中的重大问题。运动员是保证体育赛事正常进行的必要因素，同时，由于体育竞赛又具有激烈的对抗性以及现场观众的复杂性，运动员随时都有可能会遇到受伤等人身安全上的风险，因此，体育赛事的主办者要想成功地举办体育赛事，必须具有保护运动员人身安全的法律意识。例如，从运动员更衣室到比赛场地，再到新闻中心，运动员有可能经过的所有路线和地点都应该仔细检查，防止安全问题的发生。

（二）参与者人身安全的法律意识

这里的参与者主要是指观众。观看比赛的观众由于来自不同的地区或者国家，他们有不同的文化背景，有自己喜爱的球队，当自己喜爱的球队失利时就有可能会情绪失控，这就有可能给其他观众带来伤害。此外，类似于足球世界杯、奥运会等大型赛事，来自世界各地的观众数量巨大，由于各种不稳定因素的存在，例如，种族歧视、恐怖主义等，观众随时都有人身安全方面的风险。因此，体育赛事的举办者要想保持体育赛事的正面影响，就必须具有保证参与者人身安全的法律意识。

（三）组织者人身安全的法律意识

从体育赛事的申办到结束的过程中，赛事的组织者是赛事的运作主体，他们与运动员、观众同样重要，没有他们，体育赛事就不可能正常运作，因此，赛事组织者人身安全方面的风险应当被重点考虑。通过加强住宿地点、工作场所及其外出途中的安全保卫工作来降低赛事组织者在人身安全方面的风险，是一种非常必要和有效的手段。

（四）赞助商自身利益的法律意识

赞助商对体育赛事的赞助是体育赛事获得资金或者物质资助的一个主要渠道，赞助商对体育赛事给予赞助的主要目的就是要通过体育赛事来对其品牌进行宣传和推广，最终获得一定的经济效益。体育赛事的主办组织对赞助商利益的法律意识是达到"双赢"的重要保证。

七、体育赛事的法律合同

在体育赛事的风险管理过程中,各个层次的风险控制和风险分配是通过签订相互关联的合同来实现的,通过法律合同来明确当事人双方的责任、权利和义务是体育赛事风险管理中一种行之有效的方法。与其他组织签订的外部合同和分包合同只是这种做法的延伸。其中主要包括:承办者与主办者之间的法律合同、承办者与赞助商之间的法律合同、承办者与代理商之间的法律合同、承办者与参与者之间的法律合同、知识产权与文化遗产方面的法律合同。

附

独家赞助合同样本

以下将确认由[名称](简称"公司")和ⅩⅩⅩ产品(简称"承包者")之间就所界定的与公司产品相关的[名称](简称"赛事")服务而达成的协议:

1. 公司将是预定[日期]赛事的独家赞助者。该公司不受限制,任何其他的一方都不能被列为该赛的赞助者或推荐者。

2. 作为对所授予的权力和服务的报酬,公司将付给承包者总额为[数字]的报酬,分三期付清[具体日期]。

3. 在上述赛事中,公司每一场比赛会得到75张免费门票。这些门票应是处于高价票区的好座位。此外,公司有权以票面价值购买每个赛场不超过门票总数10%的高价票区的好座位,且可在尽可能早的日期购买。

4. 报经公司同意后,承包者应开发该赛事的正式标志和识别用语。在正式标志和识别用语中提及公司(处于首位)、赛事和ⅩⅩⅩ产品(如"公司推出ⅩⅩⅩ产品")。所说的标志和识别用语应出现在与赛事相关的各种促销和广告用语中,这些用语由公司或宣布赛事的承包者通过各种传媒手段(如杂志、广播、电视、销售点)来散布宣传。但这不意味着公司有责任广告宣传或促销该赛事,这可理解为公司在其愿意的情况下可这么做,也可不做。

5. 公司对赛事的赞助应突出展示与赛事相关的各个方面,包括但不限于以下内容:门票、入场券、传单、充气物、室内外比赛场地广告、赛场帐篷、信笺、新闻发布会、舞台(幕)和秩序册封面上的赞助介绍。这种赞助形式应得到公司和承包者的一致同意。公司还应在秩序册封底内侧得到一整版的广告。公司将负责提供:带有公司名字和公司产品标志或涉及可在赛场醒目展示的旗子、宣传画和其他双方认为有必要或希望出现在T恤衫背面和出现在出售的服装上的物品(附在服装上的赞助介绍的方式和位置应由承包者决定,并得到公司的认可)。但如果承包者认可,最多可有25%的此类T恤衫和其他出售服装不需包括赞助标记。公司在Ｔ恤衫和服装上的赞助标记最小直径是2.54厘米，并与ＸＸＸ产品的标志具有可比性，承包者将尽自己最大努力满足公司对这种赞助标记的合理要求。所有这些公司的赞助标记将以承包者和公司都满意的方式提及ＸＸＸ产品。在承包者、赛事方或各自的代理或执照持有者同意的情况下，正式标志和／或识别用语应包含在出售的海报上。

公司产品是能在比赛场馆销售区提供的唯一产品。合同期内，公司竞争对手的任何产品不得在赛场公开出售。

6. 承包者将尽自己最大努力给公司提供独家的赛场标记，在公司遵守每个赛场的规则、规定并履行合同责任的前提下，允许公司在所有赛场出售或分发其产品。

7. 承包者将在或大约在［日期］举办有关赛事的新闻发布会，除非公司同意，唯一提及公司的将是公司对赛事的赞助。

8. 公司将有权提供单独的海报、Ｔ恤衫和可出售给公众且获得收入的商品。这些物品以一个或多个公司产品的特点、赛事名称和照片为特写，但要事先得到承包者在质量、适宜性、设计和消费价值等方面的审核。公司要认识到承包者和赛事方将有权开发与赛事相关联的商品权。公司的报酬项目会以某种方式在设计上不同于那些承包者利用其商品权而提供的项目，这样可缩小公司和承包者各自项目的直接竞争。海报和其他物品在免费或自己结算的基础上提供。

9. 如果承包者的特许商品在质量、适宜性、设计和消费价格等方面是公司可以接受的，公司将尽自己最大努力在合同期内向公众促销这些物品。公司将尽自己最大努力帮助承包者开发符合公司合理标准的特许商品项目。承包者将偿付公司因其特许商品而欠下的任何债务。公司同样也偿付承包者和赛事方因公司提出的报酬商品而欠下的债务，但不包括由承包者提供的有关物质的生产债务。

10. 赛事方授予公司在合同期内使用其名称和相关物品从事公司产品的广告与促销的权利，这些活动应遵循以下条款和条件：

（1）赛事方将能投入工作，在预生产中进行协商合作。赛事方将为公司提供连续5个整天的服务，预定在［月份］的第一个星期，生产并记录广告和促销材料。所有这些工作日将是双方同意的时间。

（2）根据本条第（1）款规定所提供服务获得的结果为，公司可以制作两个带有两个地方电视标签的电视商品和两个带有两个当地广播标签的广播商品、两个印刷广告设计、两个户外公告板广告和1个销售点设计。上述制作从［年］1月1日到［年］12月31日期间使用。可单独使用，也可与赛事方一起使用来促销公司产品。印刷广告、户外广告牌和销售点可根据大小做适当修改和其他较小的改动，但所做的改动不能改变广告的基本概念。

（3）以上制作的商业材料可从［年］1月1日至［年］12月31日在美国、加拿大、墨西哥内使用。

（4）赛事方在合同期内既不赞同也不促进为其他任何产品或服务进行促销、宣传与广告，也不给予与此有关的任何冠名权或肖像权。

11. 本合同的条款从承包者、赛事方和公司实施之日起正式开始，并持续到［日期］。

12. 对可比较的电视材料，无论是免费的、付款的还是有线电视，公司将被给予对赛事方进行特别报道的优先协商权和优先拒绝权，在协商期内对赛事方进行大量的拍摄、录音，而拒绝权将不适宜于那些在合同有效期前制造、录音或拍摄的资料。

13. 所有的商标、照片、幻灯片及类似产品都是赛事方的专有财产，应在合同终止时马上归还，但是公司提供的基本音乐和歌词将归公司所有。另外，随着合同的到期或终止，公司、承包者、赛事方不能再使用正式标志，但承包者或赛事方可以使用没有公司或公司产品信息的正式标志。

14. 根据通常对此类规模赛事的保险安排，承包者和赛事方应保证整个合同期间的比赛安全，并就保险的种类和覆盖人数达成一致。应公司的要求，该政策可能把公司列为附加保险户。如果公司被列，它将承担一定比例的保险费用。

15. 如果承包者因娱乐业通常认定的人力不可抗拒的事故而不能履行合同，承包者或公司应根据对此类事件的行业规定暂停或终止合同，保证承包者将无需退还预付金或借贷。双方应诚恳地协商关于人力无法抗拒事故的详细条款。

16. 公司、承包者和赛事方同意就合同的条件与条款保密，不向任何其他方公开。协议特别指出的例外。

17. 公司不对承包者为确保合同获得而雇佣的代理人承担任何责任，所有的责任均由承包者一方承担。同样，公司也只是负责给其代理人相应的授权。

18. 公司有权举办与赛事有关的招待会和其他的社会活动来取悦客户、零售商、竞赛获胜者等。赛事方将有责任参加这些招待会。

19. 赛事方、承包者、公司保证并体现出其有权利和权威执行合同，其行为不会与其他任何一方发生冲突。承包者和赛事方同意相互合作，并各自根据合同承担其责任。

本合同对所涉及的各方具有充分的约束力。合同要等赛事方正式通过后方可生效。批准必须在所列出的各方签订本合同后的7天内进行。本合同将由双方签订的更详尽的合同作为补充。补充合同通常包含协议中应有的附加条款和条件（如获得人身保险、赔偿、行为条款、商标保护、合理关注与治疗保障等的权利）。所有这些内容都应真诚地协商。在更详尽的合同实施前，此合同在赛事方认可后将继续有效。

本合同由以下签名为证。

承包者：_____ 日期：_____

赛事方：_____ 日期：_____

资料来源：Courtesy Ron Bergin, Sponsorship Principles and Practices.

复习思考题

1. 体育赛事风险的分类有哪些？
2. 如何识别体育赛事风险？
3. 体育赛事风险处理对策有哪些？
4. 简述体育赛事风险评价准则的内容。
5. 简述体育赛事风险管理的主要内容。

第十二章　我国体育赛事运作现状研究

我国体育赛事种类繁多，资源丰富。有全国运动会、全国体育大会、全国城市运动会、全国大学生运动会及各省的省运会等综合性赛事，还有单项的篮球、足球等职业联赛赛事。目前，在我国开展的运动项目约有96项（其中奥运项目28项）。根据国家体育总局《2003年全国体育竞赛招标计划》提供的信息，2003年，国家体育总局及其所属各运动项目管理中心计划举办的全国性体育比赛及在我国举办的国际性赛事共902项次，其中全国性比赛673项次，在国内举办的国际性赛事229项次，这些还不包括部分已签订了长期协议的比赛。

承办单位根据规定的程序履行申办手续。以全国运动会为例，国家体育总局根据申办单位的情况，在检查审核的基础上，征求全国各参赛单位的意见，进行综合平衡后初步确定承办单位，报国务院批准，并由国家体育总局与承办单位签订"委托承办协议书"，明确双方的权利、义务。

体育赛事营销的主体和方法，《2003年全国体育竞赛招标计划》内容规定：各企业、中介及社会团体可参加比赛广告权的招标，各级体育行政部门可参加比赛承办权及广告权的招标。在方法上，将各项比赛的承办权和广告权分离，由国家体育总局和有关运动项目管理中心确定赛事的赞助和举办地点；对于不能确定广告权的比赛，由主办单位同承办单位协商安排有关事项。

从《2003年全国体育竞赛招标计划》针对各项比赛的广告权、承办权进行招标所反映的赛事市场化趋势来看，我国体育赛事要加强市场化运作。

一、我国体育赛事运作主体及赛事工作规范

我国体育赛事与竞赛体制和竞赛制度关系密切，竞赛体制和竞赛制度决定具体赛事的参与对象，特别是赛事的运作主体问题。

1. 体育赛事运作主体

我国的运动竞赛组织体制是政府领导下的一种条块结合的管理体制，其特征是以体委（体育局）管理为主，发挥体育总会（单项体育协会），行业协会等社会体育组织的辅导管理作用。运动竞赛组织实行分级比赛，分级管理的综合型管理体制。这种管理体制决定了我国绝大部分体育赛事的运作主体是国家体育总局，各级体育行政部门具体承办体育赛事。我国竞赛体制决定了赛事运作的主体。这种格局安排对于赛事运作很重要，谁是赛事主体直接影

响赛事运作的管理领域和管理行为。

随着赛事的市场化,在综合性运动会的市场营销领域里,赛事主体有了体育代理机构的加入,例如,中体产业股份有限公司介入第十届全国运动会的市场开发,与江苏省体育局共同运作十运会赛事营销。

我国现行运动竞赛组织体制的优点和缺点

优点:政令统一,易于形成与发挥"举国体制"的优势;指挥便利,便于集中领导、分级管理;统筹全局,能够有效利用各种有限资源。

缺点:组织体制内的各层次、各部门缺乏自主性和独立性;没有充分发挥体育社会组织的作用;体制的灵活性和敏锐性较差。

2. 体育赛事工作规范

运动竞赛制度是国家为了协调并统一管理全国的运动竞赛,提高运动竞赛的计划性和有效性而制定的法规性文件。目的在于全面安排和调控运动竞赛,使之有系统、有计划、有目的地进行。它将各类竞赛按性质分为综合性运动会、行业(系统)运动会及各类单项运动竞赛等,并对各项竞赛实行分类管理,突出重点,对全国性各种竞赛实行统一的指导方针,是国家宏观管理竞赛活动的依据。我国现行运动竞赛制度除了一般制度所具有的约束力、强制力等特点外,从运动竞赛管理的角度看,还具有以下特点:目的性、针对性(突出奥运战略,协调群众体育和竞技体育的发展,分级比赛、分类管理,国情、体育本身的发展情况等)、以社会效益为主。

运动竞赛制度对国内赛事运作的活动内容和规范都有规定,是赛事运作的指导条例,例如,1998年发布的《中华人民共和国综合性运动会组织工作实施办法(试行)》直接规范了国内赛事运作的管理行为。

3. 体育赛事工作的基本内容

(1)硬件准备:硬件准备包括体育场馆等体育设施在内的基本的物质基础准备,这是国家体育总局检查承办单位工作首先要落实的事情。例如,2002年四川绵阳第二届全国体育大会中,国家体育总局会同有关项目中心,连续两次赴赛地检查、落实比赛场地、场馆等设施的准备情况。

(2)软件准备:软件准备是指建立场馆的信息传递和网络系统。由于现在比赛的即时性和要求及时性很强,比赛成绩和比赛过程中运动员的表现都要依靠有效、快速的成绩信息传递系统传给需求方,范围广及全国,甚至全球。因此,软件的准备是赛事准确、顺利完成的基本条件之一。

(3)活件准备:活件准备赛事的关键因素是人,安保、交通等各个方面都不能脱节。活件准备表现在人员的培训上,这包括了对竞赛人员、甚至礼仪小姐的培训。

4. 体育赛事工作程序

包括制订综合运动会规程;成立组织机构,包括筹备委员会和相关服务机构;场馆、设备、器材的准备;报名、注册;竞赛编排;技术代表、技术官员的选派以及培训;成绩统计、公告;颁奖;竞赛服务工作,包括住宿、迎送、食品、卫生等。

我国体育赛事运作在今后相当长一段时间内,在运作主体和工作程序上仍然受到竞赛体制和竞赛制度的影响,即大多赛事要做什么,做成什么,谁来做以及怎样做主要由我国的竞赛体制和竞赛制度来决定。我国赛事与竞赛体制、制度关系见图12-1。

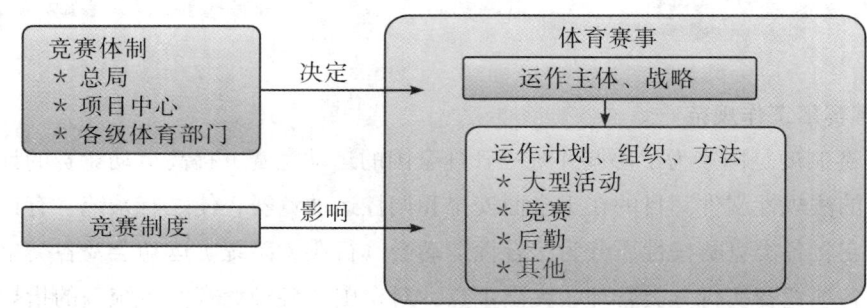

图12-1 我国体育赛事与竞赛体制、制度的关系

二、我国体育赛事运作现状

(一)我国体育赛事运作环境分析

体育赛事运作的外环境因素对赛事的运作有着极大的影响。例如,媒体、企业赞助商的行为直接影响着赛事的运作。目前,我国电视媒体没有像发达国家那样在赛事电视转播权的营销上给体育赛事组织带来极大收益的机会,暂时无法突破。中央电视台长期"一枝独秀",电视转播权的价格在一定时期内难以有大的攀升。尽管国家体育总局、各运动项目协会和许多地方性体育组织作了很大的努力,但体育赛事电视转播权开发困难较多,效益不十分明显,与国际相比差距较大。

为应付这种状况，国内体育赛事把市场营销的压力往往转移到赛事赞助上，但目前国内赞助商在对体育赛事赞助的认识和行为上普遍还未达到较高的程度，表现在企业对赛事的资金投入不够和带有短期行为等特点，与赛事运作者的合作渠道和方式不够畅通。虽然经纪人和中介机构的出现给我国体育赛事运作带来了一定的变化，经纪人或代理机构在职能上也在向赛事运作领域涉足，特别是赛事营销方面的代理，但目前经纪人或经纪代理机构在赛事运作职能的承担上还非常有限，加上不成熟行为的可能存在，它们与政府的角色作用比较起来相差很远。

社会环境中地区经济因素是限制赛事运作能否成功的重要因素。经济较好的地区在赞助和场馆等条件上要比经济相对落后地区要好，赛事运作具备较好的物质基础和经济基础。

（二）我国体育赛事管理者素质分析

虽然体育赛事在宏观上受竞赛制度和竞赛体制的影响而表现出运作形式上的一致，但在实际运作中，管理者是赛事管理活动中的决定因素。赛事管理者的素质直接影响赛事的完成。我们就赛事管理者应该具有的素质重要程度进行过问卷调查，结果见图12-2。

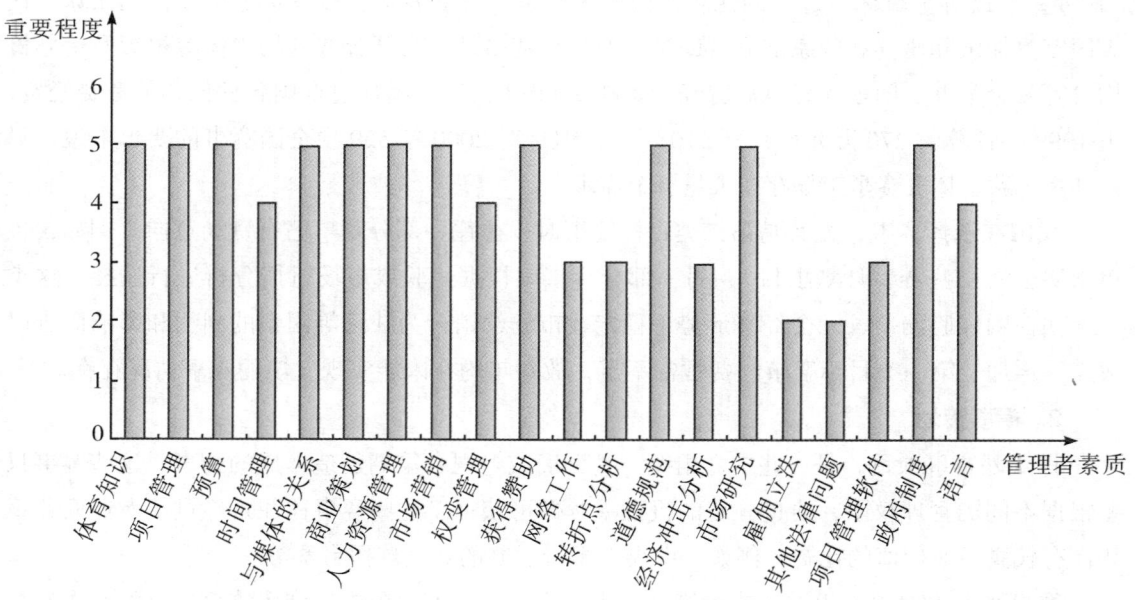

图12-2　管理者所需素质

可以看出，体育知识、项目管理、预算、与媒体的关系、商业策划、人力资源管理、市场营销、获得赞助、道德规范、政府政策法律知识等在管理者所需素质中处于重要的位置。随着对体育赛事事物认识的变化和体育赛事市场化，对赛事运作者自身的知识结构和能力等素质的要求会越来越高，有良好知识背景和能力素质的赛事管理者必然是赛事管理效率和效果的保证。

(三) 我国体育赛事运作管理过程分析

对照赛事运作模型，下面将对国内赛事选择、赛事策划、赛事组织以及沟通与协调进行分析。

1. 赛事选择

在我国境内举办的近千种体育赛事中，并非所有的赛事都有商业价值和赢利机会。在市场化趋势下，要举办赛事首先需要对赛事的市场价值进行基本判断，即进行赛事选择。赛事选择体现为赛事可行性研究，我国的竞赛体制决定了体育主管部门往往是赛事设立者，同时又是赛事重要的运作主体，所以，赛事选择体现在两方面：一是体育主管部门根据环境和计划判断是否设置某种赛事，二是赛事承办方根据对赛事的可行性研究而决定是否申办。

对于第一种情况，我国体育赛事通常表现为计划内赛事，体育主管部门依据两个目标制订计划，一是促进项目发展目标（例如，比赛按年龄划分为少年赛、青年赛、联赛、选拔赛等，以竞赛促进梯队的形成和高水平队伍的产生），二是丰富社会文化生活和筹集社会资金（例如，赞助等）目标。过去的比赛多由国家出资（含举办费、参赛费）举办，现在除了代表国家参加国际比赛和国家部分资助第一类目标赛事外，大部分赛事均为体育组织及承办机构自筹资金举办。国家体育总局曾经为备战2000年奥运会增加过全国各种比赛的竞赛经费，由1999年预算的270万元增长到570万元，但这对2000年559项全国赛事的要求来说，只是杯水车薪，体育赛事市场存在大量资金需求。

我国在选择赛事，尤其是第二类目标赛事时，往往一部分赛事已有赞助意向（例如，各单项协会的一些赛事计划项目）；另一部分赛事则根据经验或市场行情分析进行选择，这类赛事往往因经验偏差、社会经济形势不稳定或市场营销行为缺乏等因素的制约和影响而难以成立，再加上第一类目标赛事经费常常不足，故每年均有未能实现立项的赛事情况存在。

2. 赛事策划

计划外赛事项目，是一些中介组织、赞助商或电视台策划创造形成的赛事，这些赛事只要根据不同的管理权限，通过一定的报批手续即可获得。这些赛事往往是经过了专业商业策划而有较高商业价值的比赛，例如，中央电视台举办的乒乓球擂台赛等。

赛事承办方要申办由选择或者策划而来的赛事。目前，国内出现了体育赛事经纪人对赛事的运作，其表现在两方面：一是追求即时获利，直接从计划赛事内选择那些容易引起社会关注、具有广泛传播面的赛事进行运作；或者根据赞助商、电视台的需求，自行策划计划外赛事进行运作。二是追求长远效益，根据项目状况，扶植一些项目长期运作，项目常因市场开发不足而成本较低，但其前景利润可观，国际管理集团（IMG）对中国甲A篮球联赛的运作就是例证。另外，在"全民健身计划"实施中，引起媒体和赞助商关注的一些非奥运项目也是赛事运作的良好机会。

3. 赛事组织

由于管理学上存在不同形式和具有不同功能的组织以及赛事具有不同规模和要求，赛事的组织结构相应也会表现出不同。对于简单小规模赛事，设立一般简单组织结构就可以完成赛事运作任务；对于综合性运动会，根据国外奥运会等组织结构形式表现，采用职能型组织结构可以完成赛事运作任务；对于商业职业赛事，由于时间紧，人员少，采用签订合同，借助外界组织力量来完成赛事任务是常见的，这时的组织结构表现为一种网状结构，是针对商业赛事的一种非常有效的组织结构模式。当然，大型赛事运作公司对于一些比赛也会采取这种方式。例如，国际管理集团（IMG）在经纪中国篮球甲A赛事时，旗下的多个子公司和其他有关公司都是通过合同组成网状管理组织结构，实行对赛事的运作，但由于成员所属部门的不同，所以协调是一个问题。

我国对于综合性运动会的组织结构建设多采用职能组织结构形式。这种赛事组织结构能够将赛事运作任务分别委派到各有关组织部门中去，使赛事各个运作任务有明确的管理主角，见表12-1。

表 12-1 我国综合性运动会组织部门对赛事运作任务的分担情况

赛事运作任务	我国综合性运动会组织（以部门代表）
预算与财政	财务部、审计监察部
风险	安全保卫部
人力资源	人事部
后勤	场馆部
信息沟通	对外联络部、电子技术部
市场营销（赞助、公共关系、礼遇、销售、广告、集资筹款、媒体转播、销售规划）	新闻宣传部、集资部、行政接待部、大型活动部、广播电视委员会
竞赛	竞赛部、兴奋剂检查委员会（秘书处、编排记录处、颁奖处、场地器材处）
	竞赛委员会（下级）
	办公室、竞赛处、新闻宣传处、安全保卫处、行政处（宣传教育、行政接待、场地器材、食宿交通、安全保卫、集资、财务、医务）
评价	办公室

从以上比较中可以发现，综合性运动会组织部门的设置和任务分配是基本能够相对应的，说明我国综合性赛事的组织机构能够承担整个赛事的运作任务。

如果将悉尼奥运会赛事组织对任务管理的形式与我国对赛事任务管理的形式进行比较，会有一些不同之处：悉尼奥运会的赛事运作形式是在赛事筹备期间以赛事组织部门的内部工作管理为主，比赛期间发展到以赛场（场馆、场地）管理为主，比赛场馆接纳所有的不同竞赛项目，一个场馆可能会接纳几种竞赛项目的比赛。比赛期间赛事运作以一种横向和纵向交叉的管理形式进行，这是一种矩形组织管理形式，实质是由职能型管理组织结构向矩阵组织结构过渡，即单独委员会（场馆）负责所有项目的某项任务，其工作人员受一种双重链领导，在这种结构中，可以省掉一些任务的布置，从而防止重复和加强协调。其优势包括允许群体或者个人能够直接地承担和完成任务，促使群体之间的沟通和合作；局限性在于难于协调各职能人员的活动，以便按时、按预算完成任务。

目前，在我国没有上述管理形式。例如，在第21届世界大学生运动会中，体操、篮球、手球项目都需要在首都体育馆进行比赛，其运作形式是每一个项目委员会在举行比赛时，都需要带领一套人员负责赛场布置，场地后勤，安全保卫，颁奖等工作，这就造成了某种程度上人员、物资和资金因为重复而造成的浪费。这对今后赛事运作提出了学习别人先进经验的要求，赛事要与国际接轨。

4. 沟通和协调

我国大型综合性体育赛事组织部门之间的沟通是一个问题，体现在赛事筹备期各部门缺乏信息沟通和缺乏赛事管理者造成协调不够，浪费人力、财力和物力。第21届世界大学生运动会上，负责外事礼宾接待的部门与竞赛注册部门相互沟通不够，对于实际参赛的运动员人数无法确切掌握，影响双方管理效率。如果注意到注册是赛事很重要的一个环节，外事礼宾部门与竞赛部互相沟通，就可以明确运动员人数，从而使竞赛编排顺利按时进行，使整个赛事各部门工作能够围绕竞赛活动而展开，并方便门票销售、电视转播安排和后勤工作的开展。沟通与协调是所有规模赛事的管理活动部分，必须重视。

（四）我国体育赛事运作任务分析

赛事营销是一个较新的事物，而且有许多新的变化，竞赛存在着如何举办国际大型赛事的管理问题。因此，集中对我国赛事营销领域和竞赛管理领域进行分析显得更有必要。

1. 体育赛事营销

对于体育赛事的资金来源和方式，国内有全额拨款，差额拨款，承办自筹等；国外有国际单项体育组织拨款，国际单项体育组织拨款与自筹结合，承办自筹，寻求赞助。可以看出，我国赛事资金来源呈现社会化趋势，即赛事次数的增多、规模的扩大要求资金投入增大，而我国财政承担能力又无法与需求的水平保持同步，在这种情况下，实行赛事资金来源社会化，充分调动国家、社会的积极性，使其共同分担赛事资金是一个方法，更是一个趋势。

第九届全运会的赛事营销

在2001年结束的第九届全运会上,赛事营销扮演了一个重要的角色,给运动会提供了大量资金。此次运动会营销涉及专有权、广告、门票、转播权、社会捐赠、体育彩票、文体活动、旅游接待等8项下级层次任务领域,重点放在开发无形资产上,包括:会徽、吉祥物、名称的使用许可;专用产品、选用产品、比赛项目的冠名、冠杯;纪念币、纪念邮品、IC卡,同时,采取发行彩票的办法来筹集部分资金。相比第八届全运会,九运会营销创下了可观的收入(表12-2),并且,九运会赛事营销的管理从过去直接由政府机构操作转变成为由政府管理,企业(粤兴公司)负责市场营销,这是我国赛事运作营销领域发生的一个显著变化。

表12-2　第九届全运会与第八届全运会无形资产营销收入对比表　　单位:元人民币

营销项目	第八届全运会	第九届全运会	对比
广告专有权收入	123 088 184	106 443 400	−13.5%
捐赠收入	12 048 711	46 820 000	+288.59%
其他收入	32 870 411	76 280 300	+132.06%
集资总收入	168 007 306	229 543 700	+36.6%

我国赛事营销的焦点主要集中在电视媒体转播上,我国已经认识到电视转播的重要性。1999年,中国奥委会专门成立"体育赛事电视转播权营销研究指导委员会"进行体育赛事电视转播权开发的研究和指导就是例证。

重要赛事如果没有电视转播,其推广效果将大受影响,电视转播的范围会直接影响赛事吸引赞助商的程度。例如,2000年全国体育大会就因未能获得中央电视台的直播而导致总冠名权赞助落空。我国电视转播体育赛事起步较晚,与国际相比差距较大,1990年北京亚运会才首次销售大型赛事电视转播权,随后我国开展了"电视转播与商业化"的讨论。1993年,原国家体委计划成立"中国体育电视台"为转播赛事服务,由于受国家政策限制,最后没能实现,却促进了中央电视台体育频道的成立。

近年来,体育赛事转播权开发取得了新进展,表现在电视转播权销售和操作方法上有了进步。中央电视台1994年与中国足协签订了《1994—1998年甲A电视转播合同》,首次用广告时段对电视转播权给予偿付，即中央电视台每转播一场比赛，就给中国足协 2 分钟广告时段。此后，我国整个职业联赛出现了电视转播新局面，一些地方足球俱乐部也开始了面向地方电视台的销售尝试。由于体育部门销售广告的能力有限，同时中介公司与电视台广告部门工作上不够协调，赛事组织从电视转播中获取的营销收益并不大。中国足协 1998 年从中央电视台获得的广告时段年收入只有 50 万元，只相当于中央电视台转播一场甲 A 比赛获取的广告收入，在这种情况下，围绕电视转播权销售问题曾引起争论。后来，足球甲 A 联赛的电视转播权营销采用了分割销售操作方法，即根据媒体的不同性质（有线转播权、无线转播权和卫视转播权）和不同地域（全国性转播权和地方性转播权）进行分别销售。全国性转播权被中央电视台和中国教育电视台购买，卫视转播权被香港卫视购买，地方有线、无线转播权被各地方俱乐部协议销售。这种办法极大地提高了转播营销效果，仅上海地方销售的协议金额就高达 150 万元人民币。到 1996 年，出现了以"乒乓球电视擂台赛"为代表的一种电视转播操作新方法，该项赛事由中国乒协与中央电视台双方投入各自的资源，赛后共享效益，此项赛事深受社会欢迎，体育组织和电视台友好合作，双双受益。之后，又出现了按国际大赛通行的电视媒体买断转播权，同时又销售给其他电视台并广泛吸纳赞助的操作方法，效果显著。1999 年，四川电视台在"羽毛球电视擂台赛"上获得了四川沱牌曲酒 80 万元赞助，同时，又将其买断的转播权以 10 万元的价格分别卖给国内 11 家电视台，创造出 12 家电视台联播的局面。四川电视台还向另外十几家电视台出售场地证（每家 1 万元，中央电视台为组委会代交）。四川电视台不仅进行了实况转播，还获得了 100 多万元人民币的收入。电视台的介入和取得的营销效益，使我国在赛事转播权的营销理念上发生了巨大的变化。

我国电视转播权营销的困难之处在于媒体的垄断行为。随着中体产业股份有限公司和中国教育电视台于 1998 年合作成立的"中体影视有限公司"的出现，打破了"电视垄断"的局面，形成大型赛事转播竞争的格局，促进我国赛事电视转播权销售，促进赞助和推广营销理念和手段的成熟将为期不远。

赛事营销还存在一个观念更新上的需要，传统上认为营销就是简单的广告、赞助，没有从赛事服务无形产品消费的角度去看待赛事营销是赛事必然的任务。在这种观念下，就会认为赛事营销可有可无。要找资金，要赢利就会有营销，完全忽视服务观众会导致对赛事的礼遇、公共关系认识不足。局部地看待问题必然会引起片面地承担和完成任务。

2. 体育赛事的竞赛管理

我国从事体育赛事的竞赛管理人员人数众多，国家体育总局及其各项目管理中心，各省、市及其下一级体育行政管理部门都有负责和从事体育运动竞赛的人员，而且都有各自的工作经验，特别集中在项目的专项竞赛管理上。随着许多国际大型运动会，包括 2008 年奥运会在中国的举行，与国际综合性体育组织或是单项体育组织如何进行竞赛管理交流无疑是一个重大挑战。竞赛管理主要是对竞赛管理规范的理解和执行,第 21 届世界大学生运动会在对篮球项目的管理上,突出的矛盾体现在竞赛规范行为上,例如,技术会议的举行、裁判员的派工和颁奖仪式的举行等,国际大体联和国际篮联都有一套大致规定的程序,并且国外运动队和裁判员都事先明知,这就要求我国应该在竞赛程序上与国际通行做法接轨。

三、我国体育赛事的运作模型

根据赛事运作模型和我国赛事运作现状,可以建立有中国特色的赛事运作模型。我国赛事模型表现为:赛事启动(选择、可行性研究、申办、策划创造)、计划组织(项目方案的制订)、实施、赛事调控(评价)、赛事结束(图 12-3)。

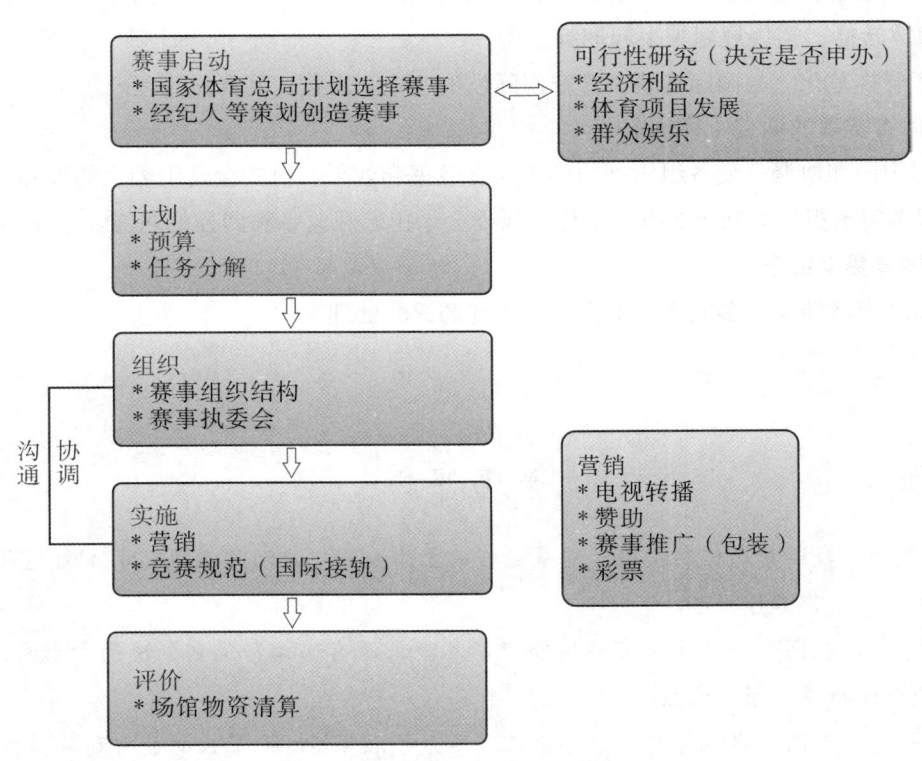

图 12-3 我国赛事运作模型示意图

1. 体育赛事的启动

在国家计划赛事中,计划者根据赛事的价值和目标选择设立赛事,承办单位根据可行性研究决定是否申办赛事;在计划外赛事领域,主要是商业性极强的职业赛事,由经纪单位或者是体育组织根据市场环境和项目价值策划创造出一些赛事,为此,要加快竞赛招标面向社会（尤其是省级以下的单位和行业）的步伐。

2. 体育赛事的计划组织

包括确定赛事工作范围，排定赛事工作顺序，制订可行的工作表和预算，报批计划（政府或体育行政管理组织）以及任务分解。同赛事运作模型的计划一样，任务分解仍集中在人力资源、后勤、营销、信息沟通、预算、风险管理、竞赛和评价方面。考虑到我国大型综合性赛事运作分解任务的完成有着成功经验，在市场化环境下，应该在计划中强调赛事营销开发的力度和服务观众意识的树立。

赛事组织的建立要考虑赛事规模和要求，制定相应的组织结构。在职能分配上尽量避免职能冲突和重叠。对于大型综合性运动会，悉尼奥运会的矩阵组织管理结构可以借鉴。

3. 体育赛事的实施

对大型综合性运动会进行综合营销，包括将赞助、公共关系、礼遇、销售、广告、集资筹款、媒体转播、销售规划等一起捆绑运作。

竞赛要规范化，与国际接轨，遵守国际惯例实施法制化、制度化管理。

4. 体育赛事的调控（评价）

加强沟通和协调，使各组织部门的工作有效率和效果。执委会是组委会的核心，相应的下级组织部门承担相关领域的有关工作，执委会承担宏观监督和调控的职能。

5. 体育赛事结束

赛事结束后涉及最多的清算工作就是比赛场馆的处理。

本 章 回 顾

◎ 我国竞赛体制决定了赛事运作的主体和赛事启动的来源，竞赛制度影响赛事运作工作程序。

◎ 我国赛事资金分布环境决定了赛事来源有选择和策划创造两种形式，并以选择赛事形式为主。

◎ 我国赛事运作中营销是热点，尽力寻求营销可能带来的最大利益，给营销创造自由的空间是我国大型综合性运动会的必然选择。电视转播权直接影响我国赛事营销水平，也影响赛事赞助的投入程度。彩票发行是我国赛事营销中一个非常有效的营销工具。

◎ 我国赛事运作中组织部门的设立、沟通与协调是我国赛事运作存在的薄弱环节。

◎ 我国赛事运作模型是在赛事运作基础之上的特色模型，表现为：赛事启动（选择、可行性研究、申办、策划创造）、计划组织（项目方案的制订）、实施、赛事调控（评价）、赛事结束。赛事启动分为国家体育总局计划选择赛事和经纪人等策划创造赛事，以国家体育总局计划选择赛事为主。可行性研究要综合考虑经济利益、体育项目发展和群众娱乐要求等因素，赛事执委会负责进行沟通和协调工作，竞赛需要与国际规范接轨。

作者观点

◎ 我国体育赛事运作研究尚处起步阶段，针对我国赛事运作现实状况和未来赛事要求，需进一步结合实际深入探讨我国赛事运作模型。

◎ 未来众多赛事运作中，如何学习西方先进经验，结合中国实际情况，丰富我国特色的赛事运作模型，需要不断探求。

◎ 根据我国赛事运作现状，在当前形式下，建议组建专门的国家赛事运作集团或公司，整合优势，集中力量锻炼运作大型赛事的能力，为2008年奥运会和国内其他赛事服务。

复习思考题

1. 我国体育赛事的运作现状如何？
2. 体育赛事管理者需要具备哪些素质？
3. 简述我国体育赛事运作管理过程。
4. 简述我国体育赛事的运作模型。

第三篇

实证分析

第十三章　汉城①奥运会

一、汉城奥运会概述

奥运会不仅是体育的盛会，也是展示主办国经济的大舞台。1964年东京奥运会让韩国人看到：奥运会的作用和影响波及国家的政治、经济、文化和民族自豪感等各个方面。韩国为了给全世界一个新形象，就让汉城申请主办1988年夏季奥运会。在韩国政府的大力支持下，第24届汉城奥运会成为一次极其成功的体坛盛典。韩国以此次奥运会为契机，跨入到新兴工业化国家的行列。当160多个国家的体育官员和运动员汇集韩国时，奥运会所造成的影响远远超过了韩国自己多年通过外交、新闻等手段所做的宣传，特别是全世界几十亿人通过电视看到了韩国的现实发展，韩国获得的精神收益是无法用金钱和数字来计算的。对于汉城来说，这届奥运会的意义更为重大，它充当了汉城与世界各国之间交往的桥梁。现代奥林匹克运动在这届奥运会得到了全面恢复。汉城奥运会充分体现了他们提出的"世界面向汉城，汉城走向世界"的口号。

（一）申办与筹备

韩国汉城于1979年10月8日正式宣布申办1988年第24届奥运会。申请主办本届奥运会的除了汉城外，还有英国的伦敦、希腊的雅典、比利时的布鲁塞尔、澳大利亚的墨尔本和日本的名古屋。为了使人们确信汉城的诚意，申办代表团提出了两个颇具说服力的理由：一是在朝鲜与韩国分裂的情况下，朝鲜半岛存在着随时可能爆发战争的危险，举办奥运会能缓解局势，维持和平；二是奥运会不是发达国家的专利，奥林匹克的根本精神是和平，只要有能力展示这一主题和理想，发展中国家也应该举办奥运会。1981年11月1日，国际奥委会在德意志民主共和国巴登市召开的第84届国际奥委会会议上，以52票对27票的投票结果使汉城取得了第24届奥运会的主办权，汉城成为继东京之后第二个主办奥运会的亚洲城市。

与此同时，汉城于1981年11月1日成立奥运会筹委会，集全国各有关部门，包括工商、企业、建筑、文教、艺术、传播等优秀人才于一身，积极开展各项筹备工作。当时，韩国政府不顾背负高额外债的压力，拨款9亿美元资助奥运会的筹备工作，将其中的55%用于

---

① 韩国首都汉城，今已改名为首尔。这里仍沿用当时的称谓——汉城奥运会。

竞赛场地、奥运村、记者村以及新闻中心等硬件设施的建设；将45%用于美化市容、修建奥林匹克公园、改善医疗服务、提高接待质量、搞好宣传报道等软件建设。

(二)项目设置及参赛情况

第24届汉城奥运会进行了23个大项237个小项的比赛。23个大项为：射箭、田径、篮球、拳击、皮划艇、马术、击剑、足球、体操、手球、曲棍球、柔道、现代五项、赛艇、射击、游泳、排球、举重、摔跤、帆船、自行车、网球和乒乓球。表演项目有在韩国流行的跆拳道、棒球、羽毛球和女子柔道等。另外，本届奥运会新增了乒乓球比赛，恢复了已中断64年的网球比赛项目，并允许网球、足球的职业运动员参赛，但足球职业运动员年龄限制在23岁以下。

本届奥运会共有159个国家和地区的8 465名运动员（其中女运动员2 186人，男运动员6 279人）。参赛运动员排前3位的国家是：美国（612人）、苏联（524人）和韩国（467人）。中国奥委会派出299名运动员参赛，居参赛国的第11位。首次参加奥运会的国家和地区有文莱（只有1名官员出席了开幕式）、马尔代夫、美属萨摩亚、圣文森特和格林纳达、阿鲁巴、瓦努阿图、关岛、库克群岛。其规模之大，胜过以往各届。

本届奥运会共打破64项奥运会纪录，其中有22项世界纪录。30项奥运会田径纪录被打破，其中世界纪录5项；23项奥运会游泳纪录被打破，其中世界纪录11项；3项奥运会举重总成绩纪录被打破，其中世界纪录3项；射击和射箭打破奥运会纪录与世界纪录各两项和1项。东道主韩国也获得了12枚金牌、10枚银牌和11枚铜牌，名列奖牌榜第四，取得了自我宣传和运动成绩双丰收。当加拿大短跑名将本·约翰逊在100米赛跑中以9″79的成绩震惊田坛，却被查出服用兴奋剂而被取消纪录，追回金牌时，这个事件成为本届奥运会最为轰动的丑闻。"约翰逊事件"使奥林匹克运动和世界体育界把兴奋剂问题提高到严重损害体育道德和违反奥林匹克精神的高度来对待。此外，在举重比赛中也有运动员被查出服用兴奋剂。

二、汉城奥运会的文化特征

(一)汉城奥运会会徽及吉祥物的设计

各个举办国都希望通过举办奥运会来向全世界展现国家风采、民族性格，汉城奥运会也不例外。本届奥运会会徽的设计充分体现了韩国传统文化的精髓，整个图案具有鲜明的朝鲜民族特色。会徽由蓝、红、黄3色呈旋涡状的条纹和象征奥林匹克的五色环组成，3种颜色代表天、地、人"三元一体"的哲学意义。动态的条纹意指生生不息的体育运动，旋转向上以示和谐进步。会徽中向内心的动态形式，比喻来自五大洲的选手走到一起，而外离心的动态形式则寓意通过奥林匹克的崇高精神，世界走向相互了解。另外，韩国人还选择了较具东方色彩的小老虎作为汉城奥运会的吉祥物，取名为 Hodori，中文名叫做"虎多里"。吉祥物的名字是从 2 295 个由公众提交的名字中挑选出来的。"Ho"来自于韩语的虎，而'Dori"是韩国人称呼小男孩常用的一种爱称。这个名叫"Hodori"的老虎被设计成为一只友善的动物，代表了韩国人热情好客的传统。在它脖子上挂着奥林匹克五环会徽，头上戴着一顶平坦的、朝鲜民族传统舞蹈中的"纱帽"，由帽子上旋转落下的飘带形成的"S"是本届奥运会举办地英文名称的第一个字母。

（二）汉城奥运会火炬的设计及传递

汉城奥运会筹委会对奥运圣火的图案设计更是煞费苦心，有 156 人参与，经过两年多的时间，才最终打造出颇具韩国特色的火炬。圣火棒以铜铝合金打造而成，形状呈漏斗状，上方碗状雕刻韩国传统图形，碗状下方则刻有汉城奥运会标志以及"1988 年汉城第 24 届奥运会"字样。握把部分为金属外包皮革，以免烫伤传递圣火的人员。

本届奥林匹克圣火于 1988 年 8 月 23 日在希腊奥林匹亚引燃，8 月 25 日由韩国专机从雅典运抵济洲岛，火炬接力途经釜山、大丘、仁川等 29 个城镇，总长 15 250 千米，历经 26 天，参与者多达 20 899 名。

（三）汉城奥运会开、闭幕式

1. 开幕式

汉城奥运会于 1988 年 9 月 17 日上午 10 时 30 分在汉城综合体育场拉开序幕。11 时整，象征 1988 年的 88 名号手吹响铜号，在嘹亮的奥林匹克乐曲声中，第 24 届奥运会开幕式正式启动。160 多个国家和地区的 8 000 余名运动员浩浩荡荡地进入奥林匹克体育场。当 77 岁的老人孙基祯手持奥运会圣火跑进汉城奥林匹克体育场时，他赢得了全场热烈的掌声。他把圣火交给 18 岁的田径女将林春爱，象征传承薪火的意义。林春爱又把圣火传交给 3 位运动员。他们站在汉城奥运会组委会精心打造的可以升降的圣火台基座上，圣火台缓缓上升，3 名运动员分别从 3 个方向点燃奥运会圣火，就此完成了奥运圣火的传递工作。这是奥运会首次由 3 人合力点燃圣火。节目表演中的假面舞、跆拳道、龙鼓以及表现农家丰收欢乐的草圈舞等，都具有朝鲜民族特色，而历届吉祥物及五大洲民间舞蹈和合唱代表着世界文化的融合交汇。最后，18 000 名表演者齐聚中心舞台，在 4 名韩国男女歌手的带领下，全场高唱汉城奥运会主题歌——《Hand In Hand（手拉手）》，深情、动人的歌声响彻四方，在观众中引起了强烈的反响与共鸣。

2. 闭幕式

当为期16天的比赛结束时,第24届奥运会也落下了帷幕。在10月2日的闭幕式上,汉城以"和平、和谐、进步"为口号,以发扬民族文化为目的,顺利完成了闭幕式的演出,给世人留下了深刻的印象。

三、汉城奥运会的经济特征

1988年汉城奥运会振奋了民族自强意识,提高了韩国在国际上的地位。经济学家在分析日本、韩国两国经济起飞的原因时,高度评价了奥运会对国民情绪的鼓舞和激发作用以及由此带来的经济景气,并称之为"奥林匹克"效应。举办奥运会受益的不仅仅是举办城市,而是整个国家。

在早期筹划时,为高效举办本次奥运会,汉城奥委会组委会决定充分利用现有场馆,对达不到标准的场馆进行全面翻修。经过精心计算,组委会决定建设16座新场馆,翻修利用原有的18座旧场馆,这种方式节约了大量经费。汉城组委会直接用于奥运会的投资约10亿美元。不过,韩国政府拨出20亿美元用于汉城的城市建设等非直接投资,大大改善了这座城市的基础设施。汉城也通过举办奥运会一举成为世界名都。主要的比赛项目集中在汉江两岸的综合体育中心和奥林匹克公园。各个场馆均采用现代化与标准化的设计,符合多功能场馆的要求。

此外,韩国为迎接奥运到来,自1981年后,投巨资整修市容。在1982—1986年的"绿化5年计划"中植树3 000万棵,大量修建花园、花坛;投巨资修复名胜古迹;在汉城投资31亿美元新建、扩建城市设施,其中仅新建饭店就有103家之多。另外,还解决了严重的环境污染问题。例如,在城市结构和布局方面做了调整,将奥运赛场周围的70多个大量排放烟尘的工厂迁到郊区。

(一)资金筹集

本届奥运会共计23 826亿韩元被用于奥运会项目上。政府补助12 854亿韩元(53.9%),其中6 052亿韩元来自中央政府,6 802亿韩元来自地方政府,奥运会组委会承担5 890亿韩元(24.7%),私人机构承担5 082亿韩元(21.3%)。筹集资金的方式如下:

1. 大量销售彩票

1983年4月—1988年奥运会召开前,发行了大量彩票,票面定额为500韩元。为了刺激人们购买,当局把头等奖奖金定得很高,二等奖至五等奖的中奖面很宽,中奖金额达发行金额的49%。据财政部门预计,在这5年期间,此项收入达959亿韩元。

住宅银行和奥林匹克支援事业团在各地建立了彩票销售网,汉城有集中的销售所,每个区都有销售点。

2. 出售电视转播权

电视转播权的出售是奥运会最重要的资金来源。汉城组委会原计划大会直接费用中的 51.3%，即 3 838 亿韩元靠电视转播费来支付，但由于缺乏经验，与美国的电视转播权谈判受挫，后来把电视转播权出售的目标金额下调到 2 240 亿韩元。

为进行电视转播权谈判，韩国从 1984 年就开始做准备，截至 1988 年 2 月 29 日，与汉城组委会签订电视转播权合同和协议书的国家或地区共有 140 个。电视转播费达 4.036 亿美元（约 3 220 亿韩元）。本届奥运会转播权费用的分配形式也做了部分改动：20% 给组委会，用以媒体转播的技术保证；余下部分由组委会分配，其中三分之二必须交给国际奥委会，然后由国际奥委会按 1984 年惯例将资金分成三份，用于奥林匹克运动的发展，其中 10% 用于比赛裁判、仲裁等官员的酬劳；10% 用于运动员的交通费。例如，汉城组委会按规定获得其中的 75%，即 3.08 亿美元（约 2 464 亿韩元），其余 25% 归国际奥委会所有。2 464 亿韩元电视转播费占大会所需直接经费的 34%。

3. 鼓励社会各界捐款

韩国政府为了鼓励社会名流与各行业成功人士捐款，决定授予他们为各体育项目名誉会长。此举使许多财团总裁慷慨解囊。这些资金主要用于提高运动员的待遇及改善运动员的训练条件。

与此同时，韩国当局还通过"爱国意识"的宣传，鼓励海外侨民捐款。仅旅居日本的韩国侨民就捐赠了 50 亿日元。

4. 发行纪念币

汉城奥组委决定在 1987—1988 年间向全世界发行 4 次纪念币，纪念币包括金币、银币、铜币和镍币。通过发行纪念币，筹集了 968 亿韩元。

生产 1988 年汉城奥运会纪念章也是一项重要收入。凡想制造汉城奥运会纪念章的企业必须与汉城组委会签订合同。起初组委会的目标金额是 521 亿韩元，后因销售量意外增大，所以又将原定目标上调到 834 亿韩元。到 1987 年年底，与组委会签订生产纪念章的厂家有 172 个，合同金额达 1 391 亿韩元，其中韩国的厂家有 100 个，合同金额达 740 亿韩元，占纪念章总合同金额的 53%。合同金额中还包括 7 700 万美元的外汇收入。

5. 赞助与广告费收入

汉城奥组委决定，从 1984 年 11 月开始，在汉城市内所有公共汽车和出租汽车上可以张贴以奥运会吉祥物为图案的广告，收入的一部分配给公共汽车公司和出租汽车公司，其余用于奥运会。在韩国，有 136 种名类繁多的产品，从牙膏、药品到压缩食品等，都获得了使用奥运吉祥物的官方许可。组委会从中获得了不菲的收入，预计广告费收入可达 294 亿韩元。

汉城奥运会组委会与作为正式供应商的 23 家公司、57 家商社和作为领取许可证的 62

家商社签订了赞助合同。汉城奥运会接待了柯达公司、可口可乐公司、VISA 国际组织、3M 公司、时代有限公司、国际飞利浦公司、松下电器公司等公司。57 家供应商各向汉城奥运会组委会提供了价值 200 万美元的物品。许可证领取者投入都比较小，他们更多的兴趣在于给其商品和产品做广告宣传。例如，现代汽车公司提供了 430 辆小轿车，兄弟机器制造公司提供了 3 400 架打字机，相当于 100 万美元。

6. 出售奥运村公寓

出售奥运村公寓可赢利 846 亿韩元。这些房屋在定价时就包括了最低限度的捐款，事实上只要买公寓就要捐款。

7 入场券收入

销售的入场券总数为有关比赛场馆的座位总数乘以比赛场次（不包括不可见的座位和免费座位），384 场比赛的有效座位为 4 769 023 张，但实际售出的开幕式和闭幕式门票 144 474 张，比赛门票 4 036 458 张，还有 33 710 张座位票是作为特邀使用的。售票分为开幕式和闭幕式及一般比赛门票两类。

8. 最大限度的节约

奥委会节省开支的办法也很多，如奥运会使用的汽车由韩国"现代"公司无偿提供，这些车辆在奥运会结束后全部还给"现代"汽车公司。另外三家最大的电子公司也借给奥运会价值 5 亿韩元的家用电器，这些都可以为大会节省一大笔开支。

汉城奥运会收支情况见表 13-1。

表 13-1　汉城奥运会组委会经费收入与支出情况　　　　单位：亿韩元

收入		支出	
项目	金额	项目	金额
电视转播权	2 118	运动会运作	299
纪念币	1 208	体育设施	1 870
彩票	1 174	技术	415
赞助	819	医疗保健	31
公寓销售	1 315	运输	69
门票	209	奥运村	377
捐赠	565	广告	263
广告	282	协议	74
奥运会出租	116	文化活动	16
邮票	25	国际合作	82

续表

收　入		支　出	单位：亿韩元
项　目	金　额	项　目	金　额
奥林匹克雕塑	90	权利	450
政府资助	371	运行	827
利息	48	规划、安全	536
		邮费	18
合计	8 340	合计	5 490

资料来源：汉城奥运会组委会.

（二）奥运会项目投资的影响

1. 对生产、收入与就业的影响

奥运会项目投资开始于1982年，投资额占当年韩国总投资额的0.3%。1985年，由于筹备奥运会的需要，投资额达到4 773亿韩元，占当年全国总投资额的2.1%。奥运会项目投资的增加不仅给直接相关的产业带来了收入和就业，而且也使其他辅助性产业受益。1982—1988年，与奥运投资相关的生产活动总产值为18 462亿韩元，占同期韩国国民总产值的0.4%，同时还提供了33.6万个工作岗位。奥运会对韩国就业的影响从1983年开始就明显地显现出来。1982—1988年，参与奥运相关工作的就业人数平均占韩国就业人口总数的0.3%，1987年则占0.5%（表13-2）。

表13-2　奥运会投资的影响　　　　　　　　　单位：亿韩元

年　度	投资(A)	生产影响(B)	收入影响(C)	就业影响(D)	投资合计(E)	(A)/(E)	(C)/GNP	(D)/就业合计
1982—1984年	4 541	8 154	3 467	50	49 653	0.09	0.2	0.1
1985年	4 773	9 334	3 625	43	22 645	0.21	0.4	0.3
1986年	5 021	9 819	3 814	56	24 425	0.21	0.4	0.4
1987年	5 680	11 107	4 314	69	27 506	0.21	0.5	0.5
1988年	3 811	9 090	3 242	118	31 364	0.12	0.4	0.4
合计	23 826	47 504	18 462	336	155 593	0.15	0.4	0.3

资料来源：① 经济计划委员会.主要经济指标，1988年.② 经济计划委员会.第6个5年社会经济发展计划，1987年.③ 韩国银行宏观经济部.韩国投入产出表，1983.

2. 对产业的影响

奥运会投资对不同产业在生产、收入、就业等方面的影响差别很大。就生产而言,基础设施行业收益最大,其产值提高38%,其中建筑行业占32.4%。制造业次之,占35%。服务业占20%。在收入方面,基础设施行业收益最大,为42.3%,其次为建筑业(34.8%)和制造业(20.8%)。就就业而言,服务业收益最大,提供了16万个工作岗位,就业人数增加46.9%,其次为建筑业提供了9万个岗位,人数增加26.8%,为制造业提供了5万个岗位。

3. 对韩国国际贸易的影响

1986年和1987年,韩国贸易顺差分别达到142亿美元和99亿美元。1988年,韩国的国际贸易顺差为142亿美元。不断增长的贸易顺差带来了一系列不良影响,包括与工业强国不断增加的贸易摩擦,贸易自由化的压力以及由于货币供应增加而带来的通货膨胀压力等。在这种背景下,汉城奥运会对韩国国际贸易的影响就显得非常重要。

1982—1988年,韩国奥运会组委会获得的外汇收入总额为6.9亿美元,支出总额为8 800万美元,给组委会带来了5.21亿美元的净收入。此外,1988年,韩国旅游行业获得了1.4亿美元的外汇收入,与奥运会相关的经营单位支出了2.27亿美元用于进口奥运会必需品。

汉城奥运会组委会主要通过电视转播权的出售,获得了大笔外汇收入,结果使其外汇净收入达4.34亿美元。

(三)奥运会对相关产业的影响

1. 对旅游产业的影响

汉城奥运会不仅刺激了旅游人数的增加,而且提供了一个使国外旅游者对韩国文化遗产产生兴趣的机会。汉城奥运会对韩国旅游产业产生了长期的影响。

汉城奥运会期间,外国旅游者增加了16.4%,外汇收入增加了97%。外汇收入的大幅度增加不仅得益于旅游人数的增加,而且得益于旅游者的人均支出从1985年的550美元增加到1986年的932美元。1987年,旅游者人均支出达到1 227美元。在1988年奥运年期间共接待游客达22万人,与旅游相关的收入超过14亿美元,入境旅游人数同比增长25%,旅游收入同比增长42%。

汉城奥运会是韩国旅游产业的转折点。共有160家电视台通过25颗卫星向85个国家或地区转播了奥运会,使全世界对韩国更加了解,使韩国成为一个安全舒适的旅游胜地。

2. 对体育与闲暇产业的影响

随着韩国经济的快速发展,体育与闲暇人口的增加以及休假理念的引入,使韩国体育与闲暇产业在20世纪70年代开始得到发展。为了提高奥运会所需体育用品的质量,政府对26个产品项目提供补助,对一些重要的公司提供资金及技术指导。此外,政府积极鼓励体育用品制造商的合作,以便这些企业能够共同使用有关设施并降低成本。为了提高产品质量和刺激出口,有关企业积极在国外展示其产品,进行产品营销并努力提高其品牌知名度。汉城奥运会为展示这些企业产品的品牌形象提供了一个绝佳的机会。

汉城奥运会需要 896 项体育设施和设备项目产品,其中 647 个项目(72%)是本国生产的。与前几届奥运会相比,只有慕尼黑奥运会略高(本国生产的体育设施与设备项目占 75%),此外,洛杉矶奥运会占 33%,莫斯科奥运会占 60%,蒙特利尔占 30%。在筹备和主办汉城奥运会过程中,韩国 22 个公司向组委会提供了价值 23.6 亿韩元的运动设备,使组委会节省了同等数额的外汇。

韩国体育用品质量及其品牌知名度的提高使得体育用品出口得到迅速发展。尤其是韩国体育用品制造商在宣传其品牌时,使自己赢得了数额巨大的销售合同以及独自使用 30 多个知名公司商标的权力。

3. 对电子产业的影响

汉城奥运会在运动会组织和人力控制计算机化的过程中,通过应用各种技术,向电子产业提供了一个绝佳的获取和学习技术的机会。同时,奥运会组委会也极力鼓励在运动会的组织过程中使用本国电子设备,这是韩国电子技术发展的转折点。奥运会使韩国在信息化过程中成为先进国家,并最终为韩国信息技术和产品的进步作出了贡献。

汉城奥运会通过对奥运会相关项目的投资,为电子产业在产品生产方面增加投资 4 392 亿韩元以及 1 160 亿韩元的增加值,创造了 20 744 个就业机会。此外,汉城奥运会还提高了韩国产品形象,促进了其电子和通讯领域的技术进步,提升了韩国产品的国际声誉。

1987 年,韩国一跃成为世界电子生产大国。1988 年,尽管受韩元升值以及发达国家贸易限制的影响,韩国电子产品的生产和出口还是分别增加了 35% 和 31.2%,这主要得益于奥运会的宣传以及对相邻国家出口的增加。

4. 对其他产业的影响

汉城奥运会为韩国汽车、食品和服务业的发展提供了动力。尤其是汽车工业,奥运会为在全世界展示韩国汽车的水平,提高其形象提供了机会。汉城奥运会后,韩国汽车出口比前年同期增长 20%,更为重要的是,奥运会为韩国汽车公司提供了一个扩大市场以及与东欧一些国家谈判建立合资企业的机会。此外,由于奥运会的特殊需求以及韩国收入水平的提高,韩国汽车的本国市场需求增加了 40%。国内外市场对韩国汽车需求的增加也促进了汽车零配件产业的发展。

食品产业在奥运会之后的市场需求仍保持了同样的水平。特别是方便面和高丽参饮料在运动会期间成为最受欢迎的食品,也使韩国的食品产业进入国际市场。

5. 对韩国国民经济的影响

在筹备和主办奥运会期间,由于大笔投资是在一个有限的时期内完成的,许多人对奥运会后有可能带来的经济过度膨胀和经济衰退感到忧虑。东京奥运会后,由于出口增加使日本的贸易顺差有一定增长，日本经济也经历了短暂的衰退期。1965年，日本GNP从上一年的增幅从13.2%降至5.1%。然而，汉城奥运会后韩国的经济持续增长，1988年GNP增长率达到创纪录的12%。

有几个因素可以解释韩国经济为何稳定持续地增长。首先，汉城奥运会的项目投资范围和内容不同于东京奥运会。就投资规模而言，韩国在奥运会上的投资数额很小，因此，汉城奥运会后的韩国不大可能遭受经济膨胀和衰退的损失。相反，日本全国投资总额的18.4%投入到奥运会投资项目中，在奥运会之前的1963年，奥运会项目投资占全国投资总额的38.8%，甚至在1964年，这一数字也达到19.1%。因此，在1965年，由于投资的减少，日本遭受了短暂的经济衰退。而汉城奥运会的投资主要是在1982—1988年间发生的，占同时期国内总投资的1.6%。至1986年，59.1%的奥运会工程已经完工（表13-3）。

表13-3　奥运会前后韩国与日本主要经济指标的比较

项目	国家	主要经济指标				
		奥运会前3年	奥运会前2年	奥运会前1年	奥运会年	奥运会后1年
GNP增长率（%）	韩国	5.4	12.3	12	12.1	8.5
	日本	14.5	7	10.5	13.1	5.1
经常账户	韩国	−8.9	46.2	98.5	14.2	9.5
	日本	−9.8	−0.4	−7.8	−4.8	9.2
批发价格指数	韩国	0.9	−1.5	0.5	2.7	2.8
	日本	1.1	−1.6	1.6	0.4	0.7
零售价格指数	韩国	2.5	2.8	3	6.2	5.5
	日本	5.3	6.8	7.6	3.8	6.7

资料来源：韩国银行，东京奥运会及日本经济.海外研究资料，1982年.

奥运会建设是韩国建筑产业的重要组成部分，但就全国总体建筑经济活动而言，它不会对韩国建筑业产生实质性影响。1982—1988年，韩国与奥运相关项目建设的增加值仅占韩国建筑业增加值的1.4%。这主要由于奥运投资在1982年以前就已经开始发生的缘故，此外，大部分的投资用于基础设施建设。

（四）汉城奥运会对韩国国民经济的长期影响

汉城奥运会获得了很大的成功，没有给韩国人留下明显的经济负担。奥运会给旅游业、体育与闲暇产业、电子产业、通讯业带来了千载难逢的发展机遇，更重要的是给韩国国民经济发展带来了长期的影响。

1. 提高了韩国经济在国际上的声誉

汉城奥运会的成功举办极大地提高了韩国的国际形象,在不到40年的时间里韩国从一个战乱国家成为一个奥运会主办国,韩国为发展中国家树立了一个经济发展的榜样。

2. 促进了韩国与社会主义国家的贸易

大多数社会主义国家包括苏联和中国都参加了汉城奥运会,这为扩大韩国与社会主义国家的经济合作提供了机会。韩国与社会主义国家的非官方贸易开始于20世纪80年代前期。1988年,韩国与社会主义国家的贸易额比前一年增加了80%,达到36.5亿美元。尤其韩国与中国的贸易在1979—1988年间增长了164倍,相当于中国与北朝鲜(现称朝鲜)贸易额的5倍。1984—1987年,韩国与苏联的贸易额增加了3倍。

3. 促进了经济合作

1987年12月,匈牙利成为第一个在韩国设立贸易办事处的社会主义国家,1988年12月,该办事处升格为临时代办。1992年,韩国与我国建立了正式外交关系,并签署了贸易与经济合作协议。韩国与中国和苏联的直接贸易进展迅速(表13-4)。中国在山东和辽宁设立了联络处,以设立经济特区促进中国与韩国的直接贸易。韩国建立了韩中公民经济协会,加强了韩国与中国的经济交流,还建立了一个联络处,安排韩国与中国公司的接触和在谈判中提供帮助。

表13-4　1979年—1988年韩国与中国贸易发展情况　　　单位:百万美元

年份/年	贸易总额	出口	进口	贸易平衡
1979	18.8	4	14.8	-10.8
1980	187.9	115	72.9	42.1
1981	352.8	205	147.8	57.2
1982	128.8	48	80.8	-31.2
1983	133.9	51	82.6	-31.3
1984	461.7	229	232.9	-3.4
1985	1 291.8	682.8	607	73.8
1986	1 395.4	714.9	680.5	34.4
1987	1 486.5	813.1	673.4	140
1988	3 196	1 809	1 387	422

资料来源:经济计划委员会.

四、汉城奥运会的人力资源特征

举办奥运会是增加就业的好机会,汉城奥运会为服务业提供了16万个工作岗位,为制造业提供了5万个岗位,为建筑业提供了9万个岗位。但要成功地举办一届奥运会光靠这些有酬劳动者是远远达不到要求的,这就需要有大量的志愿者。在汉城,志愿者招募工作开展得十分顺利,当时韩国凡是具备劳动能力的人,都以能当上奥运志愿者为荣,以至于报名人数远远超过事先预想的名额。为更好地解决这个问题,组委会除了按需分配外,还另外给其他"替补志愿者"安排了如疏导和宣传等工作,让每个想为奥运会作贡献的人都有一份成就感。1999年的一项调查结果显示,当时仅汉城就有175个志愿者服务团体,共有志愿服务人员近8万人,而全国登记的志愿者更是达到60多万人。

在专业志愿者方面,汉城为在1988年奥运会的计算机应用方面超过1984年洛杉矶奥运会,投入数千名计算机专业人员和大批设备,进行大规模开发,完成了一系列信息处理的系统研制和开发任务,显著提高了韩国的计算机技术水平。

奥运会期间,参与报道本届赛会的新闻记者共有11 331名,其中文字记者4 978名,广播记者6 353名。

五、汉城奥运会的风险和安全特征

1988年汉城奥运会的举办方在安保问题上投入了大量的人力、物力,并制定了各种严密的保安措施。首先,奥运会组委会同36个国家的情报部门交换情报,将恐怖分子名单输入电脑随时待查,以阻止这些人在奥运会期间入境。组委会还特意请来1972年负责慕尼黑奥运会安全工作的慕尼黑警察局前局长介绍慕尼黑奥运会流血事件的经过,从中吸取教训。

韩国政府制定了出入境管理等26个方面的对策,组织了随身保护队、场馆警卫队、运动员村警卫队等16支队伍,并参考其他国家为奥运会制定的特别法,颁布了《维护奥运会和平法》。考虑到本届奥运会处于特殊的历史时期,韩国安全部门为此作出了特殊的准备。例如,对92架社会主义国家的飞机采取了专门的保安措施,将它们停放在特别的机场,昼夜巡逻警戒,并用仪器和能识别爆炸物的警犬对飞机进行彻底检查。此外,还对15个社会主义国家以及12个国内正发生冲突的国家的参赛选手实行了特殊保护。

六、汉城奥运会经验借鉴

1988年第24届汉城夏季奥运会被誉为历届奥运史上最为成功的一次奥运会,但也存在不足之处。它为现代奥运会的发展起到了一定的促进作用,并给奥运大家庭的其他成员提供了借鉴和学习的机会。

1. 社会影响方面

由于此前很长一段时间美国和苏联两个超级体育强国相互抵制,交替不参加奥运会,使奥林匹克大家庭产生了很大的不和谐因素。因此，汉城奥运会也成为12年来第一次没有受到抵制的奥运会。在此次奥运会上，美、苏两国重新站在同一舞台上，上演了世界体坛大团圆的好戏。尽管汉城奥运会曾接二连三地受到兴奋剂事件的干扰，但团结、交流、进取却是整个赛会的主旋律。通过此次奥运会，汉城给全世界留下了深刻的印象。

2. 经济方面

汉城奥运会是由政府主办的第一届赢利的奥运会，它为韩国向全世界展示其雄厚的经济实力和不断提高的国际政治地位提供了一个良好的契机。

实践证明，韩国因为举办奥运会，当年经济就出现了12.4%的增长。韩国政府曾经宣布过一项统计：奥运为韩国建筑业、制造业和第三产业分别创造了21亿美元、22亿美元和13亿美元的产值。1985—1990年，韩国人均国内生产总值从2 300美元增加到6 300美元，实现了从发展中国家向新兴工业国家的转变。

在奥运筹资方面，韩国政府为举办奥运会共投资30亿美元，显示了其雄厚的经济实力，其中直接支出和投资为17亿美元，间接投资为13亿美元。但仅依靠政府投资远远不能满足举办奥运会的资金需要。为此，汉城奥组委另外采取了一些措施，首先把目标对准了电视转播费，并在电视转播权上获得了4亿美元收入。除此之外，出售纪念币、银币和邮票也是奥运会的一个重要收入来源，单就纪念币的总收入就高达1.2亿美元。

同时，汉城奥运会成了韩国企业的最佳广告。汉城奥运会期间，共有90家企业进行了商业赞助，其中13家为韩国的大企业。商业赞助不仅为汉城奥运会筹集了大笔资金，而且为韩国产品进入国际市场打开了销路。据统计，奥运会的召开为韩国带来了近70亿美元的生产和销售额。韩国的出口得以扩大，同其他国家的双边及多边贸易额也迅速增加。

3. 志愿者方面

在志愿者招募过程中，韩国人民体现出了高度的自觉性，都以能当上志愿者为荣。此届奥运会，仅全国登记的志愿者就已经达到60多万人。

4. 安保方面

由于当时正处于社会主义与资本主义阵营关系紧张阶段，安保问题就成为汉城奥组委最为关注的问题。赛会期间，奥组委颁布了《维护奥运会和平法》，并投入了大量的人力、物力，采取了各种严密的保护措施，并针对各国情况进行特殊对待，确保运动员等与会人员的人身财产安全。

汉城奥运会在人类和平的进程中产生了巨大的影响，它的伟大成就将永远载入史册。无论是对奥林匹克大家庭的成员，还是对希望承办奥运会的所有国家来说，这都是一次可以借鉴的盛会。

第十四章　悉尼奥运会

一、悉尼奥运会概述

2000年9月15日—10月1日，第27届夏季奥运会在澳大利亚东南部港口城市悉尼举行，历时17天。来自国际奥委会199个会员单位的10651名运动员（女运动员4069名，男运动员6582名）参加了这届奥运会总共27个大项41个分项300个小项的比赛。参与报道本届赛会的新闻记者共有16033名，其中文字记者5298名，广播记者10735名，参与奥运会相关服务的志愿者46967名。

美国以40金24银和33铜的成绩排名第一，俄罗斯以32金28银和28铜的成绩列第二，中国以28金16银15铜名列第三位，东道主澳大利亚以16金25银和17铜的成绩排名第四。中国代表团此次派出311名运动员参赛，并以金牌28枚、奖牌总数59枚的优异成绩一举跃入了奖牌榜世界三强行列。

（一）申办

有30余个城市表示有意承办这届千禧年奥运会，进入最后争办的5个城市是悉尼、北京、柏林、伊斯坦布尔和曼彻斯特。1993年9月23日是主办城市揭晓的投票日，悉尼最后以一票的优势胜出，获得第27届夏季奥运会的主办权，悉尼在申办奥运会时的策略有：

（1）迅速组建一个包括商人、政界人士和体育专业人士在内的申办委员会，向国民大力宣传，赢得国内民众的大力支持。同时，他们在申办报告书中分析论述悉尼比其他国家优越的地方，显示其申办奥运会的能力。

（2）悉尼打出的战略是"以技术为基础，突显环保优势"。悉尼早就把"奥运村"的规划与环境保护作为首要的工作重点，他们率先提出了"绿色申办"的口号，这一"绿色主张"恰好与国际奥委会对申办城市诸多严格要求中的一条相吻合。他们把环境保护和城市规划、环境美化有机而妥善地结合起来，以环保质量去打动人心。

（3）悉尼率先提出全部包揽运动员的往返差旅费和住宿费，免费为各国代表团运输体育器械和比赛用马，为每位运动员的两位亲属免费提供住宿、餐饮等。这一切都给国际奥委会委员们留下了深刻印象：这个国家真诚地向往奥运会。

1993年9月24日凌晨，悉尼时间4时27分（摩纳哥蒙特卡罗时间9月23日晚20：30

分），国际奥委会主席萨马兰奇步入新闻中心主席台向全世界宣布：国际奥委会经过投票表决，澳大利亚的悉尼市获得2000年第27届夏季奥运会主办权。

（二）交通

奥运会期间，悉尼市政府全面禁止个人使用机动车辆，火车成为最主要的交通工具，为此，悉尼专门修建了一条长5.3千米的环形铁路，把奥运村与市区内四通八达的铁路线都连接起来。个人不能开车前往奥运会比赛场地，在场地及其周围街道没有停车位，但是可以将车停放在各区火车站或者在指定区域的停车点，然后前往奥运会场地。

奥运会期间，持奥运会入场券可以在当天直到第二天早上4点免费使用奥运会交通工具。奥运交通网络通向悉尼的每一个比赛场地，只需出示入场券，而不需要另外的交通票。入场券的免费搭乘只适用于奥运会交通网络，如使用普通巴士、轮渡、乡间火车服务；而特殊巴士，如机场特快以及旅游服务、悉尼轻轨和单轨服务，则需要支付费用。

组委会不为住在村外的运动员提供交通服务，记者村与奥运村也只有4千米的路程，可以充分利用公共交通工具。比赛期间，组委会还为观众提供了各种建议和服务。例如，为了方便起见，将悉尼及其周围地区分为18个区域，提供从每一个区域到每个比赛场地的行程路线安排。只需明确所在的区域，然后打开所在的区域网页，那里的表格就会显示前往比赛场地的行程安排建议，每个区域还会提供地图坐标以及大致行程路线；最好能在比赛开始前1~2小时就到达场地。

步行和骑车：可以步行前往许多比赛场地，在所有场地都会提供自行车寄存架，而自行车的安全则由车主负责，不会提供车锁；场地地图将显示自行车寄存架的位置。

计程车和租用车辆：场地提供计程车和租用车辆下客点，但是地点一般会比奥运会交通网络下客点距离场地更远。

协助各处走动的安排：有众多的标志和工作人员协助前往奥运会场地，在交通站点可以找到交通服务人员提供服务，所有火车站、巴士站以及奥运会场地的标志使用国际通用的标志，设在交通站点和奥运会场地的奥运会问询亭（Games Info）也会由工作人员负责，协助使用奥运会交通网络。

在公园内的比赛场地，有班次十分频繁的火车前往奥林匹克公园，可以搭乘火车到达市区，然后步行。同时，还设有残疾人使用的车站。

（三）环保

悉尼奥运会组委会为了确保奥运会的筹备和进行合乎环保法的要求，制定了科学、合理的环境保护方案。

（1）交通方面：在奥运村里，使用的是清洁燃料的机动车，并为其他赛场配备了300多辆电动车和太阳能车辆。

（2）将比赛场馆和设施的污水收集到海湾做一定处理后，可以作为非饮用水在奥林匹克公园再利用，如可用于奥运场馆和设施中的冲厕用水和公园灌溉用水。水回收管理方案的设计减少了奥运会用水。

（3）将大型的工业垃圾场改造成体育场馆、幽静的休憩场所和自然保护区，制定法律来管理和控制与建设改造活动相关的环境影响。澳大利亚有关方面针对奥运会的筹办者及其签约商，在整个奥运建设期间共出台了大约100条环境保护和土地维护方面的法令，包括防治水污染、减少噪音、防治空气污染和减少对生态、对人体健康的影响。

（4）奥运火炬接力从火炬制作材料、点燃系统装置以及包装上都体现了很高的环保意识。运动员村和体育场馆设施中，全部采用太阳能发电；所有新建设施不安装空调，以免破坏臭氧层；客房内全部使用有利环保的无氟电冰箱；服务采用电子邮政系统，以减少废弃物的产生。

（5）整个奥运村内的一半能源取自太阳能；在节约用水方面，奥运村内的污水做净化处理后用以灌溉绿地；在建筑材料的选择上，考虑到循环利用，因而所有新的运动设施全部选用可以回收再利用的材料。

（四）奥运村

2000年悉尼奥运会是第一次为所有运动员和官员提供在奥运村中免费住宿的奥运会。悉尼奥运村建在奥林匹克公园附近的纽因顿，占地约100公顷，有1 150间永久性房屋及特殊设计的标准间。奥运村于2000年9月2日正式开村，在这之前一周，允许各代表团已注册的官员进驻，进行代表团抵达前的必要准备工作，但在这一阶段组委会不负责提供饮食和交通。

所有运动员住在同一个奥运村内，这在奥林匹克运动史上还是首次。奥运村新建住房靠近奥林匹克公园，开幕式前14天，即9月2日便开始对各代表团开放，食宿全部免费。奥运村的设计还有其他一些独特的地方。例如，许多先进的环保设计被融入奥运村的设计中，包括广泛使用太阳能，建造费用共达5.9亿澳元。从奥运村出发，步行可到17个赛场，离奥运村最远的赛场坐车40分钟便可到达；奥运村里有银行、超市、旅行社、电影院、花店、邮局、健身房、医务中心、按摩房和舞厅。奥运村餐厅每天提供179道菜，能同时容纳5 800人就餐；奥运村有5个接待室，绝对禁止奥运村工作人员向运动员索要签名；奥运村有一万名服务人员，一半人在奥运村的5个餐厅工作；村里的住房为公寓房设计，大多数是两人一间，个别套间可容纳20名运动员和官员。

奥运村于9月2日开设，10月4日关闭。奥运会后，悉尼还多次承办大型活动，以充分利用奥运场馆设施。并且，悉尼继续向全世界扩大宣传，进一步提高自己的知名度，为开发、出售原有的房地产资源创造良好的外部条件。

（五）场馆建设

悉尼市政府在奥运会前，为了管理奥运场馆的建设，专门成立了奥林匹克协调局。奥运会后，成立了一个新的机构——悉尼奥林匹克公园局，担负管理协调奥运相关场馆的持续经营运作的任务。

悉尼新建奥运场馆从一开始建设，就把今后的利用作为一个重要原则，即"确保新建的体育场馆能作为一个有价值的东西留给子孙后代"。虽然悉尼奥运场馆的建设资金来源于多种渠道，有纯粹由政府投资的，有政府投资一部分、社会力量投资一部分的，也有全由社会力量甚至个人出资兴建的，但都很好地遵循了这个宗旨。

悉尼奥运场馆中有很多属于临时性建筑，例如，帆船赛场、铁人三项、沙滩排球等，它们在完成了自己的使命后就被拆除，因此不存在持续利用的问题。悉尼政府尽可能多地利用已存在的场馆，这不仅仅是出于节约的考虑，而且也是因为现有的场馆在市场利用上已经达到一定的成熟程度。这些场馆只需重新装修或临时进行一些布局上的调整。例如，组委会将悉尼会展中心不同的展厅分隔为不同的比赛场馆，柔道、摔跤、拳击和击剑都在这里举行。奥运会结束后，拆除挡板，会展中心又能恢复它们原来的面貌和功能，例如，排球馆是娱乐中心，羽毛球馆是农展馆，国际广播中心是将一个仓库改造建成的。

悉尼奥运会28个大项中，有15个场馆是为了奥运会而新修的，对于新修的奥运场馆，悉尼人不仅要求这个场馆要在很长时间内不会落伍，而且要在奥运会后能持续利用，继续产生经济效益，不能让政府背负过于沉重的维护负担。因此，悉尼国际水上中心的设计和建造就包括为孩子们准备的水上公园、各种大小酒店和商业的健身房。水上中心有很多临时性的室内座位，在奥运会后，它们被全部移除。悉尼国际水上中心目前在成功地进行着商业经营，它的成功超出了预先想象，而政府也仍保留着它的股份。

悉尼表演场是悉尼奥运会最大的场馆之一，它从设计之初就要建成一个多功能的建筑，而体育只是其很少的一部分功能。目前，它已经被完全租给皇家农业开发集团，租期是100年，可以说，它的持续利用问题已经得到解决。奥林匹克中心、室内自行车场、山地自行车场、射箭馆、马术中心、网球中心、曲棍球中心等一大批奥运会场馆目前都是由当地的一些相关体育或其他民间组织在经营着，尽管它们的利用也有好有坏，但对于政府来说，已经没有任何负担。①

（六）场地设施

奥运会组委会的体育部门经过考察，制订了比较科学、合理的奥运场地建设策略。

---

① 国家体育总局体育信息中心．中国体育咨询网．http://www.sportinfo.net.cn/．

（1）每处运动竞赛场地都有相同大小的热身区；每处运动竞赛场地有供新闻媒体工作和安装转播器材的场所；周边要有停车场，可以供新闻媒体停放 50~60 辆车；现有的两座展览中心改建成 6 座临时休息室，可容纳 4 万个座位。

（2）建造足够的运输站，或是允许私人车辆进入宏布喜湾（Homebush Bay）。观众最主要的下车站是位于州立体育中心北面 400 米处的奥林匹克公园火车站。

（3）在每座竞赛场地和奥林匹克公园的场地，建造临时的安全设施、健康设施与卫浴设备；观众服务部门要求有足够的座位、出入口、卫浴设施和饮食场所，满足参加者的需要。

（4）体育部门的人员仔细评估大会需求，为了能够照顾到每个部门的需要，运动部门的设计人员和每个部门仔细地讨论他们的需求。例如，票务部门需要临时用的桌子；总务部门要求有足够的办公室、宿舍、食物、饮料、浴室和休憩设施，供志愿人员和专职人员使用；后勤部门要求有充足的运送和签收设施，供收发大会需要的设备；技术部门在每个场地都需要个别的设施等。

（七）信息技术

2000 年悉尼奥运的资讯科技解决方案主要由 IBM 负责，包括三套核心系统，分别为：奥运资讯检索系统、奥运竞赛结果系统及奥运管理系统。同时，IBM 也协助悉尼奥委会开发和管理 2000 年悉尼奥运官方网站。

为了帮助奥运参与人员及时、准确地获取赛事信息，IBM 开发了奥运资讯检索系统，简称 INFO。只有奥运参与人员才能使用 INFO。这一系统提供所有与奥运相关的资讯，包括活动日程与结果、运动员自传、新闻、天气、文化活动、交通资料等。同时，该系统也让奥运参与人员互通电子邮件。

在悉尼奥运会中，IBM 奥运结果系统主要负责将比赛成绩收集、处理之后，即时分送给计分板以及全球的媒体和奥运迷。通过运用最新的电子商务解决方案，IBM 奥运结果系统可以跨越平台与技术的疆界，增加比赛成绩传输的效率。在比赛场地，打印出来的比赛成绩将被送到国际体育联合会官员、运动员和教练的手中。

奥运管理系统则是用以帮助悉尼奥委会妥善地安排和管理奥运参与人员，并处理一系列后勤管理事务。为此，IBM 特别提供了诸如身份鉴定、医疗管理、交通往返、安全时间追踪等应用软件的开发。

IBM 还为这次盛会提供了 3 台具备并行处理能力的 S/390 大型主机，50 台 RS/6000 服务器，3 台 RS/6000 SP 服务器，540 台基于 Intel 架构的 Netfinity 服务器，7 300 台 PC，50 台 ThinkPad 便携式计算机以及 845 台网络交换机，7 000 台监视器和 1 655 台打印机。

（八）医疗服务

实施物理疗法体育运动计划：物理疗法体育运动计划通过为奥运村运动员提供服务来支持2000年悉尼奥运会。在悉尼奥运会和残疾人奥运会期间，按摩中心提供运动按摩，同时，该中心还给运动员和教练提供与国际奥委会医学委员会物理疗法工作组成员见面的机会。

物理疗法体育运动计划将提高国际奥委会医学委员会的意识和使命，同时扶持改善运动员健康的科学研究和资金项目。其特许权使用税也将用于支持各国奥委会的医学计划，国际奥委会也通过特许权使用税对医学计划进行投入，一方面直接用于生物力学和医学研究，另一方面设立国际奥委会奖学金来促进学生在运动医学领域的研究。

二、悉尼奥运会的文化特征

（一）火炬传递

2000年悉尼奥运会的火炬传递共历时127天，其中最具特色的是，澳大利亚海洋生物学家邓肯手持经过特殊化学处理的火炬在澳大利亚东北部海底完成了3分钟的水下火炬接力。最后，在奥运主体育馆点燃火炬的是澳大利亚土著运动员弗里曼，她也是悉尼奥运会400米跑的金牌获得者。奥运会火炬是设计上最精巧、最独具匠心的一支火炬，它的设计理念来自悉尼歌剧院的建筑轮廓、太平洋蔚蓝的海水及"飞去来器"精妙的弧线。火炬体分为三层，分别象征着土、火和水。

奥林匹克火炬在希腊由采自太阳光的火种点燃，然后被传递到雅典最后至悉尼。一路上，2000年悉尼奥运会火炬接力经过了附近的太平洋奥运会成员国：西萨摩亚、科克群岛、密克罗尼西亚联邦、斐济、关岛、瑙鲁、新西兰、巴布亚新几内亚、所罗门群岛、汤加、瓦努阿图及美属萨摩亚群岛。10 000名火炬接力者经由澳大利亚各地，将火炬一直传递到开幕式上。除步行外，火炬还搭乘过火车、自行车、牧马、电车、列车、巡洋舰、喷气式飞机、划艇、独木舟、龙船、悉尼渡轮及太阳能车。

9月15日晚7点整，悉尼奥运会火炬交接仪式和主火炬点燃仪式在悉尼奥林匹克体育场进行。

（二）开幕式

当地时间晚7点，"第27届悉尼奥林匹克运动会开幕式"字样跃上体育场内电视大屏幕。120名身着皮衣红巾的牛仔手持120面奥林匹克会旗，骑骏马排成5排急驰入场，随即围成五环图案，马队的神奇布阵和令人振奋的马蹄声使表演一开始就进入了高潮。而随后开始的《深海之梦》又把人们带入了这个海洋国家美轮美奂的梦境。歌声中一块巨大的白色幕布别出心裁地从观众席一直覆盖到全体参赛者头上，幕布上用激光打出的和平鸽和五环标志图案道出了奥运会的宗旨。韩国和朝鲜运动员共同组成入场队伍，这是韩国和朝鲜分裂半个多世纪来第一次在奥运会开幕式上同时入场。

（三）闭幕式

经过 16 天的激烈比赛之后，2000 年悉尼奥林匹克运动会在一片赞语中圆满闭幕。两个小时的闭幕式先由澳洲著名歌手克丽丝汀的演唱揭开序幕。接下来，参赛国家与地区的旗帜进场。在所有运动员和职员进入体育场内之后，5 时 30 分，场内进行澳大利亚国旗的升旗仪式并演奏澳大利亚国歌。稍后，国际奥委会主席萨马兰奇致词，这是他退休前最后一次在奥运会的闭幕仪式上讲话。他在致词中感谢各界的支持和合作，并特别称赞悉尼奥委会将本届奥运会举办得非常成功，把本届奥运会形容为"最好的一次奥运会"。

在由贵宾宣布奥运会正式闭幕之后，奥运会主办权的移交仪式开始，悉尼奥运会代表把奥运会旗交给主办下届奥运会的雅典。接着，在会场上飘扬了 16 天的奥运会会旗也徐徐降下，并由专人送走。在圣火坛上的圣火也在这时熄灭，象征悉尼奥运会的圆满结束。

闭幕式的压轴戏是在场外 20 分钟的烟花汇演。举办方这次一改传统，把压轴节目从体育场内带到悉尼市中心，让璀璨的烟火将整个悉尼照亮，给人们留下了一个美好的奥运回忆。这个被称为"灯光之河"的烟火表演长达 4 分钟，当体育场内圣火坛上的圣火徐徐熄灭的时候，一架 F-3s 型空军飞机在低空飞过，象征将熄灭的圣火带离体育场，闭幕礼的表演节目也移到体育场外进行。当飞机离开体育场后，体育场外就开始燃放烟火。烟火路线沿着河边，烟火在 24 个燃放点先后绽放，最后在悉尼著名的歌剧院附近熄灭，整条烟火走廊长达 14 千米。

三、悉尼奥运会的经济特征

在这届奥运会上，悉尼组委会的收入突破了 17.56 亿美元，这一数字比悉尼在 7 年前申办奥运会时预计的收入多出了 80%，当时，悉尼对 2000 年奥运会的收入预测是 9.75 亿美元。

组委会的收入主要包括四大方面：一是电视转播权收入，共计 7.98 亿美元；二是企业赞助，这包括国际大公司，即与国际奥委会签约的全球赞助商的赞助，此项获得了 2.21 亿美元，组委会从国内企业和各界人士处获得的赞助为 3.15 亿美元；三是门票收入，本届奥运会的门票收入是创纪录的，售出的门票达到了总票数的 87%，比 1996 年亚特兰大奥运会的

82.2%高出了近5个百分点,为3.56亿美元;四是各类纪念品的销售收入,在奥运会接近尾声时,悉尼组委会在这方面的收入已经突破了1.1亿美元。

(一)商业活动

1. TOP世界级奥运赞助

11家世界级奥运赞助伙伴参与了TOP IV计划,支持2000年悉尼奥运会。TOP IV计划产生了5.5亿美元的收益,这些收益在悉尼和长野组委会、199个国家奥委会和IOC之间分配。

TOP计划直接为悉尼奥组委举办2000年奥运会提供了2.15亿美元的资金和技术支持。在1997—2000年奥运年度内,IOC的奥运团结和TOP计划提供了1.7亿美元的资金支持全球199个国家奥委会。

2000年悉尼奥运会营销计划被评为迄今为止最成功的计划,奥运会的地方赞助产生了4.92亿美元的收益(表14-1)。

表14-1 2000年悉尼奥运会赞助收益表

赞助计划	收益(亿美元)
TOP计划(1997—2000年)	5.5
TOP计划提供给悉尼奥组委的收益	2.15
TOP计划提供给199个国家奥委会的收益	1.70
2000悉尼地方赞助收益	4.92

资料来源:奥运经济与奥运会市场开发资料汇编。

2. 悉尼奥组委营销计划

2000年悉尼奥组委创造了奥林匹克史上最强大的营销计划,其中包括赞助商、许可权、出售门票以及其他直接支持奥运会举行的计划。奥运会营销收入来源和分配如下:悉尼奥组委从赞助商赞助、出售门票和许可权获得的收入超过7亿美元;悉尼奥组委赞助全部收入超过3.15亿美元,是原来预期2.07亿美元的152%;由悉尼奥组委保留的奥运会收入占悉尼奥组委全部收入的95%;国际奥委会分得的奥运会收入中悉尼奥组委全部收入的5%作为奥林匹克营销权和全部营销计划支持的特许权的费用[②]。

(二)特许经营

2000年悉尼奥组委为奥运会建立了一个高质量的特许经营计划,这个计划产生了5亿

[①②] 体育总局信息中心信息研究部. 奥运会市场开发现状及未来趋势 // 奥运经济与奥运会市场开发信息资料汇编 [G]. http://www.sportinfo.net.cn/.

美元的奥运商品零售收入,并成为澳大利亚市场上一个最有影响力的品牌。特许权使用费直接收益超过 5 200 万美元,超过了最初预算计划的 3 300 万美元 55%还多。考虑到东道主的人口因素,这个特许经营总收益是前所未有的。

2000 年悉尼特许经营商从澳大利亚每一个男人、女人和孩子身上得到了大约 2.5 美元的使用费——比往届获得更大的成功,这为东道国的每个人提供了 32 美分的收益。平均每天 45 000 个消费者通过悉尼奥林匹克公园的超市,超市在比赛的第九天就超过了它 700 万美元的预计收入。大约 100 家特许商生产了 3 000 多种不同的产品,在澳大利亚的 2 000 多家商店销售,悉尼重视奥林匹克产品的质量,同时也确保所有的人都能买得起各种纪念品。

(三)国际奥委会收入的产生和分配

国际奥委会提供 11 亿美元给悉尼奥组委,国际奥委会对悉尼奥组委的贡献约占悉尼奥组委总预算的 60%,国际奥委会对悉尼奥组委的贡献比它给亚特兰大奥组委多 3 亿美元。

2000 年悉尼奥运会营销计划是迄今为止最成功的奥运会营销计划,它给奥林匹克运动带来了超过 26 亿美元的收入。

1. 收入的产生

2000 年悉尼奥运会给奥林匹克运动带来了超过 26 亿美元的收入。下面的图解说明每个营销来源为奥林匹克大家庭带来的收入数额,而且说明了哪些计划是由国际奥委会所领导的,哪些是被悉尼奥运会组委会(SOCOG)所领导的(图 14-1)。

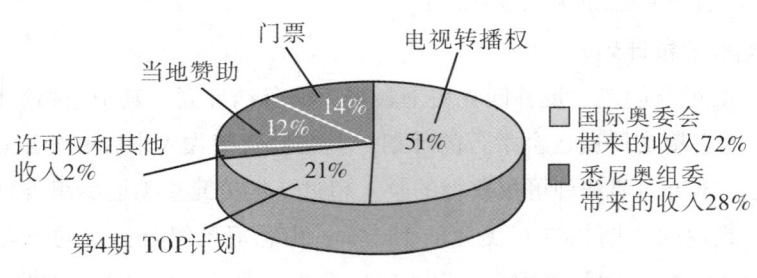

图 14-1　奥林匹克营销收入来源图

(1)电视转播:2000 年悉尼电视转播收入对悉尼奥组委的贡献约占全部奥运会电视转播收入的 60%,约占 43.77%的悉尼奥组委的全部预算,比悉尼申办时所计划的多了 1.4 亿美元,比亚特兰大组委会电视转播收入多了 2.3 亿美元。

(2)票务:2000 年悉尼奥运会创下的门票销售纪录,三倍于预期收入,售出了 760 万张门票中的 670 万多张,销售总收入是 5.51 亿美元,比以往任何一届奥运会售出的比赛和纪念活动的门票都多。

92.4%的售出门票的赛事在悉尼举办,远远超过了1996年亚特兰大创下的82.3%的纪录,包括整个澳大利亚各州在体育场进行的足球比赛,2000年悉尼奥运会全部门票的88%售出。2000年悉尼奥运会大约77%的门票在澳大利亚国内公开发售。其门票销售方面的特点有:

第一,把票务组织机构分为三部分,即奥运会、残奥会、文化活动。

第二,票务信息畅通,进行网上订票,尽可能早地估计到在澳大利亚国内销售的门票占总数的75%。

第三,按门票数与人口比计算,这是历史上在举办国售票比例最高的一次。

第四,票价最高的是开、闭幕式A席,价格为1 382澳元,而80%的门票价格在100澳元以下。

第五,有75万张门票通过各国奥委会分配,国际奥委会、国际单项联合会及运动员用票为43万张,赞助商用票为150万张,新闻媒体用票为120万张。

各项目门票销售排行见表14-2。

表14-2　2000年悉尼奥运会各项目门票销售排行

开幕式	99.77%	跆拳道	98.94%
闭幕式	99.73%	游泳	98.83%
田径	99.70%	手球	98.78%
铁人三项	99.38%	网球	98.14%
体操	99.32%	场地自行车	97.82%

2. 收入的分配

国际奥委会(IOC)营销收入的28%分配给整个奥林匹克运动机构,国际夏季项目联合会得到用于在全球推动他们的体育项目发展的资助,各国家或地区奥委会得到资助发展本国的体育项目和培养运动员,IOC还分配给其他体育组织一部分,另外还保留一小部分用于自身的管理。

下图提供了与2000年悉尼奥运会相关的1997—2000年收益的分配情况(图14-2)。

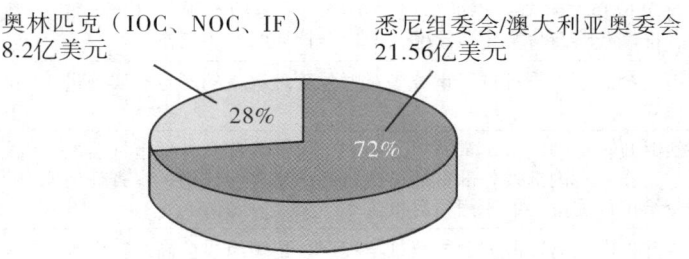

图14-2　2000年悉尼奥运会营销计划收益的详细分配情况

IOC 分配给悉尼转播和 TOP 计划收益的 11 亿美元用于举办奥运会，占悉尼奥组委预算的近 60%；全球的 199 个国家或地区的奥委会从 IOC 的转播和 TOP 计划收益中得到了总数超过 2 亿美元的分成；28 个国际夏季项目联合会从 IOC 的转播收益分配和营销报酬中得到了超过 1.9 亿美元的分成。

从营销伙伴得到的收益第一次能够免费为运动员和官员参加悉尼奥运会提供交通和住宿，折合货币超过 4 500 万美元。

四、悉尼奥运会的人力资源特征

（一）组织机构设置

在悉尼奥运会的筹备和举办期间，澳大利亚有 30 多个联邦政府部门及机构参与工作。服务范围包括国家安全、通讯、兴奋剂检验与研究、检疫、旅游、贸易、边检和天气预报等，如果没有强有力的组织协调保证，悉尼奥运会的成功举办是不可能的。

悉尼赢得 2000 年奥运会主办权后，联邦政府任命了一名部长协助总理管理 2000 年悉尼奥运会的相关事务，澳大利亚联邦政府成立了两个部级委员会，一个侧重奥运会的安全工作，一个侧重奥运会筹备的非安全领域的工作。两个委员会分别就联邦政府介入奥运会的筹备工作在政策和财政方面提出建议。1998 年，联邦政府将原来的两个部级委员会合并，在内阁成立了"2000 年悉尼奥运会特别协调委员会"，该委员会直接受总理及助理部长的领导。悉尼奥运会的组织机构设置和主要职能见表 14-3。

表 14-3 悉尼奥运会组委会主要机构职能（1997 年）

机构名称	主 要 工 作 职 能	领导归属	机构性质
广播委员会	依据主办城市合同和"悉尼奥运会组委会法"完成奥运会电视与广播传播所必需的设施建设、服务的提供及其他方面的相关任务，1997 年拥有 23 名雇员	执委会	常设机构
体育委员会	体育日常工作、体育竞赛与国际奥委会相关机构及单项协会的联络、奥运会日程、运动设备的提供与运输	执委会	常设机构
文化委员会	监督奥运会艺术节工作的运行，包括艺术节的组织、财政、赞助、推广战略及将文化活动融入奥运会计划的有关工作	执委会	非常设机构
财政委员会	对组委会的预算管理进行审查、对财政管理政策的制定和实施进行指导	执委会	非常设机构
审计委员会	评估财政报告的质量、审查财政报表、保证内部及外部审计员的正常工作、对内部及外部审计员报告的结果进行讨论、审查任何提交给审计委员会的专门项目报告	执委会	非常设机构
人力资源委员会	审查并批准人力资源方面的政策与程序、招聘组委会高级行政人员、确定总经理及高级行政人员的雇佣年限和条件	执委会	非常设机构

续表

机构名称	主要工作职能	领导归属	机构性质
营销委员会	与组委会营销部密切配合,在赞助和特许权使用方面向执委会提出建议	执委会	非常设机构
首席执行官办公室	项目管理及特殊任务服务,该项工作主要是协调组委会对奥运会的筹备和组织实施监控;协调执委会的服务和行政管理,包括组织执委会会议、执委会各委员会会议、处理首席执行官交办的问题、项目和活动;协调组委会内部各机构的关系和工作;奥运会的有关仪式	首席执行官	常设机构
联络与社区关系部	负责处理与当地社区与社团的关系,多元文化管理,奥运会技术报告的准备,与国内外媒体建立密切的关系,体育信息研究、出版	首席执行官	常设机构
财务部	制定奥运会预算的政策和程序、制定奥运会预算、与政府协调税务等财政政策、风险管理、设计奥运会保险项目、反欺诈和腐败行为	财政、商务与法律事务工作组总监	常设机构
商务部	承担组委会所有重要的谈判事务,主要包括电视转播权、实物、房地产及其他商务谈判、物资采购	财政、商务与法律事务工作组总监	常设机构
法律事务部	承担组委会综合法律事务及品牌保护事务,有14名雇员	财政、商务与法律事务工作组总监	常设机构
政府保障部	促进与协调组委会与联邦政府、州政府及地方政府关系、加强与土著居民的关系	运动会保障工作组总监	常设机构
技术部	承担奥运会的技术工作、研究和制定奥运会信息技术和信息系统的规划、承担奥运会技术的谈判、签订技术合同	运动会保障工作组总监	常设机构
运动会人力保障部	招募志愿者、制定人力资源的相关政策与程序、行政管理服务、招聘组委会工作人员	运动会保障工作组总监	常设机构
运动会服务部	住宿服务、票务、认证系统、交通系统管理、安全保卫等	运动会运行工作组总监	常设机构
场馆运行与服务部	场馆管理、饮食服务、后勤服务、环境保护、奥运村服务等	运动会运行工作组总监	常设机构
场馆建设部	比赛场馆建设	运动会运行工作组总监	常设机构
体育部	体育比赛管理、体育政策与运行管理,主要包括比赛日程、运动设备、技术官员、体育志愿者、赛前训练、体育信息中心、体育技术服务、医务和兴奋剂控制、语言服务	运动会运行工作组总监	常设机构
开发部	奥运会标志的开发与设计、销售与记账管理、奥运商店、游行与展览会等活动的组织、火炬接力	营销与形象开发工作组总监	常设机构
奥林匹克艺术节部	组织与奥运会有关的艺术节活动	营销与形象开发工作组总监	常设机构

资料来源:近三届奥运会组委会运行机制、主要职能及工作流程.中国体育咨询网.

（二）志愿者

国际奥委会的一位委员在谈到悉尼奥运会成功的原因时说，志愿者是奥运会的"点睛之笔"。正是高素质的志愿者以极其高涨的热情服务奥运，才使悉尼奥运会被赞誉为最出色的一届奥运会。他们将澳大利亚人的风采展现给全世界，他们在悉尼奥运会期间不可或缺的工作得到了公认。

悉尼奥运会志愿者工作的总时数为545万小时，如果将其折合成货币，高达1.1亿澳元。更为重要的是，志愿者热心公益、无私奉献的行为对主办城市乃至主办国的民众有强烈的示范作用，从而可以启发社会良知、鼓励人们多为他人考虑，为社会着想，这就会改善社会风气，加强社会的亲和力和凝聚力。志愿者是国家的代表，展示着一个国家民众的道德水平。

参加悉尼奥运会的志愿人员在奥运会举办的前四年开始招募培训，从7万名应征者中挑选出来的志愿者都经过了安全部门的审查；从事专门业务的志愿人员，如医生、翻译、电脑技师、司机等都是具有相应职业资格的人员。每个报名参加志愿工作的人都要填写自己的专长和选择，最后经过筛选决定。志愿人员中有大学生、研究生、公司职员、家庭妇女、教师、退休人员。

1999年12月21日，悉尼奥运会组委会就开始为奥运会和伤残人奥运会的志愿服务者办理"上岗"的正式手续，整个面试工作于2000年4月结束，对那些申请了奥林匹克运动会和伤残人奥运会双份工作的志愿者，必须经过两次审核，颁发两个聘用证。悉尼奥运会组委会于1999年12月7日写信给所有的志愿工作申请人，以保证他们知道自己是否已被聘用。

五、悉尼奥运会的场地管理

悉尼奥运会组委会制订的场地入场条例包括：

（1）遗忘、丢失、票面模糊、损坏、毁坏、被窃或无法看清的入场券将不予以替换，不要使入场券因受长期日晒或在其他不良环境中而受损。

（2）所有观众都将接受是否携带受限制和受禁止物品的检查，拒绝检查者将被拒绝入场；所有观众都必须持有有效入场券，方能入场，两岁以下无须占用座位的婴儿例外。

（3）观众不能通过照相机、录像或录音设施或任何其他设施取得任何奥林匹克运动会形象，用以商业用途。

（4）对离场观众不会发给回场证，奥运会组委会将不会对任何遗失、失窃、遗忘、外观损坏或毁坏的入场券负责，不提供替换原票服务。

（5）SOCOG保留拒绝或驱逐任何不遵守这些条例，或者其行为影响比赛正常进行，或影响其他观众观赏比赛的个别观众的权力。在此情况下，入场券不准退票。

（6）在法律规定的要求以外，观众须承担所有与观看比赛相关的危险和风险，不论是在比赛活动之前、之中或之后，同时，观众承担其财产损失的一切风险。

（7）观众须明确 IOC、SCG、SPC 以及任何由这些组织授权的第三方，有权无偿使用包含观众或貌似观众的照片、影片、录音（影）带。

（8）入场券不得私自买卖、交换，不能被作为政治、广告或其他推销目的使用（包括未经 SCG 核准的竞赛或抽奖奖品）。

（9）由非官方渠道取得的入场券，可能是遗失、失窃和假票，因而可能不被接受入场。任何在新南威尔士州被定为非法的物品即不得带入奥运会场地的违禁物品，包括在没有正当理由时，携带刀具、某些药品、枪支以及某些化学品。警方可能会对那些试图携带以上违禁物品进入场地或没有遵守入场券上有关场地条例的人士采取进一步的法律行动。

（10）对婴儿的规定：两岁以下的婴儿可以免费入场，建议携带他们的年龄证明；婴儿车不准带入奥运会场地（马术越野赛、山地自行车比赛、铁人三项比赛以及持有流动 D 类票的人士除外）。赛场将提供婴儿车存放设施，在公共区域（悉尼奥林匹克公园）方可使用婴儿车。

六、悉尼奥运会的新闻媒体

（1）2000 年悉尼奥运会的电视转播是有史以来具有最大延伸范围的、最大规模的电视转播，奥运报道通过电视转播到达几乎整个世界，到达拥有电视的 39 亿人中的 37 亿人。参与报道本届赛会的新闻记者共有 16 033 名，其中文字记者 5 298 名，广播记者 10 735 名。

（2）奥运会期间，奥林匹克信息中心每天 24 小时运行。为了加强政府对媒体的控制，内阁在悉尼奥运会特别协调委员会中建立了媒体组，其主要任务是负责协调政府各部门在媒体的关系和加强与媒体的沟通。

（3）联邦政府与新南威尔士州政府和组委会紧密沟通和合作，积极引导媒体树立澳大利亚的形象。为此，上述机构联合在悉尼情人港设立了"悉尼媒体中心"，专门为没有获得采访证的国外媒体提供服务，从比体育更广泛的角度报道奥运会。

（4）超过 37 亿人通过电视收看了 2000 年悉尼奥运会，比 4 年前亚特兰大奥运会增加了 20%；2000 年悉尼奥运会在 220 个国家或地区进行了转播，电视收看时间达到了 361 亿小时；全球十分之九的个人通过电视收看了奥运会的部分比赛。

悉尼奥运会转播组织发起了世界最大的奥运转播运作：3 500 多个小时的本土转播报道，3 500 个转播专家和人员，直播超过 3 400 个小时，对 300 个奥运小项进行了报道；利用了 900 多架摄像机和 400 台录像机，聘用员工 3 500 人；与 12 000 多名得到资格认定的广播媒体人员配合工作。

七、悉尼奥运会的安全保卫工作

近年来，奥运会的直接参与者往往超过 3 万人，观众和旅游者更是超过 100 万，奥运会带来了大大的利益，但牵扯了太多的矛盾。奥运会也往往是国家元首展示他们形象和风度的良好场所，他们的到来往往能为奥运会增光添彩，但随之而来的安全保卫负担也格外沉重。

2000 年悉尼奥运会前，悉尼方面预计有 60 名全球政界要员要到悉尼，在一些国家自带保安人员的要求遭到拒绝后，再加上对奥运会安全的担心，仅仅有 16 人有意到奥运会比赛场馆去看看。这个消息对于奥运会安全人员是好事，但对于悉尼奥运会来说却是一个遗憾，他们毕竟失去了一个显示悉尼奥运会魅力的机会。

奥运会也往往是富商巨贾的集聚场所，奥运会的组织者也往往借助举办奥运会的契机来获取商业利益。悉尼奥运会期间，悉尼新闻中心就举办了澳大利亚贸易委员会峰会，国际商界人士得以与英联邦部长见面，寻找商机、洽谈贸易。这些重要人物在澳大利亚的安全问题同样不可小视。

奥运会是以运动员为中心的，保证运动员生命、财产、健康安全都是保证奥运会成功举办的底线和前提，没有运动员的正常比赛，奥运会将一无所有。一万多名来自世界各地的体育精英齐聚奥运会，他们中任何一个人出现安全问题，组委会都会有相当的责任。奥运会还是相关体育官员、裁判、体育记者、大批观众和旅游者集中的场所，他们的安全随时与奥运会的安全和形象联系在一起。更何况，不知道来到奥运会的哪个人与恐怖分子结下了怨结，不知道什么人想通过奥运会放大什么，不知道无数的人流中和每个角落里存在哪些安全隐患，不知道人群的集聚会产生什么不和谐的因素……这一切的不知道，都有可能是奥运会出现问题的盲点。而奥运会如果在安全上出现问题，很可能抵消甚至消融组织者的一切努力。悉尼奥运会组委会采取了强有力的安全保障措施：

（1）建立奥运会安全工作委员会：奥运会安全工作委员会由新南威尔士州公安局局长任主任，其成员由来自联邦政府奥运会特别协调委员会、奥运会组委会、奥运会道路与运输管理局、悉尼残奥会组委会的高级代表组成，国防部与司法部则以观察员的身份参加。

（2）建立安全情报快速反应系统：为保证奥运会的安全，联邦政府成立了联邦奥运会安全情报中心，该中心由澳大利亚总检察长任主任。建立该中心的目的在于对涉及奥运会的安全情报进行快速传递，同时避免情报传递的混乱，并对奥运会安全工作进行总体监控。安全情报中心在欧洲和美国情报专家的帮助下，充分运用现代信息技术，建立并强化了对政治动乱、生物和化学事故、边检、航空安全等方面情报信息的快速收集和反应系统。同时与消防队、公安局、急救中心、医疗机构时刻保持紧密的联系。该中心还与欧美主要发达国家的情报机构建立了密切的合作，与这些机构共享相关情报信息。

（3）加强反恐演习：亚特兰大奥运会期间的炸弹爆炸事件使澳大利亚联邦政府对奥运会的反恐工作极为关注。澳大利亚从1994年起，每年都举行两次针对奥运会的反恐演习，2000年则举行了3次。

（4）严格边境检查：为确保奥运会的安全，澳大利亚边境检查部门在奥运会组委会对所有奥运大家庭成员进行验证之前，就对他们的相貌、性格特征及是否有犯罪记录等情况进行了核查，这与以往任何一届奥运会都有所不同。

（5）重视航空安全工作：在悉尼奥运会期间，新南威尔士州政府颁布自己的法律，禁止任何飞机在奥运会场地上空飞行，违反规定将被罚款最高额达25万澳元。

八、悉尼奥运会经验借鉴

现代奥林匹克运动已经远远不只是运动场上的竞赛，举办奥运会对一个城市的吸引力是显而易见的，虽然运动会只持续十几天，但是却给举办城市以及举办国带来无法估量的收益，包括经济效益和社会效益。因此，判断奥运会成功与否的关键在于举办奥运会的目标，奥运会的成功不能以它在财政方面是否赢利作为判断标准，而应该对奥运会进行综合的评价。

悉尼奥运会在环保、交通、场馆设计、志愿者服务以及经济收入等方面的成就赢得了世人的好评。国际奥委会主席萨马兰奇在闭幕式致词时宣布，第27届奥运会是"有史以来最出色"的一届奥运会。他说："7年前，当悉尼获选为2000年的奥运主办城市时，我说了悉尼是胜利者的话。现在，我要告诉所有参与这次奥运会的人，你们为澳洲写下了一页辉煌的历史。"它不但为澳大利亚赢得了良好的声誉，而且更为重要的是，悉尼通过筹办奥运会极大地推动了城市建设，改善了生态环境，促进了交通、旅游、房地产等相关行业的发展，从而大大提升了悉尼城市的知名度，提高了其在世界上的地位。

悉尼奥运会的得与失是所有奥运会大家庭的成员都需要总结和学习的，并且要结合本国的实际情况来指导奥林匹克运动的推广与普及活动。

（一）环保

悉尼在环保方面是做得比较成功的，一方面在申办过程中大力推广"绿色奥运"理念；另一方面在申办成功后，澳大利亚政府并没有将"绿色奥运"当作一个口号，而是将其落实到举办奥运会的整个过程之中。

悉尼奥运会中的基础设施（奥运场馆、奥运村）都使用了全球最大的太阳能发电设备，奥运村的全部住宅在单个的设施中都用了浅色的外墙涂料和遮阳板等方式调节室内温度，在新场地建设上也充分考虑到环保的需要，场地的设计能有效地利用电力、保护水资源和保持室内空气质量。使用的所有建筑材料都属环保型，施工程序也将浪费减小至最低程度，奥运村建设过程中产生的铜、铝、铁等金属废品也全部被回收处理。室内使用的装修材料都是对人体无毒无害的环保型产品等。

另外，生态型的奥林匹克公园，全新的垃圾处理系统也给人们留下了深刻的印象。

（二）交通

交通问题的重要性是每届奥运会的主办者都要认真考虑的，奥运会期间解决交通问题的关键在于是否能确保运动员从奥运村顺畅地到达各个赛场，是否能保证每天安全运送与疏导数十万观众前往比赛场地。

悉尼在这方面所做的工作是卓有成效的，他们采取了许多切实可行的交通措施，保证了奥运会期间交通的顺畅安全。一方面，组委会提供专车穿梭于奥运村、记者村、新闻中心、比赛场地，往返接送乘客，为比赛的顺利进行提供了可靠的保证；另一方面，在解决观众交通问题方面，依靠铁路、地铁，还抽调巴士、公共汽车，作为专车行驶在奥运专线上。同时，在奥运信息网站上公布详细的比赛时间、比赛场地以及到达所在赛区的交通路线、搭乘的交通工具等，使观众能够方便地观看比赛。

并且，奥组委还为残疾人提供了一些特别详细的资料，特别是关于比赛场地、悉尼奥运村和交通的信息，包括视力、听力不好、行动不便、使用轮椅的人，在比赛场地都有工作人员为他们提供特殊、周到的服务，使他们能够更好的感受比赛，感受奥运，享受奥运，体现了"以人为本"的人文关怀精神，也使奥林匹克精神得到更好的传播。

（三）场馆建设——规划设计、后期经营

悉尼奥运会比赛场馆的设计比较独特，可谓别具匠心，除了对原有场馆的改造与扩建，又新建了一些体育场和体育馆，其中大约有三分之一的比赛在原有场馆进行，这就减少了对新建场馆的需求。

新建场馆尽可能做到投资少、周期短、效果佳。设计时的出发点是尽量利用和修建临时性比赛场所，充分利用原有场馆设施，避免重复建设，充分考虑场馆的多功能性，大力开发奥运场馆的旅游文化功能，满足悉尼市居民对体育场馆的需求，与开发商共同经营体育场馆等，综合、全面地考虑场馆的后期经营。

奥运会后的场馆利用既是经济问题，也是环境问题，奥运会作为最大型的综合性运动会，具有规模大、要求高、筹备时间长而举办时间短的特点，这就可能造成为奥运会准备的大量设备赛后闲置。为了避免这种不良浪费现象发生，在筹备过程中就一定要注意临时性特点，动态地思考和处理问题，一切从长计划。

目前，在场馆的后期利用上，各国都在探索行之有效的方法，即使像悉尼奥组委这样精明的组织者，还是留下了许多后遗症。投资5亿美元兴建的奥林匹克主体育场，由于奥运会后大型赛事和游人数量锐减，体育场财政状况不佳，澳大利亚媒体称其为大而无用的"白象"，最后不得不把11万人的座席减到8万，而且只保留设有电动可伸缩风雨顶篷的东、西看台，南北看台座席全部拆除。由个人出资新建的悉尼超级大穹顶和特拉斯达球场，前者是一个巨大的室内运动和娱乐竞技场，后者如今主要是一个足球场，它们的经营状况都不是很理想。

在北京成功申办2008年奥运会之后，同样也面临着场馆的建设、规划和后期利用等问题。在这方面，应该多借鉴国外的成功经验。

（四）门票销售

门票销售是奥运会收入的重要来源，门票收入的多少不仅决定着奥运会的盈利状况，而且决定着奥运会现场观众的人数状况，在某种程度上影响着奥林匹克运动的推广普及。

悉尼奥运会截至闭幕前一天，门票的销售率高达92%，不仅大大超过上届亚特兰大奥运会的82.7%，也创造了奥运会新纪录。

但是也有做得不完美的地方。例如，奥运会大家庭、赞助商、媒体、公众票务分配不顺畅，不够重视网上销售，送给观众的票不够及时。并且，悉尼奥运会的组织者5月7日在出售新一批门票时发现了新问题：田径比赛的一个热门夜间场次门票被错误地标上了低廉的日场票价，组委会也因此损失了92.66万澳元。

（五）志愿者服务

在志愿者方面，悉尼奥组委主席奈特则特别赞扬在这次奥运会中担任志愿人士的工作人员。他说："这些志愿工作人员没有获得任何的酬劳，但却付出了很多。没有这些人的帮忙，悉尼奥运会不可能如此成功。"

悉尼奥运会的志愿者组织工作被认为是最好的一届，奥运会组委会不付一分钱，仅为他们每人提供一套制服、一顿工作餐和上下班时的免费交通，但是他们却以热情的、高质量的服务赢得了好评。比赛前，组委会对志愿者进行了熟悉各项体育比赛和运动场馆、提供服务的要领、世界各地的文化生活习惯等知识和如何为残疾人服务等方面的培训，志愿者不仅为奥运会提供了高质量的人力资源，还大大地降低了奥运会的成本。

2008年北京奥运会提出了"人文奥运"的理念，旨在通过奥运会提高整个民族素质。志愿者活动是最能体现"人文奥运"理念，唤起全民参与奥运会的基本形式之一，志愿者热心公益、无私奉献的行为不仅对主办城市乃至主办国的民众有强烈的示范作用，还可改善社会风气、加强社会的亲和力和凝聚力。

从 2004 年 9 月雅典奥运会结束起，2008 年北京奥运会进入筹备的冲刺期，北京奥组委为保证人才储备，需要开始实施培养合格志愿者的发展计划。

要规范奥运志愿者招募工作，积极把志愿者招募和北京市民素质提高、公民道德建设联系在一起，同时也要制定志愿者奖励机制，实施人性化管理；要加强对奥运志愿者培训，力争建立一支真诚、热情、礼貌、周到、懂专业知识、具备服务技能的高素质的志愿者队伍。志愿者应该更好地学习世界各国奥运会，尤其是悉尼奥运会的志愿服务经验，进一步推进北京迎奥运志愿服务工作，为北京 2008 年奥运会成功举办贡献力量。

奥运志愿群体还需努力学习世界各国的文化、语言，特别是奥林匹克相关知识；学习中国文化、北京文化，了解北京乃至全国的文化遗产，全面提高人文素质，使逾十万志愿者大军成为北京形象的一张名片；尽早建立 2008 年奥运会志愿者培训基地，编写培训教材，组织培训师资队伍，制订出时间表，并切实开展志愿者的各项人文素质和技能的培训。

志愿者的招募培训工作不仅限于官方和组委会，应该整合社会机构来共同进行。学校在奥运会志愿者项目中将发挥极其重要的作用，北京奥运会需要十多万名的志愿者，大学生志愿群体应该作为奥运志愿者的主力军。

（六）文化活动中体现的人文奥运精神

在开、闭幕式的入场仪式中，韩国、朝鲜的运动员携手出现在同一面代表团旗帜下进入运动场，主会场的圣火由土著女运动员弗莱曼点燃，这给奥运会增添了不少光彩。同时，让本届奥运会独具特色的是澳洲人的精神，他们在奥运会上表现出了热情、友好，不仅为澳大利亚本国运动员的行为鼓掌呐喊，也为外国运动员的表现欢呼喝彩，他们使奥运会成了他们自己的奥运会，澳大利亚为他们而骄傲。国际奥委会主席萨马兰奇向悉尼市民颁发了奥林匹克杯，以表彰他们为奥林匹克作出的杰出贡献。

悉尼奥运会的开幕式和闭幕式集中体现了奥运会的人文色彩，展现了澳大利亚社会和各民族绚丽、多元的文化，向全世界展示了澳大利亚的风土人情，宣扬了奥林匹克精神，将本国的文化特色融入了奥运会之中，成为奥运会的一笔重要的文化遗产。

奥运会的举办应该在体现本民族的文化特色的同时，体现出对世界文化的包容性。从各届奥运会来看，各国都是以体现本民族的文化特色为主，同时也兼顾到对其他民族文化的包容，既要反映出以和平、团结、友谊为宗旨的奥林匹克精神，也要展现出东道国的民族文化、地方风俗和组织工作的水平。

对北京奥运会来说，如何将中国几千年的优秀文化融入奥运会之中，体现出中国文化特色的同时又考虑世界各国的文化特点，这是一个重要的任务。要向民众大力宣传"人文奥运"精神，开展奥林匹克教育、推广活动，使"人文奥运"深入到人们的心中，落实到实际的行动中，才能更好地将中国文化与奥林匹克精神结合起来，办一届成功的奥运会。

第十五章　中华人民共和国全国运动会

一、全运会的发展概况

中华人民共和国全国运动会（以下简称"全运会"）自1959年首次举办至今已有近50年的历史，共举行了10届。在这近50年的发展过程中，全运会在项目设置、竞赛组织、运动水平、参与规模等方面都有了大幅度的提高，为我国体育人才的培养和竞技体育水平的提高起到了十分关键的作用。表15-1为我国历届全运会基本情况统计表。

表15-1　我国历届全运会基本情况统计表

届次	时间	地点	规模	项目数量	特点
1	1959年9月13日—10月3日	北京市	各省、市、自治区和解放军共30个单位的1 658名运动员参加比赛	36个比赛项目、6项表演项目	本届全国运动会是新中国成立以来第一届全国运动会，共有7人4次打破4项世界纪录，664人844次打破和新创106项全国纪录
2	1965年9月11日—28日	北京市	各省、市、自治区和解放军共30个单位的5 922名运动员参加比赛	22个比赛项目、1项表演项目	本届运动会是在我国经历三年自然灾害后首次全国比赛，各省和单位都非常重视本届运动会，在这届全运会上，共有24人10次打破9项世界纪录，331人469次打破130项全国纪录，这是历届全运会刷新全国纪录项数最多的一届。
3	1975年9月12日—28日	北京市	31个单位的12 497名运动员参加了比赛	28个比赛项目、10项表演项目	我国台湾省首次派团参加了本届全国运动会。在本届运动会中，共有1个队4人6次打破3项世界纪录，两人两次平两项世界纪录，49个队83人197次打破62项全国纪录，4队36人144次破58项青少年全国纪录
4	1979年9月15日—30日	北京市	31个单位的15 189名运动员参加了比赛	34个比赛项目、1项表演项目	本届全运会共有5人5次打破5项世界纪录，两人3次打破3项世界青年纪录，3人3次平3项世界纪录，36队204人376次打破102项全国纪录，两队6人10次打破5项全国少年纪录

续表

届次	时间	地点	规模	项目数量	特点
5	1983年9月18日—10月1日	上海市	31个代表团的8 943名运动员参加了比赛	25个比赛项目，1项表演项目	本届全运会是首次在首都北京之外的城市举行，共有两人3次打破两项世界纪录，4人5次平3项世界纪录，1人1次破1项世界青年纪录，39队66人145次打破61项全国纪录
6	1987年11月20日—12月5日	广州市	各省、市、自治区、解放军和行业体协的37个代表团的11 676名运动员参加了比赛	44个比赛项目，3项表演项目	行业体协的参加使本届运动会的参赛单位扩充到了37个，比赛项目增加了民族传统体育的成分，使全运会成为各民族都能够积极参与的体育盛会。两队10人17次破15项世界纪录，3人3次平3项世界纪录，两人两次超两项世界纪录，创造或超过48项亚洲纪录和最好成绩，创造85项全国纪录和最好成绩
7	1993年9月4日—9月15日	北京市	31个省、市、自治区和行业体协共45个体育代表团的8 000人参加了本届全运会	43个比赛项目	本届全运会设立了两个分赛场，本届全运会有了自己的吉祥物金鸡，取名为明明，会歌为《五星邀五环》
8	1997年10月12日—24日	上海市	各省、自治区、直辖市、香港特别行政区和解放军以及13个行业体协共46个代表团，共计两万余人（运动员7 647人）参加了全运会，其中首次参加全运会的香港特别行政区代表团由257人组成	28个比赛项目	本届全运会香港特别行政区首次组团参加比赛，比赛的多媒体查询系统首次进入国际互联网，首次设立运动会志愿者，电视媒体转播时间与前七届相比最长。参与全运会观众人数超过200万人次，是前七届最多的
9	2001年11月11日—25日	广东省	45个代表团的12 314名运动员参加了全运会预赛，8 608名运动员参加全运会决赛	30个比赛项目	本届全运会澳门特别行政区首次组团参加比赛，也是全运会历史上的真正市场化运作，组织形式和经济效益都成为今后各申办省市的学习典范
10	2005年10月12日—23日	江苏省	全国各省、自治区、直辖市、香港和澳门特别行政区、解放军和各行业体协的46个代表团的9 922名运动员参加决赛	42个竞赛大项，357个小项	本届全运会江苏全省共同参与了全运会的竞赛组织工作，首次聘请了外籍裁判对十运会的花样滑冰、水球、手球、曲棍球、棒球、垒球、帆船帆板、马术等8个大项的决赛阶段比赛进行执法。有10万志愿者参加了十运会的组织服务工作。各种信息通讯技术是历届全运会最为先进的

二、全运会的赛事运作

(一)全运会的运作体制

1. 全运会的组织体制

我国体育运动和赛事的管理采取分级、归口的管理原则。所谓"分级"是指全国性和国际性的体育事务和赛事由中央级体育部门管理,省级、地(市)级和县级的体育事务和赛事分别由同级体育部门管理。所谓"归口"是指奥运会和亚运会之类的综合性国际大赛的组团和参赛事务由中国奥委会主管,全运会和城运会等综合性全国运动会由国家体育总局主管,农民运动会、大学生运动会和少数民族传统体育运动会分别由农业部、教育部和国家民委主管,各个单项运动会的事务和赛事则由国家体育总局下属的各单项运动管理中心主管。

任何一项管理活动都是在一定的组织形式下进行的,要想获得对全运会活动的有效管理,必须借助于一定的实体——全运会的组织体制。我国的全运会组织体制仍然是政府领导下的一种条块结合的管理体制。这种体制的特征是以国家体育职能部门管理为主,发挥地方政府、体育协会、行业协会和社会体育组织的辅助管理作用,实行分级管理的综合型管理。我国全运会管理体制的模式如图 15-1 所示。

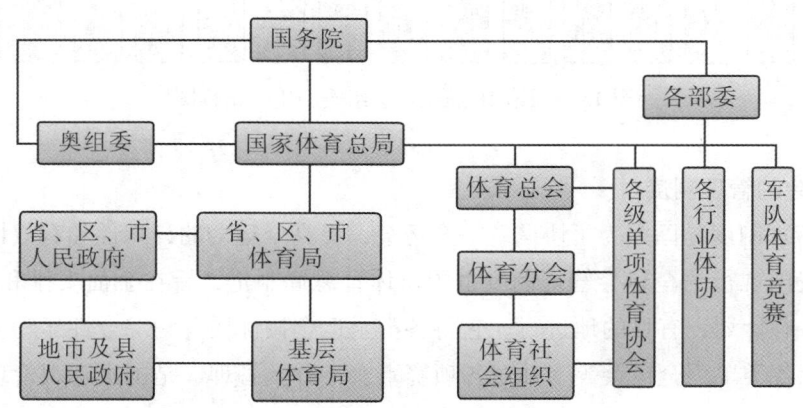

图 15-1 我国全运会管理体制的模式

我国现行的全运会组织机构体系,其优点是:政令统一,易于形成与发挥"举国体制"的优势,便于集中领导、分级管理,统筹全局,能够有效地利用各种有限资源。

但从全运会管理的实践来看,还存在着不容忽视的不足与缺陷,如各层次各部门缺乏必要的自主性和独立性,没有充分发挥体育社会组织的作用,条块间的协调需要加强。从理论上来讲,国家体育总局通过协调中央其他有关部委负责体育竞赛事务的部门和各省市地方政府和体育职能部门，形成相对固定的核心权力机构。从实际操作层面上来讲，各类全运会的组织系统则以"职能式"划分组织机构，这种职能式的组织结构是具有相对稳定的临时系统。全运会组织体制内部构成单位，由相对固定的权力机构和相对稳定的职能机构组成，其任务随竞赛计划的进行而时有变化。一般看来，常设权力机构的构成单位是永久性的，而外围系统的构成单位只担任一次性组织全运会的任务。这种全运会体制的结构具有很大的灵活性。系统内的成员有的接受国家体育总局的控制，有的仅凭某种协议与国家体育总局联系，而有的则不受国家体育总局的控制，还有的国家体育总局根本无法控制。它一方面有利于调动各方面的积极性，推动体育事业的发展；另一方面横向协调差，对全运会的管理运作有些影响。例如，第10届全运会组委会的机构和人员组成就是由国家体育总局以及国家相关部门与江苏省人民政府及相关政府部门组成（图15-2）。

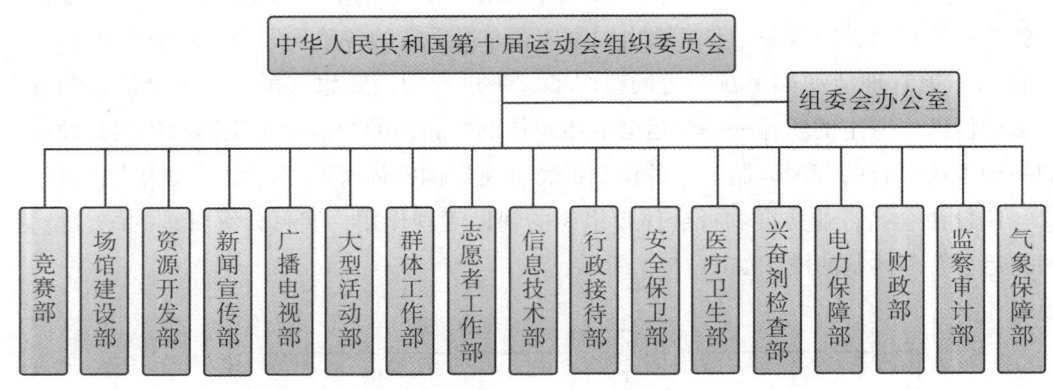

图15-2 第10届全运会组委会组织结构图

2. 全运会的管理制度

全运会管理制度是国家为了协调统一全运会，提高全运会的计划性和有效性而制定的法规性文件。我国现行的全运会管理制度由国家体育总局制定，旨在全面安排和调控全运会，使之有系统、有计划、有目的地进行。它将各类全运会按性质分为综合性运动会、行业（系统）运动会及各类单项全运会等，并对各项赛事实行分类管理，是国家宏观管理全运会活动的依据。现行的全运会管理制度按照功能和地位的不同，可分为主导性制度和辅助性制度两大类：

（1）主导性制度是指主要的带全局性的并且引导全运会向一定方向发展的制度。这类制度主要有：《全国体育运动单项竞赛制度》《全国综合性运动会试行工作条例》《全国学生体育全运会制度》《全国体育竞赛赛区工作条例》《全国纪录审批制度》《全运会奖励制度》。

（2）辅助性制度是指为保证主导性制度的实施而制定的有关制度。这类制度主要有《违犯〈全国体育竞赛赛区工作条例〉的纪律规定》《关于运动员参加全国比赛的资格审查暂行办法》《仲裁委员会条例》《关于社会各行业与体委系统合办体育竞赛的管理办法》《全国性体育竞赛检查禁用药物暂行规定》《关于外国留学生参加国内体育比赛的有关问题的通知》《全国体育竞赛赛区开展"体育道德风尚奖"评选活动办法和要求》《全国体育竞赛最佳赛区和优秀赛区评选办法、运动项目的竞赛规则》。

我国现行全运会制度除了一般制度所具有的约束力、强制力等特点外，它还具有以下特点：① 目的性。为实现体育发展战略服务，并保证其顺利实现。② 针对性。突出奥运战略，协调兼顾群众体育和竞技体育的发展；分级比赛、分类管理。③ 以社会效益为主。强调在全运会的综合效益中，突出社会效益。

（二）全运会的申办

从全运会管理的实践来看，还存在不容忽视的不足与缺陷，如全运会给举办地和举办城市带来的综合效益成为各省市积极申办的最好佐证。从1994年原国家体委颁布《全国综合性运动会申办办法（试行）》开始，全国综合运动会的申办进入了公平竞争、公开选拔时期，每个申办城市都有自己的城市发展战略，他们把举办大型运动会作为城市发展战略的一部分。《全国综合性运动会申办办法（试行）》中指出：申请和举办全运会与城运会要根据本地实际，量力而行，应本着实事求是、勤俭效能的原则，体现改革精神，广开思路，面向市场，依靠社会，减少国家的投入，创造性地开展工作；各省、自治区、直辖市都具有申请承办的权利和义务。申办城市和社区都有着自己的申办动机与目的，分析其申办的起因可以归纳为以下几种：一是扩大社会影响，通过举办全运会提高城市和社区的地位，展示城市和社区的形象；二是改善投资环境，通过举办全运会改造城市和社区，创造良好的氛围与环境，吸引企业与商家，获得理想的经济效益；三是提高人文素质，通过举办全运会宣传城市和社区的传统与文化，培养全民参与意识和主人意识，提高国民身体素质和竞技体育水平；四是促进对外交流，通过举办全运会展示城市和社区的综合实力、旅游资源、科技成果、特色产品，搭建市场运作的舞台，创造具有地区特色的社区经济[①]。

（三）全运会的承办

全运会作为国内大型综合运动会，其承办选择要遵循科学决策原则。全运会承办选择涉及的因素很多，所以申办城市有必要进行承办的可行性分析，进行科学决策。可行性分析包含的内容有：城市基础设施的基本要求（交通、通信），赛事举办可用到或是可接近的赛事物资资源（场地和设备），赛事所需场地和场馆因素（如场馆容纳量）。成本预算包括时间、人员和费用，收入计算（门票比例、门票发行、资金来源——赞助、基金、拨款），政府的

---

① 北京体育赛事管理与营销基地.北京体育赛事管理与营销研究报告［M］.北京：同心出版社，2005.

支持程度，举办的赛事对主办社区的影响，达到赛事目的和目标的机会；可获得的支援，例如，赞助商和支撑服务（如设备的租借），选择举办时间的考虑因素（地理、气候），公共和私人财政支持的来源，需要运用的管理技术设施与环境，克服潜在障碍需要什么样的风险管理举措，城市和社区居民的支持程度等[①]。

国家体育总局要对申办的城市进行综合评估，最后投票决定究竟由谁来承办。参加比赛的城市也可以申请协办，这就增加了承办全运会的竞争程度。各级政府组成申办团，进行宣传游说，以获得国家体育总局的支持。国家体育总局对申办城市进行综合考查，考查内容包括申办城市的经济实力、交通、气象条件、环境、医疗卫生系统、城市建设、体育设施、人文环境、信息技术、安全以及管理经验等，还要评估其对赛事的贡献，是否有利于体育理念的传播、地方文化的融入等情况。在投票决定时除了申办者所必须具备的硬件软件设施之外，还应该从中国体育事业发展的战略高度上进行合理布局。

（四）全运会的竞赛运作

体育赛事的竞赛管理是整个赛事运作的核心，是整个赛事成功与否的关键和主要内容，体育赛事的竞赛管理是对其资源的管理，体育资源包括人、财、物、信息。管理的本质实际上是包括计划、组织、协调和控制的管理活动，也就是对整个竞赛活动进行计划、组织、协调、控制，以达到顺利完成竞赛任务的目的。竞赛管理过程可以分为三个阶段，即赛前阶段、赛中阶段、赛后阶段，每个阶段都涉及很多要素，因此，有必要使整个管理活动制度化、科学化。

随着国际重大体育赛事参加人员的增多及规模的加大，事务性工作的电子化和系统科学管理日趋需要大的投入，将科学管理理论引入体育竞赛管理中是很有必要的。将全运会竞赛中涉及的众多因素运用科学的方法进行管理，将有助于提高竞赛管理的水平和效率，为运动员获得好的成绩创造条件，同时提高全运会的竞赛水平和观赏性。

竞赛管理的科学化包括竞赛时间、日程安排的科学化，竞赛技术的科学化，竞赛信息技术的科学化、人力资源的科学化管理、安全保卫工作的科学化等。第10届全运会的主赛场设在江苏省南京市，它承担田径、游泳、跳水、体操、射击、篮球、乒乓球、足球、击剑、柔道、赛艇共11个项目的比赛。另在交通方便、临近南京的镇江、扬州、苏州、无锡和常州等12个城市设立分赛场，分别承担射箭、举重、摔跤、羽毛球和排球项目的比赛。这样做到了竞赛的合理安排、科学布局，减轻了由一个城市承办所有竞赛的人员、场地负担，同时又扩大了全运会的影响和参与程度。全运会的竞赛日期、时间、地点也进行了科学合理的安排，为运动员竞赛提供方便。工作人员、志愿者等岗位是按岗设人、科学管理、保证效率。单项竞赛办法完全与国际比赛规则接轨，新理念、新办法、科学化对全运会的成功举办

---

① 北京体育赛事管理与营销基地. 北京体育赛事管理与营销研究报告［M］. 北京：同心出版社，2005.

产生了很大的帮助。

体育竞赛服务是由竞赛核心资源的条件决定的。场馆服务为运动员提供较好的比赛、训练环境和场馆。转播服务为观众转播高水平的比赛，赛事服务为运动员、教练员、官员、记者等人员提供优质的食宿服务、志愿者服务、交通安全服务等。竞赛技术服务为竞赛提供高效、准确的信息处理技术。票务服务为观众提供便利的购票渠道和适宜的购票价格。法律保险服务为运动员、观众提供保险法律服务等，都归属于竞赛服务的范畴。

历届全运会都十分注重加强运动队伍管理，重视宣传教育，加强运动员思想道德作风建设，加强赛风赛纪教育，坚决反对为取得好的运动成绩而弄虚作假，坚决反对锦标主义和拜金主义，帮助运动员树立集体荣誉感和社会责任心。国家体育总局制定了严密的运动员参赛资格审查办法，最大限度地杜绝弄虚作假的情况发生。对于裁判执法，结合项目特点，全运会有针对性地采取以下几条预防措施：通过制定和修改规程、规则，统一和规范裁判员判罚尺度；改进比赛办法，防止打假球、搞假比赛；比赛期间实行裁判员回避制度；打分项目增加执场裁判，防止少数人左右分数；赛前临时宣布执场裁判员名单；交手和打分项目设置仲裁录像，加强监督和检查；实行裁判员每日总结制，裁判长每日评估制，以检查当日执法情况；实行执法举报制度等，确保比赛的正常进行。

（五）全运会的市场运作

体育竞赛对社会广泛的影响、体育竞赛赛场的宣传效果、宣传媒介对体育竞赛的大量报道等，使体育竞赛成为商品广告宣传的载体。借助体育竞赛，企业及其产品可以被社会广泛了解并接受，从而使企业收到实际利益，加上全社会对体育的关怀和支持，这是体育竞赛可以实行集资的基础。

提高体育竞赛的效益必须使体育竞赛社会化，并拓宽集资渠道。体育竞赛的社会化和集资没有固定的模式，也不是一成不变的，在实践中已经出现的形式主要有：

（1）由具备条件的大企业承办或合办体育竞赛，承担全部或部分竞赛费用。在由企业承办竞赛的时候，由于企业对竞赛的组织工作不熟悉，体育部门仍应给予业务上的指导。

（2）由企业赞助相当的竞赛经费，以企业冠名的方式来命名比赛。

（3）企业赞助设置单项评选奖杯。

（4）设置体育竞赛的广告，包括赛场的各种广告、秩序册、纪念画册的广告、门票、号码簿上的广告等，设置广告要符合规则要求，不能影响比赛的进行和观众视线。

（5）赞助单位以购买相当数量或特定价格的比赛入场券的形式赞助比赛。企业以产品赞助体育竞赛，例如，体育器材、运动服装、灯具、家具、饮料等。在大型体育竞赛中还可实行大会指定商店、宾馆、大会专用商品等形式来扩大企业和产品的知名度，还可出让大会会徽、吉祥物等标志的使用权。把体育竞赛与社会经济活动结合起来，既为体育竞赛提供了经费,又为启动市场发展经济作出了贡献。

（6）由于我国电视台不是属于商业性的,因此,目前在国内未能实现有偿出让比赛电视转播权的办法,只限对外实行。对内可以通过大会组委会和新闻媒介的合作,通过广告等形式,为体育竞赛筹集资金。

在以赞助或广告等形式进行集资时,要遵守国家工商管理部门和上级体育部门对赞助或广告的规定,只有经批准的广告经营单位才能经营广告。体育竞赛的赞助要体现双方受益的原则。不仅通过各种形式的赞助使举办体育竞赛者受益,还要通过对体育竞赛的赞助使赞助的企业受益。因此,就必须加强宣传,取得新闻媒介的重视。必要时可在比赛开始前举行新闻发布会,在组委会、新闻发布会、宴会等公开场合,提供赞助企业领导人发言的机会。根据赞助企业的要求,安排座谈会听取运动队对企业产品质量的意见。适当提供赞助单位一定的比赛入场券。凡决定为独资赞助的体育竞赛,大会不应再接受其他单位的赞助,除非取得独资赞助企业的谅解和同意,一般企业不欢迎在赛场出现同类产品的广告,因此,在以一个企业为主赞助的情况下,应主动考虑企业的这一要求。只有重视体育竞赛赞助受益的双向性,体现赞助企业在赞助竞赛中的利益,才能使企业乐于赞助体育竞赛,有利于拓宽体育竞赛的集资渠道。

全运会的经济效益不仅在于体育竞赛本身,深层挖掘体育竞赛产品和相关产品才是创造其经济效益的最佳方案。九运会成功的市场运作为广东省创造了巨大的经济效益。为了开发九运会的无形资产,接受社会捐赠,协调运作九运会的招商工作,为第九届运动会筹集资金,广东省人民政府专门成立了"第九届全国运动会粤兴有限公司"（简称"九运会粤兴公司"）。

九运会粤兴公司是经工商管理部门注册登记的、中华人民共和国第九届运动会筹委会集资委员会领导下的经营机构,具有独立的法人资格。经筹委会授权,九运会粤兴公司具体负责九运会集资工作及与九运会相关的各种专有权的管理及开发工作,公司下设办公室、广告专利部、进出口贸易部、财务部等9个部室（图15-3）。粤兴公司的管理涉及九运会会徽、吉祥物等专有权的管理与出让、大赛主、分赛区场馆内广告、户外广告位的出让,新闻媒体广告发布,比赛项目冠名冠杯、比赛专用、选用产品的选择,比赛印刷品广告的制作发布,纪念金银币、邮品、IC卡的专有权出让,电视转播权的出让以及九运会前奏系列活动的安排与统筹管理等,所有这些都是九运会筹集资金的重头。九运会媒体转播采用了国际通用模式,即电视台广播电台必须购买转播权,才能进入比赛场地采访报道,而这种做法在国内是从来没有过的。全运会是中国最大的综合性运动会,组委会承办运动会需要花费巨资。电视台利用比赛作为载体,在运动会期间可吸引大量的广告客户,为自己带来可观的经济效益,有30多家电视台购买了九运会的电视转播权,既有全国性的中央电视台,也有西部地区的新疆电视台、新疆生产建设兵团电视台。此外,香港的两家电视台也共同购买了香港地区的报道权,凤凰卫视、澳门电视台、日本NHK电视台也陆续购买了转播权。其中,仅中

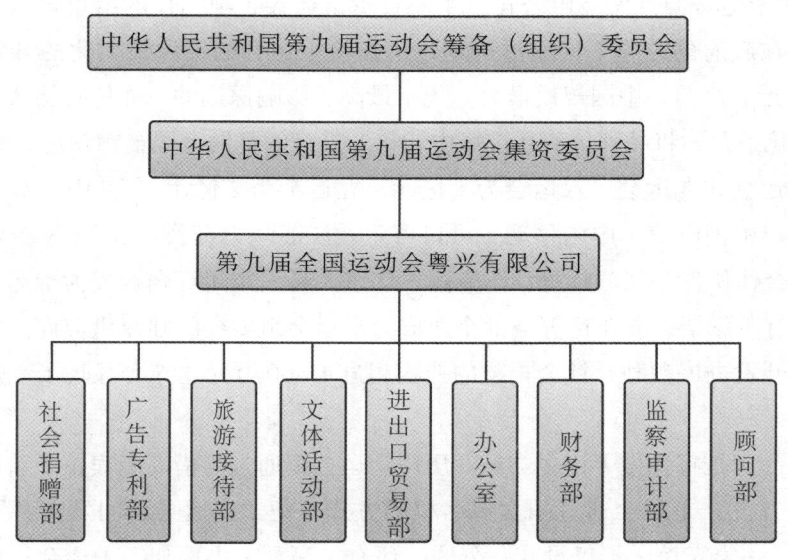

图15-3 全国九运会组委会组织结构图

央电视台就斥资450万元购买了全国版权。九运会纪念品也是一个很好的卖点,带有九运会会徽标志和吉祥物图案的各式纪念品在广州的一些大小商场、邮局和小摊随处可见,这些精美的九运会纪念品包括纪念币、会徽、胸饰、钥匙扣和磁卡等。为记录这届盛会,由九运会组委会、中国民航宣传广告公司、广州隆城雅格文化发展有限公司联合推出了一套包装精美的"龙腾九运"航空纪念磁卡,集中展示了一至九届全运会的会徽、吉祥物,并以珍贵的体育邮票点缀其中,因而更显其珍藏价值。九运会是我国首次把会徽、吉祥物、名称作为无形资产进行开发的运动会,制作厂家首先要购买专利权才能生产,既保护了设计专利,同时又促进了体育产业的发展,表明九运会在向大型赛事商业操作的国际接轨中迈了一大步。

　　九运会的召开,使原本处于淡季的广州市旅游市场也随之升温,由此引发的旅游热潮给广州的旅游经济带来了新的活力。据当地旅游协会介绍,在九运会召开期间,各大酒店的入住率远远高出平时,各宾馆的房价也随之上调。九运会仅运动员、教练员代表就有2万多人,而借看九运会来广东旅游的全国各地游客和海外友人则达到20多万人。因此,九运会无疑成为全广东人民的节日。为配合办好九运会,广东旅游业早在一年前就开展了积极的准备工作。广东旅游局连续举办了饭店服务技能大赛、广东生态旅游展、广东旅游商品展等一系列大型活动,包括九运会15个赛区在内的广东22个地级市都纷纷推出了各自的精品旅游路线。为吸引游客,广州九运会独家接待旅行社——广之旅还特设了九运会场馆旅游专线,为九运会的观摩游客提供了方便。九运会的经济效益深入到了各个行业,通过举办全运会,举办城市在宣传自己的同时,也得到了相当丰厚的经济效益。

　　第十届全运会借鉴了九运会成功的运作经验,在获得十运会主办权后,江苏省在2003

年10月成立了十运资源开发有限公司,主要负责十运会各项工作的组织管理、商务营销以及宣传工作。在政府的主导下,通过市场化运作将十运会的资源最大化的开发。十运会是2008年北京奥运会之前,中国规模最大、规格最高、影响深远的一届体育盛会,从一开始就确定了走市场化道路,将品牌价值在市场中转化,签订的赞助合同金额超过3.6亿元人民币,全面超越了八运会和九运会(八运会为1亿元,九运会为2亿元)。其中,赞助招商成效显著:中国石化、中国电信、中国移动、可口可乐、江苏隆力奇公司等12家企业相继成为十运会组委会的合作伙伴,江苏牡丹汽车集团、广东大哥大集团等企业成为十运会组委会赞助商。另外,还有英派斯、飞亚达等一批企业成为十运会组委会的独家供应商。特许经营、其他商业资源的开发进展顺利,社会捐赠的钱物超过1 400万元,充分显现了十运会无形资产的巨大魅力。

十运会在品牌挖掘上做了许多尝试。历届全运会都通过租借高级宾馆开新闻发布会,这是一笔不小的开支。十运会通过拍卖冠名权的方式,把"十运会新闻发布会"的冠名权以420万元卖给了一家宾馆,不仅没花一分钱,还有了赢利。再例如,十运会提供给赞助商的回报中增加了单项赛事冠名权和赛场场地广告权、VIP接待权和赛场展示权,这些回报是从全运会的实情出发制订的。

"十运会合作伙伴"是十运会的顶级赞助商,赞助金额为1 500万元以上,在一个行业中只选择一家,享受"排他权"。"十运会赞助商"是十运会第二级别的赞助商,赞助金额一般为800万元以上,在同行业产品类别中享受"排他权"。"十运会供应商"则在同行业产品类别中享受"共同排他权","供应商"的赞助金额一般为50万元以上,"独家供应商"、"指定供应商"的赞助金额一般为300万元以上。为了确保"十运会合作伙伴"和"十运会赞助商"的尊崇地位,这两个级别的赞助商总数原则上不超过20名。在赞助招商过程中,十运会组委会的一项重要任务就是维护好赞助商的排他权益。这项工作做得越好,十运会的信誉就越好,就会有更多企业愿意加盟十运会。合作伙伴和赞助商的权益得到了保护,回报有了保障,投资也就物有所值。

此外,十运会将维权工作作为资源开发取得实效的关键一环。十运会知识产权包括十运会特殊标志及其延伸出来的"荣誉称号"、"专用产品"等。早在十运会会徽、吉祥物正式发布前,就向国家工商行政管理局和国家知识产权局办理了注册和专利保护申请的相关手续,从法律、法规程序上对十运会的特殊标志实行保护。与此同时,还联合工商、法律等部门的力量,加强与组委会各部门、各赛区和各单位的协调与联系,共同维护十运会的知识产权。

(六)全运会的大型活动运作

在全运会召开之际都会举行不同形式的大型活动。主办地以全运会为媒体,大力开展各种商贸洽谈活动,促进当地的经济、旅游、文化的发展,积极宣传举办地悠久的地域特色,例如，全国九运会举办期间，广东举办了特色旅游节、广东进出口贸易交易会等一系列商贸、文化活动。像全国体育先进表彰大会以及全运会论文报告会也在全运会举办期间进行。2005年第十届全运会期间，在主办地江苏省南京市举办了第六届全国体育美术作品展、全国体育集邮展、十运会体育摄影展、群众体育先进表彰大会和独具特色的首次全民健身成果展示。通过举办大型活动，既可以宣传全运会，又可以促进举办地的经济增长和文化推广，达到双赢效果。

体育赛事对媒体的依赖程度非常高，媒体和市场营销是一个完整途径。利用媒体这一中介把观众、赛事和商家联系起来，构成一个统一体，相互依赖、相互影响、共同发展。媒体对体育赛事起到舆论监督、舆论导向的作用，能够传播体育和体育文化，影响人们关注、参与体育；在媒体的宣传下，体育事业得到了空前的发展，体育的健身功能、社会功能、政治功能与经济功能被挖掘出来，加速了体育产业化步伐，为体育的发展奠定了经济基础。同时，体育也使媒体内容更丰富，吸引力更大，生命力更强。[①]

三、全运会若干问题的战略思考

1. "奥运战略"与全运会战略

1984年第23届奥运会上，中国夺得了15块金牌，受到世界瞩目。竞技体育蕴含的巨大影响引起了我国政府的高度重视。同年，我国正式提出奥运战略，将全运会与奥运会关系明确定位于"国内练兵，一致对外"。为顺应国际竞技体育的发展趋势，1995年，原国家体委出台了《奥运争光计划》，该计划主要是对我国竞技体育发展目标、规模、重点、质量及措施实施全方位、多层次、全过程的系统管理与控制，使竞技体育高效、快速、健康发展。我国实施奥运战略以来，集中有限的体育资源，推行举国体制，使竞技体育事业取得了巨大成就。运动员在奥运会等世界大赛上获得了一系列优异成绩，极大地振奋了民族精神，提高了我国竞技体育在世界体坛的地位。目前，奥运战略的实施已经在我国政治、经济、文化、科技等领域逐步产生重要影响。

全运会的竞赛制度是我国实现竞技体育举国体制的重要手段，而举国体制的最高层次就是实现奥运争光计划。全运会作为举国体制的核心部分，发挥的作用越来越大，不仅强有力地推动了我国竞技体育水平的跨越式提升，对举办地的经济、文化等各方面也有着巨大的促进和推动作用。

但是，在实施奥运战略和全运战略过程中存在"两个中心"的现象，即在实施奥运战略计划过程中以国家体育总局为中心，在实施全运战略过程中以各省、市体育局为中心。究其

---

① 谭政典，肖谋文. 论体育与传媒的共生效应［J］. 广州体育学院学报，2002（3）.

原因是由于我国现行的体育体制和体育运行机制所致。国家体育总局肩负着组队参加奥运会的任务，承担着奥运战略计划的一切责任，管理和使用全国上下的一切竞技体育资源。地方体育职能部门肩负着组队参加全运会的任务，承担着全运战略计划的一切责任，管理和使用全省上下的一切竞技体育资源。在国家利益和地方利益一致的时候，国家体育总局和地方体育职能部门无疑是一致的，但当国家利益和地方利益不一致的时候，国家体育总局和地方体育职能部门也会产生矛盾。因此，协调国家利益与地方利益，解决体育资源使用上的矛盾则成为我国实现奥运战略与全运战略的关键所在。

面对2008年北京奥运会的历史机遇，中国体育要进一步弘扬举国体制优势，不断丰富和发展举国体制的内涵，最大限度地发挥国家整体优势，使举国体制的优势在实现奥运争光计划中发挥更大的威力。

全运会已经成为中国体育的一个品牌，不断受到国际体育界的瞩目。观摩参加第十届全运会的外国记者、国际体育界官员、外国裁判等都超过往届，他们正在把全运会的品牌效应扩散到全世界。全运会还将继续办下去。但4年一次的全国体育盛会要想继续为中国体育作出重要贡献，还需要经过科学的制度设计，包括创立一个更科学的地方体育工作评价系统，减少全运会上的不和谐声音和对竞技体育的不良影响。这样的全运会才能为奥运战略计划发挥更大的作用。

2. 举国体制与运作机制

举国体制是新中国体育事业发展的有力保证，也是中国体育在世界体育中创造辉煌的根基。中国自恢复在国际奥委会的合法地位后，参加夏季奥运会20年以来，奥运金牌数量跃居金牌榜前列，可以说很大程度上得益于举国体制。

在经济持续发展、国力日益强大的今天，中国人对奥运金牌的认识也越来越趋于理性，对举国体制也产生了一些争议。在计划经济条件下，国家为了保证体育事业的快速发展，集中利用中央、地方、行业、协会等多方力量，对全国上下不同层面、不同类型、不同级别的体育资源，采用开发、教育、培养、培训、交流、参赛等多种渠道，实现了竞技体育在短时间内的迅速崛起和突破。竞技体育运动员在国际大赛上为国争光所取得的成绩，极大地调动了全国人民在生产建设中的劳动热情，受到了全国人民的尊重。运动员顽强拼搏的精神成为一种宝贵财富，并产生了巨大的社会效益。因此，举国体制不仅实现了竞技体育的腾飞，而且创造了人类社会生产建设的奇迹。在市场经济条件下，生产资源的所有制发生了一些变化，竞技体育人才的培养出现了国家、企业、合资、私营等多种形式，运行体制和运行机制相应出现了一些新的情况和新的问题。这些新情况和新问题是随着我国政治体制和经济体制改革的不断深入而出现的，是在前进过程中所遇见的一些新变化。事实上，20多年来，我国竞技体育运动员在国际国内大赛上取得的优异成绩，已经充分证明了在市场经济条件下，体育事业在改革开放过程中所取得的辉煌成就。

但是，任何一项制度都不可能是尽善尽美的，都需要在实践发展中不断地改革、补充、完善。特别是在备战迫在眉睫的北京奥运会的关键时期，全面否定举国体制是极其错误的，最起码不是实事求是的。即使从长计议中国竞技体育的可持续发展，也需要全面冷静地分析，提出真正有利于中国体育事业发展的思路，继承、发展和完善我们的体制。未来我国体育事业的发展必然是有所突破、有所创新的，举国体制不仅不能削弱，反而需要加强。以备战2008年奥运会为契机，在社会化和产业化的基础上最大限度地整合国际国内的各种资源，为中国体育在新世纪的可持续发展作出合理的制度安排，通过重塑社会化和产业化的经济基础，真正建立举国体制的时代观念。在利益多元化背景下，充分发挥中央与地方、体育部门与其他行业、各级政府与民间组织的积极性，利用全社会有效的体育资源，使其成为奥运战略中的积极力量。事实上，以全运会改革为龙头的竞赛体制，以专业队改造为核心的训练体制，以运动员权益为本的保障体制，这些举国体制的重要组成内容都在发生着改变。尤其是全运会体制。全运会是中国"奥运争光计划"的重要组成部分，全运会的存在，自有其合理性与重要性。如果把在全运会上发生的一些不和谐的问题放在全局和大局的高度去考虑，就会给全运会一个根本的尊重。

3. 政府主导与市场主导

新中国成立以来，全运会成为全国人民精神生活和物质生活中的一件大事，越来越受到党和国家的重视，越来越引起世界的关注。全运会就像一面镜子，折射出我国在社会主义建设发展过程中所取得的辉煌成就。我国竞技体育运动员在国际和国内大赛中取得的优异成绩，反映出我国在政治、经济、文化、科技、教育等全方位的发展与进步，反映出我国综合国力的全面上升与提高。毫无疑问，这些成绩与成就离不开党和国家的路线、方针与政策，离不开党和国家的投入与扶持。事实证明：我国竞技体育的快速发展与党和国家的政府主导地位密不可分。但是，在历史发展演进的过程中，尤其是在经济全球化的社会背景下，我国的政治体制与经济体制改革发生了深刻的变化，我国的体育体制改革也面临新的机遇与新的挑战。如何适应经济全球化的潮流？如何在市场经济条件下组织和运作全国体育运动会？如何利用市场的功能与作用探讨体育改革发展的新途径？这是摆在面前不可回避的重要课题。

市场经济有自身的客观规律，也有自身的运作规范和运作程序。全运会的组织运作和竞技体育的发展也应该遵循市场经济的客观规律和运作规范及运作程序。事实上，从1997年第八届全国体育运动会开始，利用市场运作，为全运会筹集资金已经取得了良好的成效，2001年的九运会和2005年的十运会更是取得了可喜的成果。我国的竞技体育在市场经济的探索过程中，各级运动队采用独办或与企业联办、合办等多种形式也取得了一些宝贵的经验。但是，也应该看到，在改革发展过程中，任何事物都不是一帆风顺的。尤其是在实践的过程中，并没有现成的模式和现成的途径，一切都必须根据自身的实际条件去研究、去探索、去寻求适合自身发展的方式与方法。在我国构建市场经济体制过程中，体育产业是一项朝阳产业，具有广阔的发展前景。竞技体育作为体育产业的核心产品，具有广阔的市场和雄厚的潜力。如果将竞技体育和体育产业有机地整合，无疑是发展竞技体育的一种有效途径。在新的历史条件下，适应市场的需求和市场的规律是我国竞技体育发展必须解决的重要问题。

事实上，当竞技体育作为一项公益事业时，必然是以政府为主导；当竞技体育作为一项产业时，必然是以市场为主导。目前的客观状况是，我国的竞技体育既还没有完全脱离公益事业，也还没有完全形成体育产业。因此，在改革发展的过程中，我国的竞技体育既要充分发挥政府的主导作用，又要充分利用市场的主导作用。

4. 竞技因素与经济因素

竞技因素是竞技体育的核心要素，尤其是在公开、公平、公正的竞赛环境下，一切运动成绩的获得都必须依靠自身的实力与水平。因此，科学合理的运动训练，全面挖掘运动员的潜力，开发运动员的智力，创造最佳的竞技状态，争取最好的运动成绩是竞技体育追求的最高境界。竞技因素也可理解为竞技效益，对运动训练具有杠杆调节作用。竞技杠杆的调节作用主要表现在其具有三个效益，即社会效益、竞赛效益和经济效益。其中，社会效益是第一位的，体现了竞赛的社会功能，是为了满足广大人民群众日益增长的需求，推动社会主义精神文明建设；竞赛本身的效益体现了我国历来的一条原则，即训练服从国际大赛的需要，是为了在国际大赛上升国旗、奏国歌、为国争光。国内竞赛又服务于训练，引导训练，也就是通过国内竞争促进训练水平的提高，达到锻炼队伍、培养和发现人才的目的。竞赛的经济效益集中表现在推动体育产业的发展上。三个效益构成了体育竞赛的整体效益，表现了竞赛功能的多元性。

讲求体育竞赛的经济效益，必须正确理解体育竞赛经济效益的含义，正确处理有关经济效益的问题。要在发展体育竞赛总体效益的前提下努力提高体育竞赛的经济效益，不能离开甚至损害事业效益和社会效益来牟取片面的经济效益。体育竞赛可能由于计划、规程不完善，或由于执行过程中组织工作上的缺点，或遇到外界的干扰，使预期要达到的目标以及要取得的效益受到不同程度的影响甚至无法实现，这就出现了体育竞赛效益不高或没有效益可言的情况。而在发生严重问题的情况下，或对体育事业、对社会产生不良影响时，即表现为体育竞赛的负效益。例如，由于竞赛赛区管理不严，措施不当，使比赛不能按计划进行，造成严重损失；由于组织工作紊乱或场地器材不符合要求，严重影响运动员技术水平的发挥；由于裁判工作的失误，严重影响竞赛的公正性；发生严重的人身伤害事故，安全事故，扰乱社会秩序，不良运动道德作风事故等。这些主要是产生在竞赛计划规程实施中的问题，要通过加强赛区工作，严格执行赛区条例，及时妥善处理竞赛过程中发生的问题，减少和防止这类负效益的产生。在制定体育竞赛的体制和竞赛办法的时候，既要看到可以实现的效益，更要看到可能出现的负效益，对此必须全面地权衡利弊，使体制和竞赛办法更完善，从而避免或减少负效益的产生。要通过对体育竞赛的调查研究，通过细致的观察分析，及时了解各种体育竞赛实际效益的大小，及时发现已经产生或可能产生的负效益，及时改进工作。要贯彻竞技体育和群众体育协调发展的整体利益、国家利益的关系，提高体育竞赛的总体效益。要解决和克服负效益的问题，有的还涉及行政体制、训练体制、奖励政策等方面的问题，需要在体育工作总体上通盘考虑并进行宏观的协调①。

5. 竞赛环境与人文环境

全国体育运动会作为国内最高水平的综合性竞赛，通过几十年的实践，工作有了新的进展。在坚持竞赛与训练结合、促进竞技体育水平的提高方面有了新的进步；在改变由国家一家投入办比赛，拓宽为在利用社会资金渠道，增加比赛数量，提高竞赛质量方面有了新的途径；在为广大群众提供更加丰富的体育文化活动，丰富人民群众精神文化生活方面有了前所未有的新发展。在竞赛组织工作方面，在竞赛体制、组织结构、科技含量、运行机制上都已出现新的格局、新的态势和新的成效。在优化竞赛环境方面，制定和出台了一些制度与条例，例如，《全国综合性运动会的申办办法》《全国体育竞赛赛区工作条例》《违反〈全国体育竞赛赛区工作条例〉的纪律规定》《全国单项全运会的竞赛制度》《全国体育竞赛赛区组织管理工作质量的评估办法》《运动员参加全国比赛代表资格注册管理办法》《全国运动员交流管理办法》等，这些规章制度为优化竞赛环境产生了新的效益。我国的全运会在实践中正在探索适应社会主义市场经济需要，符合现代竞技体育发展规律和国际体育发展趋势的新途径；正在逐步形成国家办与社会办相结合，集中办与分散办相结合的多方位、多层次、多元化体育竞赛的新体系。

但是，应该看到优化竞赛环境还必须包括人文环境的建设与营造。全运会的人文环境包括两个层面的含义：一方面是全运会内部的人文环境，另一方面是体育赛场内部的人文环境。全运会内部的人文环境是指运动员、教练员、裁判员以及赛事组织的工作人员在比赛中所表现出的人格魅力、自身修养、技术风格、战术特色、待人处世的作风、人与人交流的态度等，这些因素直接影响了全运会的质量、观赏程度、欣赏价值和全运会的市场前景。体育赛场内部的人文环境主要是指现场观众和媒体所表现出的道德修养、文化素质、欣赏水平、舆论导向、对明星运动员的崇拜程度、对钟爱运动队的热情程度、对竞赛规程的了解程度等，这些因素直接影响到体育赛场的氛围。

因此，当全运会的竞赛项目处于文明和谐的竞赛环境时，人们观赏的是精彩的体育表演，欣赏的是美妙的运动人体艺术；当全运会的竞赛项目处于不文明、不和谐的竞赛环境时，人们看到的往往是一场风波、一出闹剧、一场令人质疑的背后交易。全运会是我国体育运动的一个品牌，其社会效益、经济效益和综合效益已经举世瞩目，在加强全运会硬件建设、软件建设的同时，切不可忽视竞赛环境的活件建设。

---

① 国家体委训练竞赛综合司. 运动竞赛［M］. 北京：北京体育大学出版社，1994：288.

第十六章 全国城市运动会

当今社会，城市化已进入了快速发展阶段，并成为现代化发展的主旋律，在此过程中，城市社会各系统的协调发展是城市化良性运行的必要条件。体育作为一项文化活动统属于社会系统的子系统，在城市发展中起一定的作用，并且随着社会经济、文化的快速发展而越来越重要。全国城市运动会作为以"推动城市体育运动发展，培养运动后备人才"为宗旨的大型体育综合运动会，在城市发展中成为实现城市化建设的一项系统工程。因此，对全国城市运动会的探讨与研究具有十分重要的现实意义和实践价值。

一、全国城市运动会的起因与发展

1. 全国城市运动会的起因

20世纪80年代，党中央和国务院对体育事业的发展非常重视，尤其对竞技体育的投入逐年加大，全国各行各业也积极开展竞技体育运动。国内一度中断的全国大学生运动会和全国中学生运动会开始复办，全国青少年运动会、全国少数民族传统体育运动会和全国农民运动会也先后问世。1988年，原国家体委又推出了全国城市运动会，并于1988年10月23日—11月2日在山东淄博和济南举行了第一届全国城市运动会。

我国的优秀运动队主要集中在省、市级以上体委系统，全国性体育比赛一般都是以省、市为单位参加。随着改革开放的不断深入，一些有条件的城市，特别是省会城市和计划单列城市，根据各自的条件与优势，陆续建立了自己的优秀运动队，出现了多层次、多渠道培养竞技体育人才的可喜局面。为了鼓励城市办优秀运动队的积极性，解决竞技体育发展中存在的问题，促进城市为国家发现和培养更多的竞技体育后备人才，全国城市运动会应运而生，并确定了"推动城市体育运动发展，培养运动后备人才"的比赛宗旨。全国城市运动会作为一项培养优秀竞技体育后备人才的重要举措，保证了后备人才的储备数量，为提高人才的质量提供了有压力、有竞争的实战演练机会。全国城市运动会作为城市体育的盛会，也成为推动城市体育发展、促进后备人才成长的重要渠道。

1988年10月举行的全国城市运动会并没有届次，当时称为"中华人民共和国1988年城市运动会"。这届城运会上所设项目全部是奥运会项目，包括田径、游泳等共12个大项167个小项。参赛城市被限定为全国省会城市、计划单列城市、沿海对外开放城市、经济特区，共有42个城市代表团参加。这次城市运动会的成功使原国家体委决心将这项赛事固定下来，并按届次排列，每4年举行一次。后来，全国城市运动会又于1991年、1995年、1999年和2003年，先后举办了4届，举办地分别是唐山、南京、西安、长沙。

1989年，原国家体委将举行了两届全国青少年运动会并入全国城市运动会，并将限制参赛运动员年龄的项目进一步扩大到整个城运会项目。1993年，国家体委公布了关于深化体育改革的意见，全国城市运动会也进行了一系列卓有成效的改革，包括改革竞赛办法、增加竞赛项目、扩大参赛资格、增加竞赛规模、加强组织管理、加大市场运作力度等。上述改革举措使城市运动会得到了进一步规范，加快了我国体育事业的发展。

2. 全国城市运动会的发展

全国城市运动会经过几年的改革与发展，已取得了不小的成绩。首先，全国城市运动会的改革逐步深入，规模在不断扩大。参赛城市由第四届城市运动会的57个增加到第五届城运会的78个，竞赛项目也逐步与国际接轨，增加到25个大项，运动员人数也达到6 000多名。其次，政府越来越重视城市运动会，宣传力度加大，初步呈现出全民参与的局面。各申办城市取得举办权后，都加大了对城运会和本城市的宣传。媒体报道、城运会转播宣传，各社区、广场以及赛场周围布满宣传标语，其影响力扩大，促进了城市居民对城运会的了解。随着经济的发展、居民收入的增加和生活方式的改变，群众积极参加城运会举办的各种文化活动、宣传活动，并且越来越多的人愿意购买门票观看比赛，第五届城市运动会仅开幕式就有6万多观众观看，大赛志愿者既有小孩，也有花甲老人。第三，社会各界积极参与，全国城市运动会市场运作初见成效。按照"政府指导、市场运作"的政策，第五届城运会的政府没有出钱，仅依靠市场运作、社会捐赠等筹款方式就实现了赢利。

但是，由于全国城市运动会的某些设计只适用于当时的社会经济发展状况，突出其为竞技体育培养人才服务、为奥运战略服务的宗旨，忽视、脱离了群众体育，失去了大众支持的根基，这是竞赛体制的问题，并且仍存在管理经验不足，市场运作意识淡薄，体育法制化，社会化程度不高，其组织办法和竞赛规程以及运动员参赛资格问题、兴奋剂问题、裁判员违背职业道德问题、运动员教育培养问题等一直未得到很好的解决，在十几年的改革发展中，矛盾越来越尖锐。大众传媒视全国城市运动会为"鸡肋"，使良好的创办初衷打了不小的折扣，这无疑在一定程度上会影响城市运动会的发展，围绕"举国体制"而进行的竞技体育战略的产物——城市运动会也进入了极其重要的发展时期。

二、全国城市运动会的综合影响

随着我国经济的发展、社会的进步，体育的社会化程度也越来越高，体育赛事的影响也越来越大，体育与人民群众的生活和社会发展的关系也越来越密切。"当体育系统和其他社会系统发生相互作用而产生的功能必然具有一定的社会意义，这是随着社会的发展和进步，体育运动回归社会大众,成为人们生活方式的构成要素而具有的特殊作用"[1]。体育赛事的功能也得到充分的体现,其影响也越来越大,体育赛事也因此而受到重视。

1. 全国城市运动会的社会影响

约翰·艾伦在《大型活动项目管理》一书中描述:"所有活动都对其参与者产生某种直接的社会和文化影响,有时候甚至对更大的主办社区产生这种影响,这种影响最简单的例子是一场大型体育活动或音乐会带来的欢乐体验的分享。其他的影响包括增强自豪感……有些活动能留下某种遗产,即人们对体育和文化活动有更强的意识,并更多地参与其中。还有一些扩大了人们的视野,他们接触到新的、富有挑战性的人、习惯和思想。"[2] 全国城市运动会作为国内仅次于全运会的大型综合运动会,是我国一项大型的体育赛事,其规模以及受媒体等各方面关注的程度非常高,具有大型项目特征和大型文化活动特征,与社会有着密切的联系,对举办城市以及社区的居民产生着一定的社会影响。

(1)举办全国城市运动会能够展示举办城市形象,提高城市知名度。现代体育对社会政治、经济、文化事业的发展产生积极的推动作用。举办城市可借助全国城市运动会的难得机遇,展示形象、扩大影响,达到招商引资、发展经济的目的。全国城市运动会从第一届的10个代表团、700多名运动员、教练员和裁判员发展到第五届全国城运会的1万多名与会人员,10万人左右的旅游观光者以及各种媒体对举办城市的关注报道。举办城市以崭新的市容、优质的服务、文明的态度迎接四海嘉宾,城运会是展示城市品位、城市环境和城市形象的极好机会。这本身就是对举办城市良好形象的宣传,无形中提升了城市的知名度。

(2)举办全国城市运动会能够促进城市建设,改善城市基本设施,优化城市环境,加速城市发展。各主办城市借城运会契机,投入了大量的资金用于交通设施改善、城市基本建设以及市民生活质量的改善。城运会的举办,激发城市建设、市容环境、公交客运、商贸餐饮、旅游购物、劳动就业等方面的活力,对提高居民生活质量、加快城市基本设施建设起到了极大的促进作用。第五届全国城运会中,长沙市共计投入城建资金230多亿元,完成了包括城市道路改造、城市建筑和住宅建设以及城市绿化、亮化、景观修缮等重点工程上百个,长沙市也因举办城运会而提速了10年。

(3)举办全国城市运动会,能够创造良好的文化氛围,有利于提高市民人文素质,促进社会主义精神文明建设。每届城运会都组织了开幕式、闭幕式等大型文艺表演活动、火炬点燃传递活动、志愿者活动以及相关的宣传教育活动,为举办城市营造了良好的竞赛氛围、文化氛围,各行业部门、市民群众也都积极行动起来,共同营造赛事的人文氛围,激发爱家乡、爱祖国的热情。同时,教育广大市民表现东道主热情待人、礼貌待客的精神风貌,对于

---

[1] 周西宽. 体育基本理论教程 [M]. 北京:人民体育出版社, 2004.
[2] 约翰·艾伦. 大型活动项目管理(第2版)[M]. 北京:机械工业出版社, 2002.

城市人文环境的改善、人文素质的提高和社会精神文明建设起到了积极的作用。

（4）举办全国城市运动会，能够促进公众体育意识，形成具有区域特点的体育文化，推动举办城市的体育事业的发展。"体育是促进友谊、增强团结的重要手段。通过体育活动，能够扩大人们的情感交流，增进人与人之间的相互了解，改善人际关系，建立健康、合理的生活方式，创造文明、和谐的社会环境"。湖南省体育局局长傅国良称"第五届全国城市运动会共投资20多亿元用于新建和改建比赛场馆设施，总建筑面积达到96 969平方米，使湖南省体育事业和长沙市城市建设提前了10年"。参与赛事的民众在增加，人们的体育意识也在增强，加上大赛的影响、赛后留下的众多场馆都为丰富社区体育文化活动和促进全民健身活动的开展作出了一定的贡献。

在举办城市享受着大赛带来良好社会效益的同时，也要承担大赛给居民带来的负面影响。诸如交通堵塞、噪声污染、垃圾污染、安保上的负担以及大赛后的场馆经营等。任何事物都有两面性，如何发挥事物的最大优越性，控制事物的最小负面影响成了许多管理者研究的课题。各届全国城市运动会的组织者都想尽办法来克服各种困难，以减少损失，同时也采取了一定的积极措施来减少大赛的负面影响。

例如，第五届城运会后，湖南省体育局向社会宣布省人民体育场等体育设施免费向长沙市民开放，举办了"好欧"杯国际网球挑战赛，促成"八一"女篮2004年甲A主场落户长沙，奥运会男子足球中国队主场定在长沙贺龙体育场等。举办方充分利用场馆设施，减少了场馆的运营负担和风险①。

2. 全国城市运动会对我国竞技体育战略发展的影响

如今，我国竞技体育的发展取得了世人瞩目的巨大成就，第28届雅典奥运会上，我国体育健儿奋力拼搏，获得金牌数第二、奖牌数第三的好成绩，展示了我国竞技体育的实力。奥运战略是我国竞技体育战略的高度概括和集中体现，是我国体育发展总体战略的重要组成部分②。它包括奥运会、亚运会、全运会、城运会等各个层次，形成了一个相互统一的战略体系。奥运会是奥运战略的核心，是竞技体育战略的核心，奥运战略也就自然而然地成了竞

---

① 闵新亚. 2003年第五届城运会对推动长沙城市建设现代化水平及市场化运作的分析［J］. 安徽体育科技，2005.

② 袁伟民. 在全国体育局局长会议上的总结讲话［DB/OL］. http://pe.stedu.net/.

技体育战略的核心。而全国城市运动会是奥运战略的一个子系统，也是竞技体育战略的一个子系统，全国城市运动会的布局与他们都有着密切的关系，其战略布局、项目设置、比赛周期、参赛运动员资格等都要在竞技体育的战略框架下进行，并且也在为我国竞技体育培养和选拔人才，为奥运练兵。也就是说，城市运动会在一定程度上是为奥运会服务的，是竞技体育战略发展的一部分。

我国竞技体育战略的目标是实现奥运战略的规划，完成奥运争光计划的任务。因此，包括全国城市运动会在内的大型运动会也是要在竞技体育战略的框架体系下围绕奥运会进行的。全国城市运动会以城市为单位参赛，相对于奥运战略和中国的竞技体育战略，只能算是个子系统，作用是检阅后备队伍：什么是优势，该怎样保持？弱势在哪里，该如何提高？并且城运会与奥运会全面接轨，项目设置基本都是奥运会的正式比赛项目。这一系列改革的目的就是为了加大各项目后备力量的培养力度，做好奥运会的备战工作。

全国城市运动会的诞生和发展，是与我国经济社会不断发展、城市化水平不断提高、体育改革与发展不断加快的形势相适应的。与全运会不同，全国城市运动的组队主要是以城市为单位，主要目的是发现和培养我国竞技体育的后备人才。从这个意义上说，全国城市运动会是我国奥运战略的一个重要组成部分，是坚持和完善竞技体育举国体制的一个重要环节，是衡量我国竞技体育可持续发展水平的一个重要标尺。从训练和成才周期看，第五届城市运动会的参赛运动员将是我国参加 2008 年奥运会的主力军，第五届城运会是对我国 2008 年奥运会后备力量的一次大检阅，是备战 2008 年奥运会的重要组成部分。因此，全国城市运动会肩负着为奥运会、为实现竞技体育战略发展而培养和发现人才的重要使命。

3. 全国城市运动会对我国竞技体育后备人才发展的影响

后备人才是我国竞技体育发展的根基，原国家体委决定于 1989 年以后将青少年运动会培养后备人才的任务交给全国城市运动会，从而确定了城运会"推动城市体育运动发展，培养运动后备人才"的宗旨，全国城市运动会也就成为培养和发现我国竞技体育后备人才的舞台。

举办城市运动会的目的就是发现和培养后备人才，推动城市体育事业的发展。利用城运会锻炼和发现后备人才，鼓励城市建立自己的运动队、培养自己的运动员，为国家培养和输送优秀的竞技体育人才。篮球运动员姚明 1999 年在西安第四届城运会上首次参加全国性比赛，体操"全能王"李小双就是从 1988 年第一届城运会上挖掘的。在第五届全国城市运动会中，国家体育总局专门成立了调研小组，奔赴各个赛场，以期发现人才。全国城市运动会不仅是发现新人的大舞台，也是磨砺选手的实验基地。罗雪娟、杨雨、徐妍玮、鲍春来、林丹、刘翔、邱贻可和王皓、易建联、薛玉洋等都出现在第五届城运会赛场上。

项目设置以奥运项目为出发点，在城运会赛场上培养、锻炼、选拔奥运人才成了城市运动会的主题。第五届城运会是 2008 年北京奥运会前对我国体育后备力量的一次大检阅、大练兵，是历届城运会中规模最大的一次，共设置了 25 个竞赛项目，其中 24 个项目是奥运项目，1 个是非奥运项目，并且绝大部分参赛者都是 2008 年北京奥运会的后备力量，城运会被烙上了鲜明的"奥运色彩"，体现出了国家体育总局的"奥运战略"，体现了城市运动会为我国竞技体育培养、选拔后备人才的宗旨。

4. 全国城市运动会对我国竞技体育可持续发展的影响

竞技体育的可持续发展对我国竞技体育的发展有着举足轻重的地位。目前，我国竞技体育的发展因为 2008 年北京奥运会的举办而显得比以往任何时期更具有特殊意义。随着中国社会、经济的迅速发展，体育赛事运作管理的理念也不断更新，世界竞技体育处在一个风云变幻、快速发展的时期，我国竞技体育发展理念及运作方式也要与时俱进，走可持续发展道路，所以坚持科学发展观具有十分重要的现实意义。

就城运会与我国竞技体育可持续发展的关系来说，城运会这个子系统发展方向要与竞技体育发展的整体战略相一致，同时要与外部社会、经济环境协调发展，达到两者的和谐发展，为我国体育事业的发展作出贡献。

城市运动会"政府主导、市场运作"的市场运作方式，为城市运动会的举办提供资金支持，保证我国竞技体育的可持续发展。

注重体育场馆赛后利用，充分考虑体育、文化、会展、商贸、旅游、健身、娱乐之间的功能转换，为将来的商业利用提供尽可能大的调整余地和赢利条件，最大限度地发挥新建场馆的效能，坚持社会效益和经济效益并重，是体育事业和体育产业可持续发展的关键。例如，第三届城市运动会中江苏省和南京市投入近 3 亿元，新建了五台山游泳跳水馆、南京体院比赛馆、南京市龙江体育馆、五棵松射击飞碟靶场、公园路综合馆以及江宁县和南京钢铁厂体育馆，并对五台山体育中心、南京中山门体育场、五棵松射击训练基地、玄武湖水上运动场等作了改造修缮。这些场馆一直承担着教学、训练和比赛任务，其中部分场馆还是第十届全国运动会的赛场，为我国竞技体育的发展作出了贡献。第五届城市运动会后，湖南省人民体育场等体育设施免费向长沙市民开放，一些场馆还承担了训练、比赛任务，得到了充分的利用，为我国竞技体育的可持续发展提供了必不可少的物质基础。

三、全国城市运动会赛事运作

体育赛事运作是指体育赛事主办主体通过行使管理职能，对赛事投入的人力、物力、财力和信息技术等进行合理使用和分配，有效率和有效果地创造出竞赛产品和相关服务，从而达到赛事目的和目标的过程[①]。体育赛事这种转换过程需要管理，体育赛事运作的实质就是对这种有输入和产出过程的管理。赛事运作管理要素涉及竞赛、人力资源、后勤、预算与监

---

① 北京体育赛事管理与营销基地. 北京体育赛事管理与营销研究报告 [M]. 北京：同心出版社，2005.

控、沟通与信息技术、风险与法律、营销、评价等内容[①]。因此，赛事运作要树立赛事营销理念、目标管理理念、文化和环境理念、法律与风险理念、权变和组织行为理念，与国际赛事运作管理接轨，并结合国内实际，走中国特色的运作道路。

1. 全国城市运动会的组织机构

组织机构的设置对于运动会的举行至关重要，它起到了中枢神经的作用，组织机构设置既要顾全大局，又要精简、高效，避免重复设置，避免交叉。例如，第五届城运会组委会设置有医疗中心、建设部、兴奋剂检查部、集资广告部、信息技术部、贵宾接待部、志愿者服务部、财务审计部、接待部、监察部、安全保卫交通部、新闻宣传电视转播部、大型活动部、竞赛部、办公室15个部门，各部门下设有办公室。例如，信息技术部设置为一室、五处和一个数据管理中心，即综合办公室、竞赛信息处、计时记分处、网络工程处、通信服务处、设备管理处、数据处理中心。安全保卫交通部下设综合协调处、治安保卫处、警卫处、消防处、车辆指挥处、车辆调度处、通信保障处、宣传处。志愿者服务部下设宣传培训处、招募调配处、综合行政处。大型活动部下设综合处、演出处、仪式处、火炬焰火处、后勤处。各个部门办公室又有分工安排，将组织工作细化。也就是说，同一种任务可以细分化，被细分化的多项任务可以由不同形式的部门承担完成。

全国城市运动会就是一个系统，其中包含了很多因素，涉及的要素多、问题多，所以必须科学地对整个系统进行分析，统一组织、统一规划，协调好各方面因素，就能保证整个比赛顺利进行。

2. 全国城市运动会的竞赛运作

（1）坚持竞赛管理科学化原则。竞赛管理的科学化包括竞赛时间、日程安排的科学化，竞赛技术的科学化，竞赛信息技术的科学化、人力资源管理的科学化、安全保卫工作的科学化等。在第五届城运会中，湖南省承办了除垒球、棒球、手球、曲棍球、帆板、自行车以外的23个竞赛项目。以长沙为主赛场，联合周边8个地级城市共同承办，长沙安排14项，株洲、湘潭、岳阳、益阳、郴州、娄底、张家界各安排1项，常德安排两项。这样做到了竞赛的合理安排、科学布局，减轻了由一个城市承办所有竞赛的人员、场地负担，同时又扩大了城运会的影响和参与程度。

（2）重视体育竞赛服务。

（3）注重加强队伍管理，重视宣传教育。城运会首先在竞赛总章程的统领下进行，并有配套的法律法规作保证。国家体育总局制定了严密的运动员年龄审查办法，最大限度地杜绝在年龄上弄虚作假的情况发生。第五届城市运动会取消了100多名在年龄上有问题的运动员的决赛资格，而且对相关责任人也进行了严厉查处。

---

① 北京体育赛事管理与营销基地. 北京体育赛事管理与营销研究报告［M］. 北京：同心出版社，2005.

3. 全国城市运动会的市场运作

体育改革的不断深入促使全国大型体育运动会的举办走上了市场化运作的道路，全国城市运动会举办经费除了中央财政定额补助一部分资金外，大部分资金还是要靠地方政府筹资解决。全国城市运动会从第三届开始在社会集资方面采取了发行体育彩票，各种广告、专项经营，出售"指定产品"、"标志产品"等使用权和社会捐赠等办法，以多形式、多渠道的方式筹集资金。第五届城运会采取市场运作方式经营，遵循政府支持与市场运作有机结合的方式，有力地调动社会各界的积极参与，筹资 1.56 亿元，最终花费 1.5 亿元，赢利 600 万元左右①，取得了圆满成功并受到了国家体育总局的高度评价。

在体育赛事的举办过程中，每个参与体各自的目的不同。就体育赛事主办方而言，关心的是该赛事是否具备举办条件以及能否通过举办赛事，实现该运动项目的市场推广；就赞助商而言，关心的是能否通过赞助赛事促进企业产品的市场推广；就新闻媒体而言，关心的是这类赛事的主流观众及可能的新闻卖点。体育赛事能否成为品牌赛事，归根到底取决于是否获得了市场的推动，而不是仅仅依靠政府推动或体育组织推动。如果赛事本身的观赏价值和投资价值难以提炼，只是希望政府推动，事实上并不存在这种可能性，也找不出经得起考证的成功案例。无论是赛事本身的资源，还是赛事赞助商的资源等，都是一种选择性的资源优化配置。赛事之所以成为品牌，首先取决于赛事本身具有很好的观赏价值和很高的竞技价值，其次取决于参加赛事的运动员的竞技水平和公众影响，三是取决于赛事组织经营者的赛事包装和市场运作，这是创造品牌赛事三个缺一不可的要素。因此，打造全国城市运动会成为品牌赛事，除了提高运动员的竞技水平外，对赛事的包装和市场运作也是很重要的。

坚持开拓创新，打破全国大型综合性运动会依靠政府投入和行政分配的传统筹资模式，依靠市场运作筹备资金。坚持政府主导，市场运作，把城运会当成一个招商引资平台，整合、开发、营销城运会的各种资源，并对城运会的有形和无形资产进行整合，对城运会社会捐赠、广告和专利、门票销售进行合理的市场开发。第五届城运会制定出了筹资管理办法汇编、社会捐赠指南、五城会招商书等一系列互惠互利的政策，吸引了一大批省内外知名企业的赞助和捐助，并且组委会在长沙、上海、深圳、香港、澳门等地举办了 8 次招商引资信息发布会，签订了 60 个赞助合同②。

大型体育赛事是展示城市投资环境，宣传城市形象的最佳机会和平台，举办城市要在市场开发的过程中有长远的目光，既要有合理的市场开发，又要有获得社会效益的规划，保证物质文明、精神文明双丰收。体育产业是在市场经济条件下发展起来的新兴产业，所以，围绕城运会所进行的建设，不仅要有利于当前赛事的需要，还要兼顾长远。体育场馆的修缮要十分重视把当前的赛事要求与今后体育产业的发展需要统一起来。体育赛事所取得的巨大经

---

①② 闵新亚. 2003 年五城会对推动长沙城市建设现代化水平及市场化运作的分析 [J]. 安徽体育科技，2005.

济利益也主要用于体育设施的完善，为体育事业的可持续发展奠定了一个良好的基础[①]。城运会的场馆设施要走产业开发、以馆养馆的路子，并在开发的过程中，引入市场机制，招商引资，充分经营城运会、经营主办城市，走经济效益和社会效益结合的路子。

4. 全国城市运动会的媒体运作

体育赛事对媒体的依赖程度非常高，利用媒体这一中介把观众、赛事和商家联系起来，构成电视、媒体和市场营销一个完整的统一体，相互依赖、相互影响、共同发展。媒体对体育赛事起到舆论监督、舆论导向的作用，能够传播体育信息和体育文化，影响人们关注体育、参与体育。

全国城市运动会各举办省市都积极运作，制订方案，将媒体利用到最大化。首先，政府重视媒体运作，组织当地各新闻媒体制定宣传方案，形成宣传声势，持续掀起宣传高潮，达到宣传城运会、展示城市新形象的目的。其次，积极开展社区宣传，各承办城市充分发挥各机关、企事业单位及街道（乡镇）、社区（村）的积极性，利用宣传橱窗、宣传栏、板报、宣传牌及文体表演等社会宣传的主阵地，广泛宣传城运会有关知识，使城运会家喻户晓。普遍推行户外宣传，利用大型宣传画、横幅、条幅、标语牌、电子屏、投影仪、广告牌、拱门、气柱等多种形式在各城市主要街道、大型建筑物及体育场馆周围广泛悬挂、摆放，为城运会营造良好氛围。第三，组织开展城运会专题活动宣传。如第五届全国城市运动会组委会组织了以"当好东道主，办好城运会"为主题，以"城运之星，奔向2008"、"体育、城市、发展"等为内容的活动，吸引广大群众以主人翁的姿态参与到城运会中来。全国城市运动会对外起到了宣传城市、扩大影响的效果，对内起到了丰富群众文化生活和促进精神文明建设的作用。

相关链接

城市运动会媒体市场运作初见成效。第五届城运会的电视转播权采取商业化形式运作，由湖南省广播电视局具体负责操作。湖南卫视成为五城会的主播台，湖南省广播电视局享有五城会全部电视转播权，享有对五城会组委会专门工作以外的所有内容进行电视采访的摄像机机位费收费权，享有对五城会专题节目的电视广告权及五城会标志的使用权。作为回报，湖南省广播电视局将在所属电视台的5个频道直播五城会不同项目的重要比赛实况，并同时规定每播发1小时相关节目，省广电局为五城会无偿提供不少于60秒的广告节目时段，广告内容则由五城会筹委会提供。这为第五届城市运动会筹集了大量资金。

[①] 闻扬，杜伟. 办好体育赛事促进绵阳经济社会发展［J］. 体育文化导刊，2005（7）.

四、全国城市运动会发展战略的思考

1. 城运会与全运会

全国城市运动会是培养我国竞技体育后备力量，选拔奥运优秀人才的重要平台，其宗旨是"推动城市体育运动发展，培养运动后备人才"，其目的是为了鼓励城市办队的积极性，促进城市为国家发现和培养更多的体育后备人才，加大城市体育人才储备。随着各级政府对城市运动会的重视和社会各界对城运会的关注，其功能的体现也越来越丰富。原国家体育总局局长袁伟民在全国第五届城市运动会组委会上指出：全国城市运动会是我国奥运战略的一个重要组成部分，是坚持和完善竞技体育举国体制的一个重要环节，是衡量我国竞技体育可持续发展水平的一个重要标尺。

全运会是我国以奥运会为最高层次的竞技体育发展战略的重要组成部分，其目的是培养、造就一批优秀运动人才，促进国家整体竞技实力的提高，为奥运争光计划服务。同时，利用高水平的体育竞赛，推动全民健身事业的发展和带动体育产业的发展。全运会作为举国体制的重要组成部分，是调动中央和地方的力量、集中展示和推动我国竞技体育发展的主要阵地。通过举办全运会，推动举办城市建设的跨越发展，改善了城市的环境，提高了市民的文明水平，对于塑造城市形象、打造城市品牌，具有十分重要的意义，尤其对于推动我国竞技体育的发展和运动水平的提高有不可替代的作用。

全国城市运动会的举办基本上实现了其锻炼、培养人才的目的，在一定时期完成了其特定的任务。但是，随着城市社会和体育改革的快速发展，城运会必须要加快改革，要坚持其鼓励各城市培养运动员、建立运动队的方向不变，削弱其只为竞技体育服务的功能，开发其作为大型体育赛事而具有的推动全民健身事业发展，促进体育产业的繁荣以及推动城市发展的功能。同时，要具有举办大型体育赛事的国际理念，运用先进的组织管理和运作理念，把城运会举办成社会效益和经济效益并重的综合性运动会。

2. 人才储备与人才输送

人才储备与人才输送是保证我国竞技体育可持续发展的重要途径，全国城市运动会制定了"推动城市体育运动发展，培养运动后备人才"的宗旨，从而确立了城市运动会培养、选拔后备人才的地位，城市运动会也担负起为我国竞技体育储备人才、输送人才的重任。历届城市运动会也培养、选拔了不少优秀青少年运动员，并且这种大赛对青少年运动员也起到了锻炼的作用，为地方城市培养运动员起到了帮助，也为国家后备人才培养体系储备了力量。从1988年举办首届全国城市运动会至今，邓亚萍、王军霞、曲云霞、孔令辉等一大批优秀运动员从城运会这个舞台走向世界。可见，城运会对我国竞技体育人才的储备和输送起到了重要的作用。

不论是从全国城市运动本身的发展,还是中国体育发展的角度来看,目前人才"交流"的短期行为弊病越来越明显,必须首先改变这种状况,才能为竞技体育的人才流动注入活力。要建立健全竞技运动人才要素市场,促进竞技人才的合理流动。改革开放以来,随着体育体制改革的不断深化,我国体育人才流动由单位之间向着区域之间乃至全国范围内流动发展。然而,由于思想观念、管理体制、价值取向、运作方式等方面的问题,体育人才流动仍然存在着较大的局限性和无序性,主要表现为以人才囤积来对付人才短缺,以限制流动来保护弱小者,以计划方式管理人才交流市场等。[1] 所以必须统一协调全国专项运动人才合理流动,进一步扩大竞技体育人才的发展领域,构建合理的竞技后备人才系统。

其次,改革体育后备力量培养体制。目前,我国竞技体育实行"三级训练网"的人才培养体制,但是在这张"网"为中国体育事业的"金字塔"构筑起庞大塔基的同时,体育后备力量培养体系中的隐忧也逐渐暴露出来。第五届全国城市运动会期间,据一些专家、体育界人士和运动员介绍,有的世界冠军不会汉语拼音,原因是体校学生的文化学习基本被荒废,很多青少年运动员连九年义务教育都没有完成,而文化素养的缺乏将阻碍他们在竞技领域成为更高层次的优秀人才。而且,作为三级训练网"网底"的少年体校,正在逐渐走向萎缩,家长们由于担心孩子的出路问题而阻止他们在体育领域发展,又造成了体育人才资源的流失。所以,急需对体校的办学机制和办学模式进行改革,注重青少年运动员的文化教育,让他们在成为体育强人的时候,不要成为社会的累赘。

第三,要循序渐进,遵循人才培养的周期性原则。青少年过早出成绩、拿金牌,而不遵循训练规律,拔苗助长,会造成青少年运动员运动生涯的过早结束,我国这方面的教训是很多的。全国城市运动会因其参赛运动员年龄的限制而被称为是城市青少年运动会,所以要保证运动员健康、持续成长,使其成为我国体育领域的栋梁之材。

全国城市运动会在举行了5届之后,尽管在一定程度上发挥了其进行人才储备和人才输送的功能,但是在人才培养方面仍有不完善之处。例如,运动员的交流问题、兴奋剂问题、虚报年龄问题以及一些项目人才断档,成绩与世界水平差距大;运动员缺乏经验,在关键场次暴露出想赢怕输、患得患失的心理问题;训练与比赛脱节,不能积极进入状态等都限制了城市运动会的健康持续发展。城运会存在的主要问题如下:

一是运动员虚报年龄、服用兴奋剂问题。第三届、第四届、第五届城运会都出现过这些情况。其根本原因是巨大的经济利益诱惑和名利作祟,这违背了运动员的发展规律和体育道德,影响了这些青少年运动员的健康发展和国家竞技体育后备人才的培养。所以,必须要严抓赛风赛纪,做好青少年运动员的宣传教育工作,从思想上解决问题。

二是运动员交流问题,地方城市不培养自己的运动员,不发展自己的运动队,不锻炼自

---

[1] 高雪峰. 中国2010年竞技体育发展战略的若干思考.[EB/OL]. http://www.bupe.edu.cn/.

己的教练员，临比赛前用高价租借运动员以缓燃眉之急，这是一种短期行为，要改变这种状况就必须对城市运动会的赛制进行改革。

人才是新领域新突破的标志，谁抓住了人才，谁就抓住了未来，谁收获了人才，谁就找到了源头活水，谁就开发了新的"金牌增长点"。要做到这一点，城市应当挑起培养更年轻的新人、最基础的人才的重担，切实搞好业余训练，抓出自己的拳头项目来，为省队储备、输送更多、更好的人才，夯实竞技体育发展的塔基，这是竞技体育发展的基础所在，也是关键所在。

3. 全国城市运动会项目与学校体育项目

第一届城运会设田径、游泳、体操、举重、射击、摔跤、柔道、足球、篮球、排球、乒乓球、羽毛球12个奥运项目，第二届运动会又增加跳水、赛艇、击剑、射箭4个比赛项目，到第五届城运会除了16个大项外增设了一个非奥运项目——武术。这充分体现了我国竞技体育的"举国体制"战略，城市运动会作为国内第二大综合运动会，其举办思路和宗旨是为奥运会练兵和培养、选拔后备人才。因此，目前我国城运会项目设置的思路与奥运项目的设置思路是一致的，在全国备战2008年奥运会的关键时期，城运会的项目设置还是要服从竞技体育战略这个大局。

学校体育是国家体育事业的重要组成部分，也是学校教育中的一个重要方面。学校体育课程的内容包括体育知识与技术类、运动参与类、体育活动经验类这几个方面的内容[①]。学校体育的体育课、课余体育训练、运动会等活动中采用的内容基本上包括在竞技体育内容之内或者是经过改造的竞技体育运动项目。

学校体育是竞技体育的基础，竞技体育也可促进学校体育的发展。学校体育与竞技体育的目的和内容是相关的，我国学校体育的目的是增强学生体质，培养学生的体育能力、良好的思想品德和意志品质，促使其成为具有德、智、体、美、劳全面发展的社会主义建设者和保卫者。竞技体育在提高竞技运动水平的同时，也实现了育人的目的，竞技体育是为了提高个人、集体在体格、体能、心理及运动能力等方面的潜力，而在达到这个目标时，也完成了增强人的体质和意志品质的任务。因此，学校体育可以把竞技体育的项目作为自己的教学内容。

学校体育是构建竞技体育的基础。数以万计的少年儿童是竞技体育人才发掘的丰富资源，广泛的学校体育活动为竞技人才的选拔提供了广阔的天地，那些颇具天赋的青少年往往是先进入学校体育中的课余训练队伍里，开始接受基础训练，而后，其中的佼佼者进入更高层次的训练。倘若没有学校体育的课余训练，就没有了最广泛的体育人才基础，就没有了尽可能早的竞技人才准备，这无论是对竞技体育所需人才的数量方面，还是质量方面都是无法想象的。因此，学校体育项目和城运会项目有很大关系，学校体育项目为城运会项目的普及

---

① 周登嵩. 学校体育学（简编本）[M]. 北京：人民体育出版社，2005.

推广打下了良好的人才基础。

4. 全国城市运动会参赛资格问题

全国城市运动会是围绕后备人才而举办的，成为青少年运动员展示自己的一个舞台。从原国家体委到现在的国家体育总局，都很重视运动员的参赛资格问题，主要考虑年龄和代表权两大难点问题。历届城运会都制定了大赛赛风、赛纪管理及处罚规定，并对参加全国城市运动会的参赛资格和年龄作了细致规定，但是更改运动员年龄和弄虚作假现象屡禁不止，每届城运会上都有运动员因此受到处分。

在第三届城运会运动员参赛资格问题上，原国家体委作了一些特殊规定：允许解放军和武警部队符合参赛条件的运动员代表到入伍前所在城市参加比赛，允许北京、天津、上海三大直辖市以特定的方式组队参赛。第四届全国城市运动会颁布了《关于严格禁止在体育运动中使用兴奋剂行为的规定（暂行）》，规定了运动员与兴奋剂有关的资格问题：同一单位同一项目的运动员在第四届城运会周期内发生四例或四例以上一类兴奋剂阳性（包括拒绝、逃避兴奋剂检查，或在检查中有不正当行为等，下同），取消该单位该项目第四届城运会的参赛资格；每两例二类兴奋剂阳性按一例一类兴奋剂阳性累计；自城运会第一个项目预赛开始到城运会开幕前止，如果一个单位一个项目（不分男女）的运动员发生两例或两例以上一类兴奋剂阳性，取消该单位该项目城运会的参赛资格；城运会各项目决赛期间，如果一个单位一个项目（不分男女）的运动员发生一例或一例以上一类兴奋剂阳性，取消该单位该项目已获得的所有比赛成绩（其他未使用兴奋剂的运动员已获得的成绩以个人名义保留），同时取消该单位所有运动员第四届城运会继续参赛的资格。

这些事例在城运会的历史上被记载了下来，作为反面案例常被提起或者被研究，运动员参赛资格问题成为困扰城运会的痼疾。这些人之所以要冒此风险，就是因为它所带来的高额回报值得他们这样铤而走险，其中也有地方政府施加压力，追求团体总分和金牌、奖牌排名，是彻底的锦标主义和功利主义思想在作怪。

5. 全国城市运动会的改革与发展

全国城市运动会自设置开始，从竞赛办法、项目设置、参赛资格到赛风赛纪，再到城运会的竞赛管理和筹资方式，每一届都在进行着改革和变化。前三届均由原国家体委指定举办城市。1994年9月8日发布《全国综合性运动会申办办法（试行）》后，从第四届开始，城运会采取了申办竞争的方式来决定承办城市。竞赛项目、参赛资格、竞赛办法也进行了改革，如第五届城运会采取了一系列改革措施，竞赛项目设置基本与奥运会接轨，由第四届的16个大项增加到25个大项。为在更大范围内发现和培养人才，五城会对参加单位也进行了调整，打破了传统的"计划单列城市、省会城市、沿海开放城市、特区城市"的界限，允许更多有条件和愿望的城市都能参加城运会。经最后审核，共有76个城市报名参加本届城运会，比四城会增加了26个。另外，增加了集体球类项目的金牌数，竞赛办法与国际规则进一步接轨。

全国城市运动会从 1988 年开始至今已经举办了五届，第六届也将于 2007 年在武汉举行。目前，也如全运会一样，对城运会存在的价值和意义争议颇多，甚至有取消城市运动会的呼吁，这是因为城运会自身存在的问题所导致的，但是也存在环境的原因，未来的城运会是否能继续存在于我国体坛，关键在于是否能够与时俱进、兴利除弊、加快改革与发展，走法制化、市场化、社会化的道路。因此，有必要对其现状进行分析，查找原因，从而找到解决问题的对策，加快城运会改革与发展的步伐。

（1）走法制化的改革与发展道路。原国家体委先后颁布了《全国综合性运动会申办办法（试行）》《中华人民共和国体育法》《关于严格禁止在体育运动中使用兴奋剂行为的规定》《体育竞赛裁判员管理办法（试行）》《全国运动员注册与交流管理办法（试行）》《运动员参加全国比赛代表资格注册管理办法》等法律法规，它们与城运会规程结合起来，构成了城运会的法律法规体系，使城运会逐步走上了法制化道路，在一定程度上减轻了运动员在资格上弄虚作假和服用兴奋剂以及裁判员的"黑哨"问题，净化了城运会的竞赛环境，并提供了一个公平、公正的竞赛氛围。

（2）走市场化的改革与发展道路。2003 年 8 月 25 日，财政部联合国家体育总局颁布了《关于核定全国综合性体育运动会定额补助标准的通知》，通知中规定第五届城市运动会的国家财政补助 4 000 万元，也就意味着举办城运会的大部分资金需要地方政府来解决。拉赞助、社会捐助、出售电视转播权、发行纪念邮票、特许经营纪念品等先进的市场经营理念将是今后全国城市运动会的运作思路。

（3）走社会化的改革与发展道路。体育社会化是体育发展的必然道路，随着城运会改革的深入，其竞赛体制的问题也日益暴露出弊端，其竞技体育功能的扩大必然导致其社会功能的缩小。因此，使城市运动会繁荣起来，要在保证其竞技体育功能体现的基础上，逐渐发挥其社会功能。正如奥运会一样，其竞技体育水平是最高的，其社会功能、社会影响力也是所有体育竞赛中最大的。这与奥运会走市场化、法制化、社会化或者说是大众化道路的策略有很大关系。因此，城运会的竞赛体制需要改革才能进一步发展，要突出体现为谁服务、突出体现体育的本质功能，为全民健身服务作出贡献。

综上所述，全国城市运动会的改革与发展是事关城运会健康持续发展的关键，不改革就没有出路，不改革就没有发展，既要慎重又不能裹足不前。因此，要在国家体育总局的支持下，根据体育运动的发展规律，与国际举办体育赛事的理念接轨，走城运会法制化、市场化、社会化改革与发展的道路。

参 考 文 献

［1］田麦久．运动训练学词解[M]．北京：北京体育大学出版社，1999．

［2］马克思．资本论第1卷[M]．北京：人民出版社，1975：92．

［3］国家体委训练竞赛综合司．运动竞赛学[M]．北京：北京体育大学出版社，1994．

［4］刘建和．运动竞赛学[M]．成都：四川教育出版社，1990．

［5］周进强，吴寿章．中国体育赛事活动市场化发展道路的回顾与展望[C]．北京：改革与发展论坛，2000：10．

［6］唐宏贵．对我国未来竞技体育管理体制与赛制的研究[J]．武汉体育学院学报．1999（2）：10．

［7］中国人民大学哲学系逻辑教研室．逻辑学[M]．北京：中国人民大学出版社，1996：27．

［8］钱学森，等．论系统工程[M]．长沙：湖南科学技术出版社，1982．

［9］（美）格雷厄姆，戈德布拉特著．体育营销指南[M]//钟秉枢，于立贤，等，译．北京：中信出版社，2003．

［10］国家体科所．近三届奥运会组委会的运行机制、主要职能及工作流程[C]．2001．

［11］戴维·希伯里，谢恩·汉斯·维斯特比克奎克．体育营销学（第2版）[M]．北京：清华大学出版社，2004．

［12］郭国庆．市场营销学通论（第1版）[M]．北京：中国人民大学出版社，1999．

［13］张佩云．人力资源管理[M]．北京：清华大学出版社，2004．

［14］周西宽．体育基本理论教程[M]．北京：人民体育出版社，2004．

［15］约翰·艾伦．大型活动项目管理（第2版）[M]．北京：机械工业出版社，2002．

［16］布伦达·G.匹兹．体育营销原理与实务（第2版）[M]．//戴维·K.斯托特勒．美国体育产业经营管理丛书[M]．//裴理瑾，译．大连：辽宁科技出版社，2005．

［17］体育总局信息中心信息研究部．奥运经济与奥运会市场开发信息资料汇编[C]．2005．

［18］周登嵩．学校体育学（简编本）[M]．北京：人民体育出版社，2005．

［19］北京体育赛事管理与营销基地．北京体育赛事管理与营销研究报告[M]．北京：同心出版社，2005．

［20］国家体育总局．中国群体体育现状调查结果报告[R]．2002．

［21］国务院．奥运争光计划纲要[R]．1995．

[22] 仇军．中国体育人口的理论探索与实证研究 [M]．北京：北京大学出版社，2002．

[23] 郑杭生．社会学新编 [M]．北京：中国人民大学出版社，1997．

[24] 王名，刘国翰，何建宁．中国社团改革 [M]．北京：社会科学文献出版社，2001．

[25] 卢元镇．体育社会学 [M]．北京：高等教育出版社，2001．

[26] 王庆成，郭复初．财务管理学 [M]．北京：高等教育出版社，2000．

[27] 李海波．财务管理．北京：高等教育出版社，2000．

[28] 莉莎史密斯．悉尼奥运的建筑策略 // Bligh Voller Nield 筑梦悉尼奥运．http://www.bentley.cn/．

[29] 邱宛华，等．现代文化产业项目管理 [M]．北京：机械工业出版社，2005．

[30] 查尔斯·R.格里尔．战略人力资源管理（第 2 版）[M]．孙非，译．北京：机械工业出版社，2004．

[31] 郑晓明．绩效管理实务手册 // 现代企业人力资源管理实务丛书 [M]．北京：机械工业出版社，2003．

[32] 2004 雅典奥运会综合报告．

[33] 辞海 [M]．上海：上海辞书出版社，1999．

[34] 汉语大词典 [M]．汉语大词典出版社．

[35] 杨东．人力资源管理 [M]．重庆：重庆大学出版社，2002．

[36] 何娟．人力资源管理 [M]．天津：天津大学出版社，2000．

[37] 雅典奥运会总结报告．

[38] 加里·德斯勒．人力资源管理（第 6 版）[M]．北京：中国人民大学出版社，2003．

[39] 张德．人力资源开发与管理 //21 世纪清华 MBA 系列教材（第 2 版）[M]．北京：清华大学出版社，2003．

[40] 黛安娜·阿瑟．员工招募、面试、甄选和岗前引导 // 人力资源管理译丛（第 3 版）[M]．北京：中国人民大学出版社，2003．

[41] 贝斯利，布里格姆．财务管理精要 [M]．刘爱娟，张燕，译．北京：机械工业出版社，2003．

[42] 霍伊尔．会展与节事营销 [M]．陈怡宁，等，译．北京：电子工业出版社，2003．

[43] 杨铁黎．职业篮球市场论 [M]．北京：北京体育大学出版社，2003．

[44] 薛澜，张强，钟开斌．危机管理 [M]．北京：清华大学出版社，2003．

[45] 克里斯·查普曼，等．项目风险管理 [M]．李兆玉，等，译．北京：电子工业出版社，2003．

[46] 邱苑华．现代项目风险管理方法与实践 [M]．北京：科学出版社，2003．

[47] 宋明哲．现代风险管理 [M]．北京：中国纺织出版社，2003．

[48] 彼得·塔洛. 会展与节事的风险和安全管理 [M]. 李巧兰, 译. 北京: 电子工业出版社, 2004.

[49] 体育总局信息中心信息研究部. 奥运会市场开发现状及未来趋势 // 奥运经济与奥运会市场开发信息资料汇编 [G]. http://www.sportinfo.net.cn/.

[50] Ian Yeoman, 等. 节庆活动的组织管理与营销 [M]. 吴恒, 等, 译. 沈阳: 辽宁科学技术出版社, 2005.

[51] Stephen P. Robbins & Mary Coulter, Management（第 7 版）[M]. 清华大学出版社, 2002.

[52] 谭政典, 肖谋文. 论体育与传媒的共生效应 [J]. 广州体育学院学报, 2002（3）.

[53] 周建梅, 黄香伯. 奥运会营销产生的经济影响分析 [J]. 武汉体育学院学报, 2002（3）: 24–29.

[54] 米翠伟. 2004 年雅典奥运会火炬印象 [N]. 中国体育信息, 2004.

[55] 谢亚龙. 第 11 届亚运会系统工程探讨 [J]. 福建体育科技, 1994（1）: 24.

[56] 闵新亚. 2003 年五城会对推动长沙城市建设现代化水平及市场化运作的分析 [J]. 安徽体育科技, 2005.

[57] 高雪峰. 中国 2010 年竞技体育发展战略的若干思考. 1998. http://www.bupe.edu.cn/.

[58] 肖林鹏, 赵云宏, 赖其军. 竞技体育可持续发展释义 [J]. 体育文化导刊, 2003（5）: 13–14.

[59] 王志明. 运用系统科学思想和方法承办第三届城市运动会的主要做法及体会 [J]. 福建体育科技.

[60] 闻扬, 杜伟. 办好体育赛事促进绵阳经济社会发展 [J]. 体育文化导刊, 2005（7）.

[61] 鲍明晓. 中国体育体制改革综述 [J]. 北京体育师范学院学报, 1997（2）.

[62] 顾拜旦. 现代奥林匹克精神的初创宗旨 [J]. 体育与科学, 1990（2）.

[63] 蒋健保. 市场经济条件下举办全国体育大会的新思路 [J]. 体育学刊, 2001（1）: 1.

[64] 杜伟. 第二届全国体育大会的双重效益 [J]. 体育文化导刊, 2002（6）: 1.

[65] 秦伟. 非奥运项目应面向市场自我发展 [J]. 体育文化导刊, 2001（6）: 1.

[66] 林小美. 新的形式新的探索——记第一届全国体育大会 [M]. 体育文史, 2000（1）.

[67] 徐箐, 吕建海. 上海市体育人口文化结构与特点 [J]. 上海师范大学体育学院, 2005（2）: 15–18.

[68] 戴文忠, 栾开封. 中国与英国、瑞典体育管理体制比较 [J]. 体育文史, 1999（1）.

[69] 陈瑞玉. 城市社区体育服务网络建设研究 [J]. 成都体育学院学报, 2005（4）.

[70] 张忠秋, 赵炳璞. 我国非奥运项目发展现状与对策的研究 [J]. 山东体育学院学报, 1999（4）.

[71] 常耀. 体育盛会的改革创新尝试 [J]. 四川体育科学, 2000（2）.

[72] 肖焕禹，方立. 体育人口的概念、分类及其统计标准[J]. 体育科研，2005（1）.

[73] 马志和. 我国单项运动协会的角色定位与制度变迁[J]. 北京体育大学学报，2003（2），

[74] 崔晋静. 从数字看八运会[J]. 新体育杂志，1997（11）.

[75] 唐东方，张建武. 九运会对广州经济的影响[J]. 广州科技，2001（8）.

[76] 苏爱民. 八运会：十二亿人民的体育盛会[J]. 中国青年科技，1997（6）.

[77] 思科系统（中国）网络技术有限公司. "数字九运"预演"科技奥运"[N]. 电信快报，2002（4）.

[78] 黄宽柔. 我国大型运动会开幕式表演的特点及其对社会的影响[J]. 体育学刊，2003（1）.

[79] 石云轩. 数字化令十运快捷畅通全力"数字十运会"[N]. 中国体育报，2005.

[80] 蒋亚明. 读者点题采访：能向悉尼奥运学什么[N]. 中国体育报，2004.

[81] 悉尼奥运会专辑[N]. 新加坡：联合早报，2000.

[82] 沈锐. 志愿者成就奥运会[N]. 市场报，2002.

[83] 悉尼奥运之后澳大利亚体育场馆承租求生存[N]. 体育产业信息，2002（8）.

[84] 雅典奥运会兴奋剂案例综述[N]. 反兴奋剂动态，2004.

[85] 杨光. 百年奥运告别故乡——四年后中国北京再相见[N]. 新文化报，2004.

[86] 国家体育总局信息所. 近三届奥运会组委会机构设置、运行及对我国组建组委会的建议[R]. 2001，http://www.sportinfo.net.cn/.

[87] 中共中央国务院关于进一步加强和改进新时期体育工作的意见（中发[2002]8号）[R]. 2002，http://www.sport.gov.cn/.

[88] 袁伟民在全国体育总局局长会议上的总结讲话[R]. 2004，http://pe.stedu.net/.

[89] 袁伟民在第五届城运会第二次组委会会议暨代表团团长会议上的讲话[R]. 2003，http://220.168.18.92/.

[90] 代省长周伯华在第五届全国城运会组织委员会成立大会的讲话[R]. 2003，http://www.sports.gov.cn/.

[91] 罗伊·巴娜吉奥多普罗. 奥林匹克传统与2004年奥运. 2004，http://www.c2008.org/rendanews/.

[92] 中华人民共和国第十届运动会官方网站. www.10thgames.org.cn.

[93] 孙葆丽. 雅典"文化奥运"及其对北京2008年奥运会的启示[J]. 体育文化导刊，2004（12）.

[94] http://www.beijing-olympic.org.cn/new_olympic/olympic/bjazw_intro.htm，2003.

[95] Johnny Allen, Festival and Special Event Management[J]. John Wiley & Sons Australia. Ltd, 2002：11.

[96] Getz, Donald. Event Management and Event Tourism[J]. Cognizant Communication Corporation, New York. 1997.

[97] Johnny Allen, William O'Toole, Ian McDonnell, Robert Harris. Festival and Special Event Management[M]. 2002.

[98] Johnny Allen. William O'Toole, Ian McDonnell, Robert Harris. Festival and Special Event Management[J]. John Wiley &Sons Australia, Ltd, 2002.

[99] David C. Watt, Event Management In Leisure and Tourism[M]. Addison Wesley Longman Limited, 1998.

[100] F. Lenti Motivotion young athletes school coach[J]. 1988, 58 (1).

[101] B.L.Howe, Motivationforsuccessinsport[J]. International. Journal of Sport Psychology, 1986, Vol17 (1): 1-9.

[102] Stedman Graham. The Ultimate Guide To Sport Event Management And Marketing[M].

[103] Lisa Pike Master Alexis. etc. Principles and practice of sport management[M]. An Aspen Publication, 1998.

郑 重 声 明

高等教育出版社依法对本书享有专有出版权。任何未经许可的复制、销售行为均违反《中华人民共和国著作权法》，其行为人将承担相应的民事责任和行政责任，构成犯罪的，将被依法追究刑事责任。为了维护市场秩序，保护读者的合法权益，避免读者误用盗版书造成不良后果，我社将配合行政执法部门和司法机关对违法犯罪的单位和个人给予严厉打击。社会各界人士如发现上述侵权行为，希望及时举报，本社将奖励举报有功人员。

反盗版举报电话：(010) 58581897 / 58581896 / 58581879
传　　真：(010) 82086060
E – mail：dd@hep.com.cn
通信地址：北京市西城区德外大街 4 号
　　　　　高等教育出版社打击盗版办公室
邮　　编：100120

购书请拨打电话：(010) 58582141